贺野，1927年生，江苏滨海县人。早年参加革命，历经抗日战争和解放战争宣传斗争。1949年随军南下苏州，在苏沪报刊上发表多幅美术作品。1958年毕业于中央美术学院华东分院（现中国美术学院）油画系，同年创办苏州工艺美术专科学校，并任副校长，后任苏州丝绸工学院工艺美术系主任。自1951年起任苏州市美术家协会理事长、主席四十余年。现为苏州市美术家协会名誉主席，江苏省美术家协会名誉理事。长期从事多方面艺术创作，也兼事美术史论研究。除绘画有专集外，尚有内容广泛的《贺野09集》等著作。荣获中国文联颁发的"从事新中国文艺工作六十周年荣誉证书"和纪念奖章。现出版《贺野全集》，含散文、苏州美术史、再识吴门画派、评论、诗词（插图本）、报刊画、书法、素描、水粉、油画、国画共11卷集。

自题诗

一生风雨过春时，
爝火点点鬓如丝。
十年浩劫几为鬼，
百尺艺海不畏痴。
执笔偏求心中笔，
赋诗独羡泪沾诗。
阎罗簿上暂忘我，
且留人间作画师。

贺野全集
苏州美术史卷 ②

中国·苏州
古吴轩出版社

苏州市文学艺术界联合会资助项目

图书在版编目（CIP）数据

贺野全集.苏州美术史卷/贺野著；於宜苏整理.— 苏州：古吴轩出版社，2015.11
ISBN 978-7-5546-0489-2

Ⅰ.①贺… Ⅱ.①贺… ②於… Ⅲ.①美术史—研究—苏州市 Ⅳ.①J ②I217.2

中国版本图书馆CIP数据核字（2015）第164572号

封底篆刻：方建勋
责任编辑：韩桂丽
装帧设计：唐伟明　陆月星
责任校对：陈　盼
责任照排：韩雅萍

书　　名	贺野全集·苏州美术史卷
著　　者	贺　野
整　　理	於宜苏
出版发行	古吴轩出版社
	地址：苏州市十梓街458号　　邮编：215006
	Http://www.guwuxuancbs.com　　E-mail:gwxcbs@126.com
	电话：0512-65233679　　传真：0512-65220750
出版人	钱经纬
印　　刷	苏州日报印刷中心
开　　本	787×1092　1/16
印　　张	19.25　插页：2
版　　次	2015年11月第1版　第1次印刷
书　　号	ISBN 978-7-5546-0489-2
定　　价	50.00元

如有印装质量问题，请与印刷厂联系。0512-65640827

出书小记

时值乙未，正我中华民族的发展盛世，天安门广场上的七十响礼炮声在耳畔回萦。我，一个经抗日战争、解放战争，在苏州工作近七十年之久的老兵，在自己的"中国梦"，后来又在夫人於宜苏女士全身心的相助下，我的"全集"（计散文、苏州美术史、再识吴门画派、评论、诗词、书法、报刊画、素描、水粉、油画、国画等十一卷）终于在苏州市文联、苏大艺术学院的发起资助、古吴轩出版社的相助下出版了。本来一个画家出画集乃至文集，实属平常事，而我却涉猎如此多门，我想，在国内大约除了遥不可及的黄永玉教授外，还未听有他人这样做。现在拙作出版了，不管水平如何，我总得说说：为什么这样出，又为什么能这样出书。请各位指教。

幼时日本人就来了，家烧了，刺刀架在脖子上，后来只能"跟着八路走"，边学边画，进行宣传斗争。日本投降，蒋军和还乡团又来了，我也只能继续以画为武器，直到后来苏州工作，大体都是如此。这时作品自然十分稚嫩，可那是弹雨横飞时所作，却一幅都未留下来；渡江后在报刊上每天要画好几幅，现在尚能觅得（多亏《苏州日报》领导），虽"草根"气很浓，不忍卒睹，但它毕竟是那时苏州人民生活的记录，也就出了《报刊画卷》。

全国解放，和平时代到了，绘画的社会职责有了变化，我就读于中央美院华东分院油画系，想做一个苏式职业油画家。可毕业后却要我办苏州工艺美术专科学校，也就不得不改弦易辙。这对我却并非易事，作为这个学校的始创者,全校的工作都要我负责,百忙集于一身,何从言画?只求能让我课外画几笔素描,也就谢天谢地了。在传统看来,这只不过是"边角料",可我后来在丝院任美术系主任期间,竟画了好几百幅;我又把小小的水粉当作油画来画,以释放我对油画之恋。现在的《素描卷》、《水粉卷》,均由此而来的。

时间过得很快,转眼已快离休,看来也只有学国画了,于是硬着头皮在党校学习(前后长达一年)和开会空隙,坚持练字和画国画。市美协面临改革开放,我不得不和画家们一起,先要来认识新时期,涉足理论,可那时又没有多少书看,要写文章,自然论据不足。记得胡适曾主张"大胆的假设,小心地求证",我连"求证"条件都没有,尽管写出几篇小文,自然难脱"头重脚轻"之弊,可仍然边写边学,也带出了《评论卷》。

我仍胆大妄为,靠着放大镜,居然写成四十万字数百幅插图的《现代美术形成史》,从八个方面来解开世界上现代美术产生之谜。在那时确有意义,可将付印时却撤下来,至为可惜。现在只能在《全集》"悼亡录"中见到它的残页。

离休了,欢送会上找不到我,因我已一头扎到农村画画,实乃渴望能成天画画,猴急了。如鱼得水,我画了不少,加上以前画的,但只是探索的开始。现出的《国画卷》是近年画的。

新旧世纪之交,我却生了场大病,国画、油画都不说了。在夫人於宜苏的支持和参与下,我写了《再识吴门画派》,这就是《全集》的第三卷。又参加文联的《苏州艺术通史》的编写,我写了美术部分,后独立发展成《苏州美术史》(2010年四川美术出版社出版),这成了《全集》中第二卷。

这时,一向没有的画油画的条件有了,遗憾的是我快和姜太公同年,连油画箱都背不动了;但国家一日千里,我不能用绚丽的色彩加以歌颂吗?从2005年开始,共画了一百四十多幅,后就成了《油画卷》。我崇拜的印象派大师雷诺阿七十多岁即绳系画板作画,不论我画是如何渺小,却比他有福气,能不令人称庆吗？

到了2008年，觉得应当停笔思索；又正遇汶川地震、年初雪灾、群魔乱舞，西方待我何其不公，不禁悲愤交集，乃以旧体诗词抒之。现为人们背诵并吟哦的是它，此乃民族文化和灵魂的根。但词过去只填过一阕，诗亦然，我遵循格律，平仄放松，一年写成《〇八苏州词》。这就是《诗词卷（插图本）》。

油画不能画了，国画还继续，字也在练，《苏州杂志》领导提供了写作平台，我竟写起散文来。和以前写的一样，求真求顺从内心发掘，也就差强人意地在《书法卷》之外添了《散文卷》。

至此，不知不觉编出了十一卷本，但决非成于"春风得意"之中，而是不断被批为成名成家，我以苦为乐仔前行的结果。我也想过，假如一直画，现在可能好些，可那样，我就失去尽管和大多已少往来但还有割不断的情缘的学生们，这又是我不愿意的。这大约就是无怨无悔罢。

此书能出版，要多谢市文联和苏大艺术学院、古吴轩出版社领导的大力相助，在此谨致衷心的谢意，多谢出版社编辑同志。而如果没有和我白头相守、行文与共的夫人於宜苏全力参与，也是不成的。我虽以"烈士暮年，壮心不已"自勉，但本集只是记录新中国成立前后这一历史名城里的一个普通文艺老兵前进的足迹。我没有得过多少奖，也无显赫的身世和头衔，只是一个老老实实工作和老老实实画画，有着一颗爱国爱党爱生活的赤子之心而已。近年我还被评为优秀共产党员，被中国文联授予"从事新中国文艺工作六十周年荣誉证书"和纪念奖章，都足以见证，是我深以为傲的。

2015年3月8日

目 录

出书小记 ··· 贺野

第一章　先秦至秦的美术 ······························ 2
第一节　概　述 ······································· 2
第二节　最早的织物和玉器 ···························· 3
第三节　澄湖出土的刻陶纹贯耳罐 ······················ 5
第四节　鳖形壶和彩陶罐 ······························ 6
第五节　吴国的青铜器 ································ 8

第二章　汉至唐代的美术 ······························ 10
第一节　概　述 ······································· 10
第二节　"六朝四大画家"和"画家四祖" ··············· 11
第三节　六朝其他画家 ································ 15
第四节　张璪　顾况　扬惠之　滕昌佑 ·················· 18
第五节　刺绣织锦和青瓷 ······························ 23
第六节　画论、画史 ·································· 24

第三章　宋元时期美术 ·· 26
第一节　概　述 ·· 26
第二节　宋代苏州画家群 ·· 27
第三节　客居的米芾父子、苏轼和赵伯骕 ······················ 28
第四节　元初的遗民画家 ·· 32
第五节　元代苏州画家群 ·· 34
第六节　版画、天王像、舍利宝幢和经箱 ······················ 46
第七节　罗汉像、观音像、泥孩儿 ······························ 48
第八节　宋锦和缂丝 ··· 51
第九节　画论、画史 ··· 52

第四章　明代美术 ·· 54
第一节　概　述 ·· 54
第二节　明初的苏州画家 ·· 55
第三节　遭受杀戮的苏州画家 ··································· 59
第四节　吴门画派的先行者 ····································· 62
第五节　明四家和吴门画派、吴门四家 ························ 68
第六节　"四家"同时和身后的画家群 ·························· 92
第七节　版画与年画 ··· 116
第八节　织造局　刺绣　缂丝 ··································· 119
第九节　画论、画史 ··· 121

第五章　清代美术 ·· 125
第一节　概　述 ·· 125
第二节　"四王"及"小四王"的影响 ·························· 126
第三节　"四王"之外的山水画家 ······························· 133
第四节　苏州花鸟画家 ·· 150

第五节	人物画家和徐扬《盛世滋生图》	155
第六节	清代女画家	157
第七节	泥塑、木雕、砖雕和五百罗汉	160
第八节	苏州版画和年画	163
第九节	织锦　刺绣　缂丝	166
第十节	画论、画史	168

第六章　近现代美术　173
第一节	概　述	173
第二节	顾麟士和怡园画会	174
第三节	来去苏州的画家群	182
第四节	吸收西方画法之苏州画家	196
第五节	太平天国的壁画	202
第六节	桃花坞年画和刺绣	203
第七节	美术团体、院校	207
第八节	画论、画史	210

第七章　当代美术　212
第一节	概　述	212
第二节	多画种的当代画家群	213
第三节	和苏州结缘的画家	276
第四节	与工艺美术结合的花鸟画画家	284
第五节	桃花坞年画的创新	288
第六节	刺绣与缂丝	290
第七节	美术院校、团体	292

第八章　结束语　295

· 苏州美术史卷 ·

第一章
先秦至秦的美术

第一节 概 述

经多年考古发现,我国长江流域也是世界古代文明发祥地之一。大约在公元前3000年,这里已出现多处初具规模的城镇,几与古埃及、美索不达米亚和印度河流域文明同时[①]。苏州地区地处长江下游南岸和太湖东北地带,经过多年考古发现,也被证明有着同样情况。1984年,在苏州西南太湖三山岛发现更新世纪晚期的动物化石群和旧石器时代的打制石器,反映了万年前苏州自然环境及早期人类在吴地活动的遗迹,是苏州地区历史和文化、也是这里原始美术的源头。后来,从苏州近郊的越城、金鸡墩、草鞋山、澄湖,昆山的绰墩、少卿山、赵陵、太史淀,常熟的钱底巷、罗墩,张家港的徐家湾、东山村、许庄,吴江梅堰的袁家埭、龙南、九里湖等地,先后发现了新石器时代的先民遗存,具有灿烂的古代文明。按考古学家对吴越地区的遗迹命名,这里遗址最早为马家浜文化(约前6000—前3900),其次为崧泽文化(约前3900—前3300),最晚的为良渚文化(约前3300—前2200)。距传春秋晚期(约前1100)周族古公亶父长子泰伯、次子仲雍,由陕南至此建立勾吴,一变这里"蛮夷"之地(见《史记·吴太伯世家》)。可吴越文化和吴

[①] 见戴维·基斯(David Jeans):《在长江流域发现古代城市》(Ancient city discovered under Yangtze River),载于2003年8月3日英国《独立报》(INDEPENDENCE)。

地文化开始时间,至少比它早了一千年至四千年。那时这里已出现了原始美术,开始显示了苏州先民的艺术创造。

黄河流域是孕育中华文明的发源地之一。在新石器时代,黄河流域已出现仰韶文化,稍晚的则有大汶口文化、龙山文化,黄河上游则有马家窑文化、齐家文化、半山马厂文化等。这些文化主要表现在玉石器、骨器、陶器上,尤其关中、晋南和豫西出现的仰韶文化的彩陶,是我国原始艺术的代表。而上述吴越文化遗存,尽管程度不同,却和黄河流域同样在发展。苏州地区也同样有着丰富的史前文化,先后有织物残片、玉器、陶器发现,而且织物的发现比中原地区更早,玉器比中原地区更多,并具有原始美术装饰,还显示了自己的特色。说明这里的先民生活在水网地带,具有灵巧的双手和智慧。后来吴越文化中的吴地文化,自然受了黄河流域文化的影响,丰富了中华民族的文化和艺术,但有着自己的创造并保持了江南的地方特色。在中华民族的文明史上,青铜技术的发明和运用,具有重要的位置。而吴国的青铜文化则独呈异彩。《吴越春秋·阖闾内传》和《吴地记》所记吴国名匠所铸的名剑干将、莫邪,《左传》记载的吴使季扎为亡友挂剑的故事,成为千古美谈。季扎是吴国使臣,其剑也是吴国所制。《战国策·赵策》所载赵奢之语:"吴干之剑,肉试则断牛马,金试则截盘匜,薄之柱上而击之则折为三,质之石上而击之则碎为百。"此剑于1972年在安徽南陵县被发现,剑刃锋利,熠熠发光。六块终合为一,剑上阴刻镶嵌篆书金字铭文,显示其为吴王阖闾时所铸,王名光,故称"吴王光剑"。又如1958年在安徽寿县出土的吴王光鉴,此鉴为阖闾嫁女叔姬而铸,鉴口满布鱼翅纹,器两侧有龙形饰物,既和春秋晚期青铜器装饰有共同的特点,又具有江南的纤柔风格。到了秦始皇统一六国,苏州文化也就更成为中华文化的重要组成部分。

第二节 最早的织物和玉器

20世纪50年代至70年代在苏州工业园区的唯亭镇东北二公里处草鞋山发现了三块炭化的**织物残片**,距今约六千年,是我国最早出土的织物残片。经研究部门鉴定,认为它的纤维原料可能是野生葛,为纬起花的罗纹织物。织物的密度是:经密每厘米约10根,纬密每厘米罗纹部约26至28根,地部约

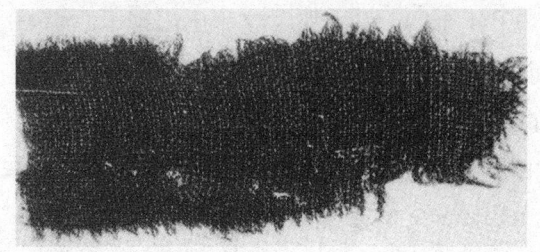

最早的织物残片

织物菱形图案的摹纹

草鞋山出土的玉琮

13—14根,花纹为山形斜纹和菱形斜纹。织物组织是绞罗纱纹,嵌入绕环斜纹,还有罗纹组织。提花织物,是人们对织物美化的最基本方式之一,另一方式则为印花。所谓提花,也就是它的花纹部分不是在织物之上附加,而是通过"意匠"(即人的思考和处理)直接由织物本身的经纬线(或另有嵌入线)通过不同的交叉而成。可见这些织造原始织物的人们,这时已具有美化意向,表明原始美术在这一时代的吴地出现了。

在草鞋山出土的**玉琮**(新石器时代,高31.6厘米,上宽7.8厘米,内径5.6厘米,下宽6.8厘米,内径5.1厘米)通体呈褐色,两端圆,中段为方柱体,分十二节。孔内留有明显的对凿痕迹。每节转角处有凹形牙状纹饰。下端起第二至五节处凹形纹饰内刻一小圆圈,以示眼睛。整体线条清晰,比例对称,线条挺拔,今人所谓的几何造型之美,在此件上已有所体现,加上明显的纹饰,更表明先民的审美意向。中国古人对温润而厚泽的玉情有独钟,对其非常珍重,甚至为一玉而不惜引起家族和邦国之间的干戈。但玉产地稀少,发现不易,而又非常坚固,非特殊工具和掌握这些工具的技艺莫办。琮与璧、圭、璋、璜、琥为六种礼器,古谓之六瑞。虽在山西襄汾陶寺、山东龙山文化中有所发现,但数量不多,而在江南地区的良渚文化层中却有很多出土。苏州地区发现的良渚文化遗址有六十多处,出土了数以百计的玉琮和玉璧,其中不少具有兽面纹饰。到了后来，吴国玉器有了更多的发现①，苏州不愧为我国古代"玉文化"的发达之地了。这里的先民对中华民族文化的贡献颇大，后代人们认为苏州一带的人多具有机智灵巧的特点，由此可见它的原始滥觞。

第三节　澄湖出土的刻陶纹贯耳罐

澄湖遗址位于苏州市吴中区车坊附近。1974年在这里发现了良渚文化层中的**刻陶纹贯耳罐**（高12厘米，口径8.8厘米，吴中区文管会藏），直领贯耳，鼓腹平底，规整优美，罐壁较薄而且匀，质地坚硬。考古界素以"良渚黑陶"称之。特别注意的是罐的中部表面有四个刻画符号，人们不难判断出，这是在陶罐烧成后用刀尖划上的。今考古学家李学勤认为此非常接近殷墟甲骨文："这四个符号可自左向右读，因为符号的横行呈左高右低的倾斜。假设这样读是对的，似乎可以释为'巫戌五俞'这四个字。"（见《良渚文化的多字陶文》）但他又进一步说"这里的符号究竟是不是原始文字，和商周文字有没有联系，都是需要证明的问题"，他又说其中一个符号"过去多以为是八角星纹"，也未说出排除此说的理由。但不管是

刻陶纹贯耳罐

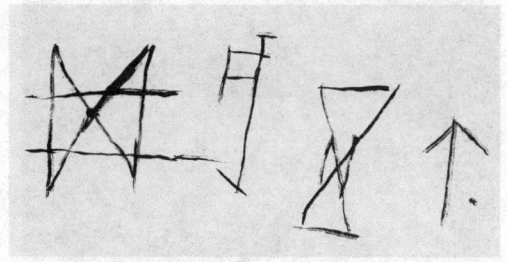

刻纹的摹文

---

①1986年4月，在苏州西郊通安严山发现了吴国王室的玉器窖藏，其中玉器多达204件。1992年11月，在苏州浒墅关发现了真山大墓，虽经严重盗墓，但残留的带有装饰纹样的玉饰件即达149件，璧、环、瑗、璜、琮等54件。

原始文字符号还是原始图画,刻纹者总是按照美来创造的。如果这确是文字,还早于殷墟甲骨文的出现;如果只是原始绘画,或是尚未形成完全文字的图画,也说明这一地区早有了与黄河流域相互辉映的文化。

第四节 鳖形壶和彩陶罐

鳖形壶(新石器时代,高10.6厘米,口径4.7厘米,腹径17厘米,吴中区文管会藏)1974年于澄湖遗址出土。壶为泥制黑皮陶,胎薄质细,其成型的工艺极高,可见当时苏州先民已有相当高的制陶技术了。此罐如鳖形,可谓惟妙惟肖,神韵天然。中间和四沿都做成锯纹,恰当地表现了鳖的体态,还微微做出四脚和尾,浑然一副朴素之趣,有着很高的美学价值。这种陶器在中原地带是不可能出现的,只有在江南过着水网地带生活的人才可能出现这样的审美情趣。

鳖形壶

也是20世纪在澄湖出土的**彩陶罐**(高10.6厘米,口径8厘米,吴中区文管会藏),整体造型规整,彩绘色调明快,质地属磨光黑皮陶。胎呈深灰色,胎质纯净细腻。罐身所绘的两道水波纹,中间横上两条横线,图案简洁大方、粗犷明净,统一中又稍有变化。陶口不涂橘黄色,更能显出陶腹上的水波纹。令人想及1921年在河南渑池县仰韶村发现的大批新石器时代的红色细泥彩陶,上面很多用常用彩色画成的几何形图案和动物图案,反

澄湖出土的彩陶罐

鸟纹阔把黑皮陶罐局部

映了当时以农业为主的母系氏族公社制，人们就名之为"仰韶彩陶"和"仰韶文化"。澄湖彩陶和仰韶彩陶大体上是同一时代，因为南方水多，图案也就以水纹出现了。

鸟纹阔把黑皮陶罐（新石器时代，口径6.7厘米，腹径9.8厘米，底径1.8厘米，高18.8厘米，昆山市文管会藏），此件于2002年在昆山绰墩遗址出土。泥质黑皮陶，胎薄如纸，乌黑漆亮。鸭嘴形的流口高高上翘，通体布满精细的鸟纹，云雷纹图案繁复，纹饰细如发丝，和前面的陶罐上

鸟纹阔把黑皮陶罐

粗犷的图案形成对照。壶背上置一扁薄的宽把，上面有着四十二条直线，似鸟拖出美丽的尾巴。壶把顶端有两个小孔，壶的流口内壁刻有飞翔着的鸟，极富动态。流口及底部外壁则用长的横线和短线组合。整体造型像一只昂首的鸟，流畅伸展，有着冲天的力度。可以说在仰韶彩陶中很少见到这样的纹饰。

第五节　吴国的青铜器

吴王夫差鉴

吴王夫差盉

公元前495年至公元前473年，夫差为吴王，他是阖闾之子。曾南征越国，北进中原，成就一时霸业。这时的文化，自然已受中原文化的影响。**吴王夫差鉴**（春秋晚期，高45厘米，口径73厘米，上海博物馆藏）为盛水之容器（特大也可用着浴器），古人也常盛水照影。此器如大缸，颈微凹，腹不敛，平底。器腹两侧兽耳衔环。两耳间的口沿有小虎攀缘，作探水状。通体饰繁密的蛟龙纹三周。器内壁有铭文两行十三字"□吉金自乍御鉴攻吴王夫差□"，意即此为吴王夫差用青铜做此鉴，为宫中御用之物。整个造型十分优美，兽纹等已与中原无异，显示吴地文化已和中原文化相互交融，但仍保持吴地雅秀小巧之特点。再如**吴王夫差盉**（春秋晚期，高27.8厘米，口径11.7厘米，上海博物馆藏），盉为礼器。此盉上有一条弧形提梁，整个提梁是一条龙，龙体中空，由无数小龙交结而成，称为透雕蛟龙纹。盖面及器腹饰细密规整的变形蟠龙纹。腹部呈扁圆，前有龙角翘出，后有龙尾卷曲。器腹下承三个略向外撇的兽蹄足，足的上部为变形兽纹，盉肩有一周铭文："吴王夫差吴金铸女子之器吉"。大意是吴王夫差用诸侯献上的青铜为一女子铸成此盉。此器不仅工艺精湛，而且造型端庄优美，进一步表明吴国已如华夏族那样对龙非常崇拜。"祝融乘两龙"，夏后启"乘龙",《大戴礼·五帝德》"颛顼乘龙而至四海"、"帝喾春夏乘龙",传说龙还可驯龙。由此可见中原的习俗和浑厚凝重风格对吴地的影响,且不失江南灵巧秀美之气。文化吴地也进一步丰富了中原文化,例如它有着高超的铸剑技术,长于美化。1983年在湖北江陵马山楚墓出土的**吴王夫差矛**(春秋晚期,长29.5厘米,宽5厘米,湖北省博物馆藏),矛起中脊,矛身中空,剖面为菱形,脊上有槽,骸短而中空,下端作鱼尾形。正面与背面各刻纹精细的兽鼻,通体饰米字形花纹,形成秀美异常的韵律。至今仍金光熠熠,有如一件艺术杰作。在矛身近骸处有错金铭文"吴王夫差自作用鈼",字体为优美古篆,刚劲简洁。估计此矛系吴亡后流至楚国的。此时,吴地美术已进一步融入民族美术的进程。

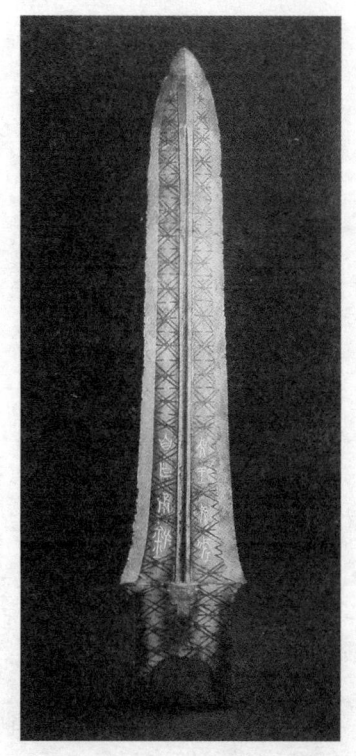

吴王夫差矛

第二章
汉至唐代的美术

第一节 概 述

秦汉之际，苏州发生了项羽起义、反秦战争和"江东子弟"连年征战，使得江南地区落后于中原地区。后经吴王刘濞三十年的治理，逐步丰饶，渐渐形成司马迁所说的"江东一都会"。三国时由孙吴统治，从孙策到孙权，在包括苏州在内的"吴郡"经营了十来年，作为江东立国之地，很注意"格延俊秀，聘求名士"，逐步形成了土著士族。这时北方战乱频仍，江南却比较安定，土地肥沃，经济得到很大发展。到了东晋时，大批北方士族南迁，使得苏州士族力量大增。陆机《吴趋行》说："属城咸有士，吴邑为最多，八族未足侈，四姓实名家。""四姓"指顾、陆、朱、张，"八族"为陈、桓、吕、窦、公孙、司马、徐、傅，尤以顾、陆两姓为孙吴政权两大支柱。汉建安十六年（211），孙权徒秣陵（今南京），苏州经济仍继续繁荣。这是一个崇尚幻想、弃武尚文、诗与画繁盛的年代，士族也就成为这里文化发展的渊薮，出现了一些杰出的文学家、书法家。我国主要画种，即在帛或纸上用毛笔、墨、水，或施色，再经装裱而成。今人称之为国画或中国画，在这个时代开始形成，而苏州却有得天独厚的条件。整个六朝时期，政治中心离此不远，宫廷需要绘画，"江南四百八十寺"也需要塑像、壁画，也就成就了画家的挥毫之地、抒情之处、进身之阶、扬名之所。士族中不乏人才，加上其他条件，也就造成了苏州美术的繁荣。尽管早期的民间美术遗存，如画像石、画像砖、石雕、石刻乃至墓道壁画之类，这里至今尚未发现，但在我国绘画建构年代，苏州呈现了艺术的峥嵘，在中国画坛上独占首席。在我国美术星空中初次升起绘画大师不朽的名字，永远照亮我国的美术史册，永远给苏州带来光荣。

589年，隋文帝易吴州为苏州。越国公杨素在城西横山另建新城，唐初又迁回旧城。武则天并另置长洲县。唐代宗大历年间（766—779），因苏州经济和人口繁富，被升为江南唯一的"雄州"。8世纪中叶后期，北方经安史之乱，江南地区却愈益发达。白居易在《苏州刺史谢上表》中说："况当今国用，多出江南，江南诸州，苏最为大，兵数不少，税额至多。"白居易还有咏苏州"人稠过扬府，坊闹半长安"之句。这时正值我国艺术进入它的繁荣时期，很多大诗人在这里盘桓，而苏州美术却呈现了衰落状态。六朝时期的苏州，堪与晚了它整整一千年的欧洲文艺复兴时期名城佛罗伦萨相媲美，而现时的艺术大师却寂寥可数。一个城市的艺术何以盛何以衰，往往成为历史之谜，佛罗伦萨一下也就万火齐灭，接着就是漫漫的艺术长夜了。但苏州却还有它的艺术轨迹。其直接的原因，乃是与远离政治中心有关。当时画家对朝廷依附程度极大。北上京师，已是长途跋涉，而在长安立足，又谈何容易。因而唐代画家多出京兆或邻近之地，而江南僻地纵使有绘画之材也难于脱颖而出，也就容易理解了。唐末藩镇割据，战火频仍，苏州成为吴越的辖地，其国兴田治水则有之，提倡画艺则少有，钱镠委任的苏州官吏大体都是不错的，他的孙子钱文奉，还在这里做到节度副使，他通音律，搜集名画，但也仅止于此。因此在这一时期，进入政治中心并显示绘画才能的不过只有数人，他们在中国美术史上也有着特殊的位置，说明苏州是一方艺术沃土，在合适的条件下会出现它的艺术复兴。

第二节 "六朝四大画家"和"画家四祖"

中国绘画兴于六朝时代（229—589）而延至唐代。这时，公认曹不兴、顾恺之、陆探微、张僧繇为"六朝四大画家"，顾恺之、陆探微、张僧繇、吴道子为"画家四祖"。而"四大家"和"四祖"中的陆探微、张僧繇为苏州人，曹不兴也被称"吴人"，顾恺之和苏州也有着深厚的渊源。

曹不兴，三国吴画家。亦作弗兴，吴兴（今湖州）人，寓吴（今苏州）[1]。时谚"吴有八绝"，他即为其中"画绝"。不兴为我国首先在寺院画壁画之始祖。据说孙权命他画屏风，误落点墨，孙权以为真，用手弹之。相传在东吴赤乌年间（238—251），他于青溪见赤龙在水上，即图之，献于孙权。南朝宋陆探微见之，叹服其妙。南齐谢赫亦谓："观其风骨，名岂虚哉！"画迹有隋朝官本《龙头样》四卷，《清溪侧坐赤龙盘赤龙图》二卷，《南海监牧进十种马图》一卷，《夷子蛮兽样》一卷，著录于《贞观公私画史》；《兵符图》原藏于宋内府，后录于《云烟过眼录》，元汤垕疑之。弗兴实无作品传世。

陆探微（？—约485），南朝宋画家，吴（今苏州）人。擅画肖像、人物，兼工蝉、雀、马、屋，亦写山水草木。明帝刘彧（465—472）时常侍左右，常为宫廷贵族写照，仅唐张彦远（约815—875）就曾见到他为宋孝武、宋明帝、齐高帝和刘牢之、王献之等名士画像达几十幅之多，可见当时他的画受人推崇的程度。因他下笔连绵不断，被称为"密体"，以别于吴道子和张僧繇的"疏体"。谢赫对他的作品评价极高。谢赫，南朝齐画家、评论家，首创"六法"之论，为后代奉为确论，为世所宗。他是目睹探微作品之人，他的意见自然具有不可代替的权威性，他对探微评价极高。在《古画品录》中认为，画有六法，自古作画鲜能备之，唯探微为极少能具备的人。他认为陆能"穷理尽性，事绝言象，包今孕后，古今独立。非复激扬所能称赞。但价重之极。於上品之外，无他寄言，故屈标第一等"。谢赫将孙吴至南梁中大通四年（532）二十七位画家分为六等，将陆列为"第一等"，已无法再高，谢赫还觉得委屈了他。而值得注意的是，谢赫在觉得"屈标"探微之际，竟将画史上享有大名的顾恺之列为"第三等"，说他"迹不逮意，声过其实"。后世因而认为谢赫有抑顾崇陆之嫌，还引证张彦远的《历代名画记》是反对谢赫看法的。张是目睹陆探微作品的人，被称为我国"画史之祖"。当代美术家陈传席反对此说，他进行了周密的论证，证明张彦远是同意谢的看法的[2]。他认为顾恺之的画论的成就高于他的绘画成就，其用的是传统的"春蚕吐

---

[1] 秦王政二十五年（前222），苏州地为吴县。三国时为吴郡。据《吴录》，曹不兴长期在孙权处作画。自孙策开始，就以苏州为立国之地（他死后葬于此），孙权曾长期住在苏州。
[2] 见《陈传席文集》，河南美术出版社。卷一，P47—P48。

丝"式的无粗细变化的线条,而探微则是"精利润媚"而"新奇妙绝",为后来的张僧繇、吴道子进一步发展提供了基础。其实,探微的同乡唐朱景玄在《唐朝名画录》中也高度评价了探微。古人早就评探微笔迹周密,劲利像锥刀;人物造型有"秀骨清像",生动而见神明。《宣和画谱》称探微为"真万代之蓍龟衡鉴也"。元汤垕见顾恺之画"初见甚平易,且形似时或有失",最后结论是:"谢赫云'迹不逮意,声过其实',近见唐人摹本,果得其论。"画迹有隋朝官本《黄帝战涿鹿图》、《燕太子丹图》、《孙氏水战图》等十二卷,著录于《贞观公私画史》,均为"私家搜访所得,先无题记可考"。《云烟过眼录》也记录他的《降临文殊图》。子绥,或绥洪,善画佛像人物,体运遒举,风采飘然,一点一拂,动笔皆奇,当时有一种以麻纸画佛像最妙,一般丹青家不善,时推画圣。弟弘肃亦善画。

张僧繇,南朝梁画家。吴(今苏州)人。武帝天监年间(502—519)为武陵王国侍郎、直秘阁知画事,官至右军将军、吴兴太守。武帝崇尚佛事,装饰佛事,多命僧繇画之。其子多在外,由僧繇画其貌,对之如见其面。僧繇尝在一乘寺门上用天竺(古印度)法,以朱红青绿画"凹凸花",很有立体感。亦用红绿重色画山水,先图峦峰泉石,后染丘峦泉石,不用勾勒,为"没骨法"。陆探微在顾恺之的"春蚕吐丝描"上发展为"秀骨清像",僧繇又在此基础上开创了"点、曳、斫、拂"等形式,为后来吴道子的变革开辟了道路。天保初画江陵天皇寺,将孔子列入佛像中图之,明帝不解,迨北周武帝宇文帝灭佛时,因有孔子像,此画得以保留。围绕他有不少传说,据说他在金陵安乐寺画四龙不点睛,点睛后即飞去。有人不信,固请,点之,须臾雷电破壁,二龙即乘云腾空飞去,此为"画龙点睛"成语的由来。又

张僧繇《雪山红树图》

说僧繇见了曹不兴所画青溪龙,很不以为然。乃广其像于武帝龙泉亭,后来雷震龙泉亭,遂失其壁,人们方知神妙。又说僧繇曾画二胡僧,后因乱一折为二。其中一幅为常侍陆坚所得。坚病笃,梦一胡僧告曰:"我本有同伴,现拆散多时,现在洛阳李家,如能合之,当以法力相助。"陆以钱帛果于李家赎出,其人病乃愈。有关僧繇的作品传说很多,可见其影响之大。唐李嗣真则云:"独有僧繇,今之学者,望其尘躅如周孔焉。"又说:"天降圣人为后生则。"(见张彦远《历代名画记》)张彦远评其人物画与陆探微、顾恺之并重。谓陆得其骨,顾得其神,张得其肉。著作有隋朝官本《汉武射蛟图》、《吴王格武图》、《行道天王图》十九卷,著录于《贞观公私画史》;《梁武帝像》、《田舍儿舞图》等,见录于《历代名画记》;《五星二十八宿神形图》等十六件,见录于《宣和画谱》;相传为其所作《雪山红树图》轴(绢本,纵118厘米,横60.8厘米),图录于《故宫藏画精选》。如所传不虚,当为苏州古代画家唯一最早的传世之作。子善果,居湖州。工画道释人物,得自父传。唐李嗣真认为他"标置点拂,殊多佳致,时有合作,乱真于父,若长辔远途,迹不迨意,一篇之中,自有玉石"。《历代名画记》记其作品有《悉达太子纳妃图》、《灵嘉寺塔样》,《贞观公私画史》记载,在南朝陈江宁栖霞寺、江都乐寺,隋江都惠日寺都有他的壁画。

这里还需介绍顾恺之(约351—406,一作约348—409),东晋画家、美术理论家。字长康,小字虎头,晋陵无锡人。多才,尤精绘画。他被称为"才绝、痴绝、画绝",后世画家对他尊崇备至。当代画家傅抱石(1904—1965)

顾恺之《女史箴图》

称,恺之是我国"七世纪以前的唯一大家",这是一个很有代表性的看法。但也有学者认为是一个历史误区。但他在历史上与苏州很有因缘。曾为当时将领桓温和殷仲参军,义熙(405—418)初,任通直散骑常侍。人们称为"虎头将军",号称"顾虎头"。据民间传说,顾有一次兵伐苏州,见陆慕(原陆墓)附近百姓贫寒,曾加以赈济。又说,顾作战时身先士卒,阵亡于此。乡人为此结草为庵,正门向西,直对恺之阵亡处长板堑,取名"将军庙"。元时南京瓦官寺僧云游至此,募资扩建,大门改南向,曰"得转庙"(因庙门改向)。清乾隆南巡,令苏州知府加以重修,赐庙产,书匾额。这里现存老、中、小湖泾庙三处,陆慕湖泾庙被列为吴县文物保管单位①。但《吴门表隐》卷六中说:"河泾侯庙在石狮泾内,宋绍兴初建。明崇祯十年,祠裔锡畴、凝远、大任等重建。神姓顾名恺之,字长康,晋虎头将军,封金鹅乡土谷神。一在陆慕船底桥,一在庄桥北首。"此书为道光年间编印,有关乾隆南巡、并书匾额一事,此书根本未提,恐此事无据。但恺之与苏州确有关联,身后可能葬苏州葑门外杏山(可能为尹山之误)②。相传他的存世作品《女史箴图》,传为最早摹本,原件现藏英国伦敦不列颠博物馆。另一传为他作的《洛神赋图》,为宋人伪托,现藏故宫博物院。画论有《论画》、《魏晋胜流画赞》、《画云台山记》传世,声望极高。

第三节 六朝其他画家

除以上画家外,这一时代见于各种史籍的苏州画家还有顾景秀、顾野王、顾骏之、陆果、郑法士、孙尚子等人。

顾景秀,南朝宋画家。吴(今苏州)人。善画人物故事及禽兽草虫,在大明年间(457—464)驰名。常侍孝武帝刘骏左右,奉命画《蝉雀图》扇面,以赐驸马都尉何戢。时陆探微和顾宝光,皆叹其巧绝。谢赫评其画曰:"始变古体,创为人范,赋彩制形,皆有新意。扇画蝉雀,自景秀始也"。《贞观公私画史》记其作品有《王僧绰像》、《孙公命将图》、《列虎图》、《小儿戏鹅

---

①见《苏县史话》,中共吴县县委宣传部、吴县文管会编。1990年版。
②《吴门表隐》卷二"晋虎头将军顾恺之墓,在葑门杏山上",原注:"杏疑作尹"。

文嘉《顾野王墓》

图》等。

顾野王（519—581），南朝梁、陈画家，文字训诂学家。吴（今苏州）人。字希冯。秉性聪敏，幼年好学，7岁能通五经，及长，博学多才，经史、天文、地理、卜筮、篆隶、训诂，无所不能，尤工诗文，善丹青。工画人物，尤善草虫。梁大同四年（538）除太学博士，入陈为黄门侍郎、光禄卿。扬州刺史建官舍时，请他画壁画《古贤像》，又请当时书法名家琅邪王褒为其书赞，时称"双绝"。文帝天嘉元年（560）补选史学士，太建二年（570）迁国子博士。画迹流传很少，唐代无闻，宋徽宗赵佶得其《草虫图》，称为精工，著录于《宣和画谱》，这才引起后人的关注。野王著录有《玉篇》、《舆地志》、《王者符图》等。野王暨夫人贺氏墓在苏州西南上方山。明文嘉所绘《顾野王墓》（《苏台十景图》册之一，纸本，设色，纵27.7厘米，横28厘米，故宫博物院藏），为当时墓的外景。后西北一隅为势家所占，清道光十年，裔孙礼璜、锡周、兆熊、松承、禄、沅、倬烈、震涛、汝燦捐资赎归。现于市郊吴中区横塘乡湾前下周村仍可见顾墓墓道。占地面积50平方米，封土直径10米，高约2米。上下散布大石五块，是大者约6米，传为陨石，俗称为"落星坟"。并有"宁可赤脚奔，莫踏顾公坟"之谚。有一大石镌有清嘉庆八年（1803）钱大昕所书"陈黄门侍郎顾公之墓"。墓前原有"顾公神道"两柱出头无楼石坊一座，已于1966年倒毁，清乾隆年间所立墓碑也已不见，古松亦不存。1982年被列为市文物保护单位，城中顾姓后裔清明节时仍来祭扫。

顾骏之，南朝宋画家。吴（今苏州）人。张墨弟子，善画道释人物。刻苦钻研画法，以其居层楼为画室，每登楼，即去梯，连家人都罕见。但若天气晴朗则挥毫，遇天阴则不画。《贞观公私画史》收录他在永嘉法王寺的壁画，《历代名画记》也记述他的作品《严公像》。

陆杲（459—532），南朝梁画家。吴（今苏州）人。字明霞。初仕齐，后入梁，官至光禄大夫，特进扬州大中正。南齐谢赫评其画曰："体致不凡，跨迈流俗，时有合作，往往出人。"作品流传极少。

郑法士，北周末隋初画家。吴（今苏州）人。北周时为大都督左员外侍郎、建中将军，封长社县子。入隋授中散大夫。善画道释，为张僧繇弟子，当时允为高足，其后得名益著，尤长于人物故事，仪表风度，簪缨佩戴，无不有法。而仪表风度，取象其人，虽行云流水，率无完态，也得形容之妙。唐彦悰评其画"在孙尚子上，杨子华下"。张彦远则认为法士应在杨之上。他尤工楼台，每于其间，衬出乔木嘉树，群英芳草，形成早期山水画形式。当时壁画盛行，上都海觉寺、永泰寺、开业寺和延兴寺等，均有法士画《神》、《灭度变相》等壁画。《贞观公私画史》录其作品有《擒卢明月像》、《阿育王像》、《北齐畋游像》等，《宣和画谱》记其作品有《游春苑图》、《读碑图》等，惜都不传。

孙尚子，北周末隋初画家。吴（今苏州）人。一作尚孜，官睦州建德县尉。工画人物，师法顾恺之、陆探微，骨气有余。擅长鬼神，善用战笔，甚有气力。画妇人亦具丰仪，鞍马树石，几胜郑法士。长于长安西禅寺、洛阳敬爱寺作壁画。唐李嗣真评其画曰："孙（尚子）郑（法士）师于张僧繇，郑则人物楼台，当雄坝伯；孙则的魑魅魍魉，参灵酌妙。"张彦远则在《历代名画记》中列孙为"上品中，郑法士、展子虔上"。《绘画宝鉴》以孙尚子为郑法士

展子虔《游春图》

之孙,实误。《贞观公私画史》记录其作品有《美人诗意图》、《杂鬼神像》、《屋宇样》等,现已不存。但展子虔尚有作品《游春图》(绢本,设色,纵43厘米,横80.5厘米,故宫博物院藏,当代苏州女画家潘素夫张伯驹捐赠)存世,可做了解孙画的参照。

第四节　张璪　顾况　扬惠之　滕昌佑

唐和五代的苏州画家不多,画史记载的有程仪,冀州人,在苏州行医,遂居吴中,善画人物,为时所宝;子修已,山水、竹石、花卉、鸟兽,无一不精,尤擅人物,师周昉,得其妙诀,大和中(827—835),召绘《毛诗图》;还有杨德本,中宗(656—710)时人,善杂画;严杲,也善杂画;还有罗寨翁(诗人罗隐子),为吴中从事,画笔精妙卓绝;但著名者当推张璪、顾况、滕昌佑和雕塑家杨惠之。

张璪,唐代画家。璪,一作藻。字文通,亦称张通,吴郡(今苏州)人。大致和诗人王维(701? —761)同时而略晚。代宗广德元年(763),王维之弟王缙时任宰相,荐任祠部检校员外郎、盐铁判官。安史之乱时,张璪和王维、郑虔同陷贼官,玄宗回京后,被囚于宣阳里。因权人郑园爱画,三人得免一死。璪贬为忠、衡二州司马。王维死后,张璪大约又活了40年左右,作画时间在783年前后20年。建中三年(782)在长安作画,受王维水墨画影响(史传王维首创其法),人谓"南宗摩诘传张璪",也受韦偃(712—770)影响,但自成风格。创破墨法,工画树石。擅名当时,有说不在王维之下。京兆少尹毕宏"异其唯用秃笔,或以手摸绢索",于是向张璪请教。答曰:"外师造化,中得心源。"毕宏叹服,从此搁笔不画。此语被后来画家奉为千古嚆矢。后被贬,正好悉心作画。《唐文粹》记述众宾客围观张璪作画情景。张善画山水松石,白居易、元稹、符载、孙何都有诗文记述他的画松,张彦远说:"树石之状,妙于韦偃,穷于张通(原注:张璪也)。"同乡的朱景玄在《唐代名画录》说:"张璪画松石山水,当代擅价,惟松树特出古今,能用笔法,尝以手握双管,一时齐下,一为生枝,一为枯枝。气傲烟霞,势凌风雨,槎枒之形,鳞皴之状,随意纵横,应手间出,生枝则润含春泽,枯枝则惨同秋色。"

符载更有这样描写:"六虚有精纯美粹之气,其注人也为太和,为聪明,为英才,为绝艺。自肇有生人,至于我侪,不得则已,得之必腾凌贾绝,独立今古。用虽大小,其神一贯。尚书部郎张璪字文通,丹青之下,抱不世绝侪之妙。则天地之秀,锺聚于张公之一端者耶?初,公成名赫然,居长安中,好事者卿相大臣,既迫精诚,乃持权衡尺度之迹,输在贵室,他人不得诬妄而睹者也。居可何,谪为武陵郡司马,官闲无事,从容大府,士君子由是往往获其宝焉。……秋九月,深源(按即陆侍御也)陈宴宇下,华轩沉沉,镌篁霁景,疏爽可爱。公天纵之思,欻有所指,暴请霜素,愿抒奇踪,主人奋裙,呜呼相和。是时座客声闻士二十四人,在其左右,皆岑立注视而观之。员外居中,箕坐鼓气,神机始发,其骇人也,若流电激空,惊飙戾天,摧挫斡掣,抒霍瞥列。毫飞墨喷,捽掌如裂。离合惝恍,忽生怪状。及其终也,则松鳞皴,石巉岩,水湛湛,云窈渺。投笔而起,为之四顾。若雷雨之澄霁,见万物之情性。观夫张公之艺,非画也,真道也。当其有事,已知夫遗去机巧,意冥玄化。而物在灵府,不在耳目。故得于心,应于手,孤姿绝状,触毫而出。气交冲漠,与神为徒。若忖短长于隘度,算妍蚩于陋目;凝觚舐墨,依违良久,乃绘事之赘疣也。宁置于齿牙间哉……则知夫道精极,当得之于玄悟,不得之于糟粕……"(《唐文粹》卷九十七)张璪画名久远,五代荆浩在《笔法记》中说:"张璪员外树石,气韵俱盛,笔墨释微,真思卓然,不贵五色,旷古绝今,未之有也。"宋米芾《画史》记"收张璪松一株,下有流水润。松下有八分诗一首,断句云:正溪幽湿处,全籍墨烟浓"。明董其昌在《画禅室随笔》中将张璪列为"南宗"首位画家,可见其在后人心目中的地位。《宣和画谱》著录他的《松石图》、《寒林图》、《松石高僧图》等六件,《松石图》后归郭祐之,见《云烟过眼录》。《流水石图》据说也是他的作品,载于《清河书画舫》。所著《绘镜》一篇,为世所重,已佚。

朱审,唐代画家。湖州人,一作吴郡(今苏州)人。德宗建中(780—783)时以善画山水、人物、树石驰名。后居长安,所画壁、幛、卷、轴,皆为人所珍。张彦远称其山水画"深沉瑰壮,险黑磊落,湍濑激人,平远极目"。朱景玄评其画谓"峻极之状,重深之妙。潭色者澄,石纹似裂,岳麓笔下,云起峰端,咫尺之地,溪谷幽邃,松篁交加,云雨暗淡,虽出前贤之胸臆,实为后世之模楷"。与王维同列《唐朝名画录》中"妙品上",且名在王维之前。画迹有《唐安寺壁画》,著录于《唐朝名画录》。

顾况(725—814),唐代画家、诗人、鉴赏家。字逋翁。吴郡(今苏州)人,一称浙江海宁人。顾野王八世孙。肃宗至德二年(757)进士,官至著作郎。性好诙谐,白居易初到长安时,他便说:"长安米贵,居大不易。"曾作《海鸥咏》:"万里飞来为客鸟,曾蒙丹凤借枝柯。一朝凤去梧桐死,满目鸥鸢奈尔何。"以嘲诮当时宰相李泌。因而于贞元五年(789)被贬为饶州司户参军。后隐居茅山,多与僧道交往,自号"华阳真逸"。诗质朴平易,多反映现实之作。别具一格,不以文辞华丽取胜,不避俚俗,对贫苦人民表示同情,如《全唐诗》中《囝》,自注曰:"囝,哀闽也。"诗:"囝生闽方,闽吏得之,乃绝其阴。为臧为获,致金满屋。神道无知,彼受其福。即罢别囝,吾悔生汝。及汝既生,人劝不举。不从人言,果获是苦。囝别郎罢,心摧血下。隔地绝天,及至黄泉,不得在郎罢前。"这是描写当时掠夺作奴之作,情深意切。顾况的画风也是很别致:善画山水,每画,先帖纸数十幅于地,调研诸色墨汁,各储一器。饮酒半酣,绕绢走十余匝,取墨汁滩写(泼墨)于绢上,次写诸色(泼彩),乃以长巾覆于所写之处,使人坐压,自执角巾而曳之,回环既遍。然后以笔墨随势开决为峰峦岛屿之状,狂逸有致。唐段成式在《酉阳杂俎》中也说,他"酣酒",叫人吹角击鼓喊叫以助,用锦缠头半醉时,提笔蘸墨,在绢上挥洒,然后赋色。有时他也用大笔作画,峰峦岛屿,皆各尽其妙。传世作品有《江南春图》,评者谓"笔法潇洒,天真烂漫",墨法尤佳,传说北宋惠崇和元倪瓒均摹仿之。明张丑题诗云:"清逸不火食,堪与摩诘邻。""画入神品,源出王默而秀润过之。"(《清河书画舫》)顾况还著有《画评》,已佚[①]。

杨惠之,唐代雕塑家。创作活动于开元间(713—741)。吴地香山(今苏州)人。早年与吴道子同学画,远师张僧繇,号为画友。后改攻雕塑,"为天下第一"。时有"道子之画,惠之之塑,夺得僧繇神笔路"。曾创壁塑技法和造千手千眼观世音像。并于京兆府长乐乡太华观塑玉皇尊像;汴州安业寺(即大相国寺)净土院大殿内塑佛像、支条千佛;东经藏院殿后三门塑二神、当殿塑维摩居士像;河南府广爱寺三门上塑五百罗汉及山亭院楞伽山;

[①]另据《画史会要》、《酉阳杂俎》、《唐文粹》、《封氏见闻录》等记载,唐有一"顾生",时代、作画情况与顾况相似,可能为同一人,从略。

以及洛阳北邙山老君庙内神仙塑像。还在天柱寺塑有维摩像，形模如生，其旁二侍女尤佳。所塑像合于相术，故称古今绝技。在京兆塑优人留杯亭，像成之日，并加装染，于市会中面墙而置，京兆人视其背影即知为留杯亭像，其神巧可知。后世有不少塑像附会为惠之所塑。苏州甪直保圣寺的罗汉像，传为杨惠之所作。先是1918年，历史学家顾颉刚、陈万里发现这里的塑像，惊为国之瑰宝，于是在报刊上疾呼，一时在国内引起关注。由于罗汉殿于1928年倒塌，原有18尊罗汉仅存9尊，由蔡元培、马叙伦、叶楚伧、顾颉刚、陈万里等19人组成委员会募捐，由荡文照设计，建古物馆。雕塑家江小鹣、滑田友修复了雕塑，使今日仅存的9尊罗汉像雕塑像得以保存。1961年被列为全国重点文物保护单位。他们是迦层尊者、托迦尊者、阀门罗尊者、苏平拖尊者、跋矩罗尊者、阿氏多尊者及戍博迦尊者等，个个相貌高古，形神兼具，衣褶则流利通畅，其中一位头戴风帽者，传为梁武帝萧衍。武帝信佛，大兴寺院，佛教徒尊为菩萨，头戴风帽，以示与众不同。这几尊塑像果然不同凡响。惠之还著《塑诀》，已佚。

据《吴郡甫里志》载，保圣寺建于南朝萧梁天监二年（503），北宋祥符六年（1013）重建。又据明归有光《保圣寺安隐堂记》，谓保圣寺创立于唐大中年间。元僧明理《甫里保圣寺法华期忏田记》亦云建于唐代。《吴郡甫里志》还说"大雄宝殿供有释迦牟尼，旁列罗汉十八尊，为圣手杨惠之所摹"。《邑县志》、《吴县志》也多持此说。元赵孟頫曾为联云："梵宫敕建

保圣寺罗汉像

梁朝,推甫里禅林第一;罗汉溯源惠之,为江南佛像无双。"这些和雕塑本身看来是顾颉刚等人认为是惠之塑的重要根据,但后来人们多数认为大约为宋代作品(今存天王殿之基础亦为宋代无疑)。日本美术史家大村西崖曾到保圣寺考察,写出《吴郡奇迹·塑壁残影》,认为:"罗汉塑像,其一为半跏趺坐而仰视之状,另一为定坐之形,面容衣褶与其他各像微有不同;尤以前者双肩所垂衣端作卷云形状,更显别致,是则或与其不同凡俗之面相、目为惠之之原作乎? 正未可知耳。"他最后认定为宋大中祥符年代作品,这与国内专家的意见是一致的。

滕昌佑,唐末五代画家。字胜华,生年不详。本为吴(今苏州)人。唐广明元年(881)十二月,黄巢起义军攻入长安,随僖宗李儇避乱入蜀,年85卒。一生不婚不仕,专心艺事。擅画花鸟、草虫、蔬果,以绘鹅及梅尤为著名。相传他在住处栽植花木,供其写生,而无师承。写折枝花下笔轻利,敷彩鲜妍,论者认为近边鸾一派;画蝉蝶草虫,用笔点写,称为"点画"(即"点簇")。兼制夹苎果实(以苎麻为脱骨,加漆制成果实之形),随类赋彩,宛若如生。亦工书法,当时蜀中寺观匾额,不少出于他的手笔,号称"滕书"。《宣和画谱》记其作品有《牡丹睡鹅》、《梳翎鹅》轴和《蝶戏长春图》等六十五件。传世作品有《牡丹图》轴、《蝶戏长春图》,1912年藏于内务部古物陈列所。现观其《牡丹图》(绢本,设色,纵97.7厘米,横53.5厘米,台北"故宫博物院"藏),主株有花四朵,绿叶葳蕤,假出为之映衬,旁有一小株,也是花朵盛开。整个画幅构图稳重,堂皇富丽,将花之富贵表现无遗。千年色彩,鲜艳如新,为古代花卉杰作。实为五代花鸟画家徐熙的先行者。

滕昌佑《牡丹图》

第五节 刺绣织锦和青瓷

在这一时期,苏州已出现一定水平的刺绣。《三国志·吴志·蒋钦传》中就有他"妻妾衣服,悉皆刺绣"的记载。传说孙权赵夫人"刺绣列万国于方帛之上,写以五岳河海城邑行阵之形",号为"针绝"。(见《拾遗记》)苏州丝织业早就出现,据说也是赵夫人能织出云龙夔凤锦。在唐以前,这里尚不及黄河流域及四川等地发达,但到了唐代,据《新唐书·地理志》等史书所记,苏州上贡朝廷的织物品种很多,包括丝葛、丝绵、八蚕丝、绯绫、乌眼绫、衫缎、罗纻布、折皂布、白角簟、草席等,其中最为突出的是丝织品。天宝年间,吴郡进贡的方丈绫受到唐玄宗的赞赏。诗人们在作品中对当时江南地区生产的吴绫、越罗、绛纱等称颂不已。苏州生产的各种书画用的彩笺也备受人们青睐。1956年在苏州虎丘山云岩寺塔中发现的五代时的刺绣经帙为丝织品,罗地染栗壳色,绣以米黄拟金色莲花、深绿间以淡绿的莲实,缀以米色莲蕊,一花作抑姿,姿态各异。花外缠以绕枝、茨叶状的叶瓣,以米绿双色晕线绣制。虽年代久远,但仍可见多种今日苏绣针法。

瓷器制造在孙吴时期已经出现。1981年在苏州南门外,孙坚、孙策墓中出土了**青瓷五连罐**。孙坚(155—191)为孙策(175—200)之父,策割据江东,建孙吴政权,曹操表为讨逆将军,封吴侯。此罐在东汉中晚期已出现,造型古朴,到六朝西晋时加以楼阁、鸟兽、人物。1976年在狮子山东麓西晋

刺绣经帙

青瓷五连罐

西晋青瓷楼台堆塑谷仓罐

墓中出土的**青瓷楼台堆塑谷仓罐**高48厘米，通体施不透明茶绿色釉。盖部为一庄园式建筑，中有楼房、院墙，四角各有亭子一座，院墙每边带有"凸"形孔。户部有堆塑两层：上层有角亭、鸟兽及乐人；下层有楼阁、门阙；内层塑舞、乐人姿态各异；外层塑狗、熊、羊、虎等走兽。腹部有仙人骑神兽、团龙、麒麟、衔环铺首等薄片贴塑。显示了当时在这方面已有高超的艺术和技术水平。1979年在苏州城西南七子山五代吴越墓还出土陶塑男女侍俑共8件，男戴幞头，女挽双鬟髻，身着长袍，面容饱满，作笼袖而立状。身高约24厘米，厚0.8厘米，皆模制而成，俑体仅有前半身，形若竹爿。衣褶施刀刻，形象妩媚，体态匀称，塑工谨严。我国五代木雕存世作品不多，但虎丘塔第三层塔宫中发现的檀木雕观音像龛，通高19.3厘米，约属五代吴越遗物。中央主龛内雕刻手持捻珠的立像，旁刻手捧莲花的善财童子；两边扉龛内，雕刻菩萨和飞天，刻工苍劲，描金涂朱，格调富丽。也足以说明这时苏州美术的发展水平。

第六节　画论、画史

《唐朝名画录》，中国画品评的著作，朱景玄著，不分卷。景玄，唐武宗代会昌（841—845）时诗人，理论家。

吴郡（今苏州）人。官到翰林学士，太子喻德。有诗一卷，今存于《全唐诗》。《唐朝名画录》又名《唐画断》，为我国第一部绘画断代史，共收唐初以来二百年间画家共126人，对其中96人，进行品评分类。景玄写此书治学认真，他在自序中说："景玄窃好斯艺，寻其踪迹，不见者不录；见者必书。推之至心，不愧拙目。"书中融合当时之长，将亲见的画分为神、妙、能、逸四品来加以评论。张环瓘《书断》品评书画，分为神、妙、能三品，李嗣真《书品》定李斯等人为逸品。这样的划分实自景玄始，也为后来很长时期评画者所遵循。景玄重视绘画的社会功能："夫画者以人物居先，禽兽次之，山水次之，楼殿屋木次之。""前朝陆探微屋木居第一。皆以人物禽兽，移生动质，变态不穷，凝神定照，固为难也。""画者，圣也。益以穷天地之不至，显日月之不照。挥纤毫之笔，则万类由心，展方寸之能，而千里在掌。至于移神定质，轻墨落素，有象因之而立，无形因之而生，其丽也。"皆为绘画至论。其评"神品上"一人为吴道子，"神品中"一人为周昉，"神品下"7人，为阎立本、阎立德、尉迟乙僧、李思训、韩干、张璪、薛稷。"妙品上"8人，为李昭道、韦无忝、朱审、王维、韦偃、王宰、杨炎、韩滉。"妙品中"5人，"妙品下"10人，"能品上"6人，中28人，下28人，逸品3人。并分别列出画家的简略介绍、画品风骨及其评介，乃是唐代绘画不可代替的珍贵史料。

第三章
宋元时期美术

第一节 概 述

宋代实行奖励农桑政策,重视兴修水利。苏州地处太湖地区,农业、手工业得到发展,城乡商业也兴盛起来,逐步发展为商业都市,冠盖东南。朱文长在《吴郡图经续记》中写道:"自钱俶纳土至于今元丰七年,百有七年矣。当此百年之间,井邑之富,过于唐世。郛郭填溢,楼阁相望。飞杠如虹,栉比棋布,近郊溢巷,悉甃以甓。冠盖之多,人物之盛,为东南冠,太平盛世也。"范仲淹又在苏州创府学、县学,建书院,使得苏州文化气氛大增。南宋建炎四年(1130),金兀术在苏州放火抢掠,大火烧了五天,城中居民"迁避不及遭杀者十之六七"。劫后一年,宋高宗莅临苏州,兴建行宫与姑苏驿馆,重建报恩寺塔。后来苏州知府又对城市进行修治,淳熙年间(1174—1189)知府谢师穆以40万缗修缮平江城,直至嘉定十六年又进行修缮,现存的南宋绍定二年制的《平江图》碑刻,即于修建次年问世,看来此碑即是记录了当时苏州城面貌,也含有规划的用意。整个宋代,特别是南宋,建都在邻近的杭州,艺术上也算繁荣,但似乎未给苏州带来多大影响,苏州还没有走完由唐代开始的艺术上的低谷,而且还正处于谷底。但我国绘画已出现了新的趋势,按明代董其昌看法,由王维开始的"文人画"已由董源、巨然等人的艺术而不绝如缕,这里毕竟是经济繁荣、艺术沉积深厚之地,还出现过张璪、顾况一路画家,因而这时著名的文人流连这里倒不少,表面上知名画家寥寥,甚至比前面说的唐五代时期还要差强人意。但是艺术潜流正在等待春天的到来。

元代的苏州,开始由于"凡城池悉命夷湮",遭到严重的破坏,但很快就开始恢复,出现了初步的繁荣。在南宋时期,全国经济中心已开始南移,这时更集中于苏、嘉、湖地区。"上有天堂,下有苏杭"这句民谚已不胫而走,不仅如此,全国美术重心也向这里倾斜。这时的中国美术,出现了有别于前朝的重大转折:在以前的朝代,包括军阀割据、战乱不止的年代,总是朝廷(包括小朝廷)需要画家,画家也依附朝廷,而元代却是由少数民族掌握政权,对汉人实行歧视,对画家也听之任之,汉人本视元代统治者为"夷狄",加上对画人的漠视,因而使画家转而以隐逸为乐,以描写世外山水来喻自己的高洁,以描绘荒疏花木抒发孤寂和悲哀。当然,也由于绘画发展到南宋,缺乏生气,因而五代董源、巨然的"文人画"一时破天荒地成为绘画的主流,使得绘画面貌焕然一新。苏、嘉、湖地带,在元初已名家辈出,首先是赵孟頫、管仲姬与子侄辈赵雍、赵奕和孙赵凤等崛起于吴兴,钱选闻名于湖州,又有盛懋兴起于嘉兴;而苏州本是这里首邑,经济上能使画家无衣食之虞,文化上有深厚沉积,又有佳山佳水,自然也就成为画家云集之地,成为这个绘画中心的中心,为自身的美术复兴准备了条件。

第二节　宋代苏州画家群

宋代苏州画家不少,两宋尤其在宋元之际,战火频仍,很多作品以佚名传世。较著名的有毛益,昆山人,一作沛县人,孝宗乾道(1165—1173)时为

毛益《牧牛图》

画院待诏。工画翎毛、花竹,尤能飞染,似能飞鸣,画迹有《聚禽图》,著录于《铁珊瑚网》;《黄鹂苍翠图》著录于《无声诗史》。相传为他所绘的《猫图》册页,现藏日本东京国立博物馆。北京故宫博物院藏其《牧牛图》(纸本,墨笔),绘烟柳平丘,牧童跨于牛背上,兴致勃然在斗玩昆虫,身后小牛,撒腿急追,颇具童趣。形象生动,笔法简率。此图曾为清内务府收藏,有乾隆题诗。父松,善画花鸟四时之景,有《猿图》,藏日本东京曼殊院。其他有丁谓、何充、朱象先、沈鉴、徐弁、毕生、张经、单邦显、冯大有、了宗、继肇、李怀仁、程若筠、胡夫人、毛兴等人。其中大都是处士秀才,画的多是人像、草虫之类杂画,大约画得不错,其中何充最为著名,举秀才。《图画见闻志》谓:"何充,姑苏人,工传写,艺擅东南,无出其右者。"他尚有一幅《妇人像》,至今流落在日本。其中为官最大的是丁谓,追封为晋国公,逸寇准罢相,憸狡过人,但图画亦精。冯大有,承事郎,写阴晴风雨四种莲,巧妙入神。其中值得再提的胡夫人,平江人,为胡元功幼女,嫁吴江黄由为妻。善诗文,精琴书,画兰写竹颇工,时人比之李易安再世。

第三节 客居的米芾父子、苏轼和赵伯骕

米芾(1051—1107),北宋书画家、鉴赏家。初名黻,字元章,号鹿门居士、襄阳漫士、海岳外史。自元祐六年(1091)起,改名芾。祖籍太原,迁襄阳,世称米襄阳。晚年定居润州,曾寓居苏州,《宋史》称之为"吴人"。徽宗赵佶召为书画学博士,官至礼部员外郎,人称"米南宫"。有洁癖,善收藏。中年寓苏期间,多与书画收藏交往。在其所著《画史》中,述及与苏州关系中达6处之多,如述及李成二画"今在余斋,山水在苏州宝月大师处","苏子美、黄筌《鹡鸰图》只苏州有三十本","苏州丁氏五星图……全真也","吴中一士大夫好画……"等等。又在穹窿山拈花禅院大书诗两壁,还在虎丘剑池石壁上留下"风壑云泉"四字。元丰年间,苏州郡守章岵,与郡中十位耆老饮酒赋诗,曰"十老会"。时米芾为礼部,在杭州经由苏州,在十老诗前作叙。《吴郡记》说其"叙诸老之德甚详",最后说:"以襄阳米黻,倦游四海,多出宾僚。刻绘既传,属为序引。呜呼!乐道人善,君子有之。顾黻何堪,忝於承命。谨序。"他还为家居城西乐圃的朱文长撰写墓表。晚年游镇江,

喜山连长江，易于表现所画，遂定居润州。画山水自董源，天真发露，不求工细，创"茄子点"，多用水墨点染。自谓信笔作之，多以烟云掩映树石，意似便已。突破勾廓点皴之传统，开创新的山水风格，世称"米点"。画迹多为赝品，传世之《春山瑞松图》，传为他所作，图录于《故宫名画三百种》。著有《画史》、《宝章待访录》等。

米友仁（1074—1153或1086—1165），米芾长子，初名尹仁，后改名友仁，还有鳌儿、虎儿、寅哥等小名。幼时，黄山谷赠其有"元晖"古印章一方，并诗云："我有元晖古印章，印刓不忍与诸郎。虎儿笔力能扛鼎，教字元晖继阿章。"遂字元晖。又号海岳后人，懒拙翁等。因其山水风格肖似乃翁，后人遂称米芾为"大米"，友仁为"小米"，并称"二米"。因友仁曾官"敷文阁直学士"，后人又称其米敷文。因米芾中年寓居苏州，推断友仁应该在苏州住过。其妹又嫁在苏州，还互有来往，自然与苏州有一定因缘。崇宁三年（1104），米芾在宋徽宗召见时，呈上米友仁画，赐御书画二轴，由此友仁知名于世。于宣和年间（1119—1125）为大名少尹，兼掌书学二年。后官至提举两浙西路茶盐公事，兵部侍郎和敷文阁直学士。南宋绍兴八年，自云："既老且懒，遂请宫投闲，泛小舟来平江大姚村（原引用者注"按地址在今苏州东南三十里，今车坊附近有一大姚村，恐即是）"（《宝真斋法书赞·〈阳春词帖〉版》）。大姚村，系其妹及妹夫谦之的庄舍，米友仁在此一直住到第二年。可能在期间作《大姚村图》，并题曰"霄垠千千万万山，东南胜地熟路攀，古人作语咏不得，我寓无声嫌楮间"，惜此作至今已不可见。

现举友仁的存世作品《潇湘奇观图》卷（纸本，设色。纵19.8厘米，横298.5厘米，故宫博物院藏），是米友仁的代表作，也最能显示"米氏云山"

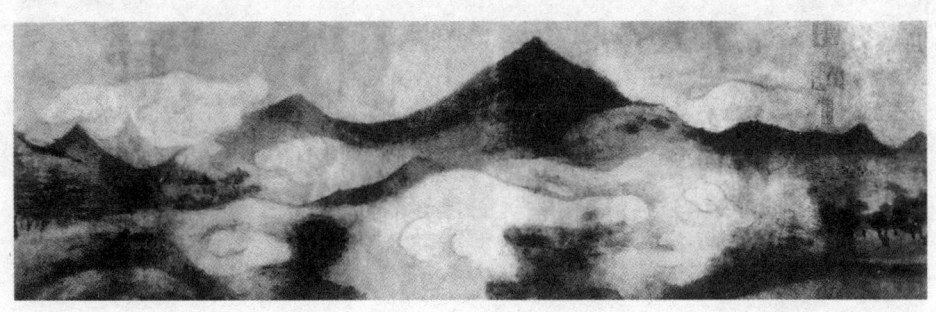

米友仁《潇湘奇观图》

的面貌。描绘的是白云翻卷、云雾变幻的奇境。此段是全卷云海最浓处，几占画幅大部，但即以这一部分而言，也是精心处理。远处诸峰矗立，但变化不少，山头迭起，而云的稀薄处则山形显露，山间树木成林，即所谓"无根树"，这当是。画的右部则是云已散去，山与树掩映成趣。真如陆游在观米元晖画后题曰："曲韵凡情一点无。"时人洪适观此画后题曰："曲尽林阜烟波之状，遐想鸥鸟之乐，良不可及（《铁网珊瑚》）。"元人邓志宇题此画曰："摩墨温粹，点染浑成，信夫种山川之秀，而复发其秀于山川者也。"刘守中则谓："山川浮纸，云烟满前，脱去唐、宋习气，别有一天胸次，可谓自渠作祖，当共知者论。"二米的画给苏州很大影响，数百年后的吴门画派诸家，多重视二米绘画风格，继承二米绘画精神。

苏轼（1037—1101），北宋文学家、诗人、书画家。字子瞻，号东坡居士，四川眉山人。在散文、诗词、书法上都有伟大成就，绘画和绘画理论在美术史上都有重大影响。仁宗嘉祐二年（1057）进士，先后任侍读、翰林学士、礼部仕郎以及龙图阁和端明殿学士，也曾任密州、徐州、湖州、杭州、定州等地地方官。中年因"乌台诗案"入狱，被贬黄州。后又放逐至惠州、儋州、廉州、永州，死前半年特赦，不久即病逝于常州。苏轼与苏州有不解的情缘，虎丘早有"仰苏楼"，现在定慧寺巷中还有"苏公弄"。灵岩山半山处有一"迎笑亭"，就是纪念苏轼与当时释友在这里笑迎之处。他和苏州画家，还有特别的联系。他六次来苏，欣赏画像，留下不少诗文。熙宁七年（1074）9月，轼又"至苏州，州守王海（规甫）席上，为歌者赋《阮郎归》，何充为写真，赠充诗"（《东坡年谱》）。《阮郎归》以"一年三度过苏台"起句，继以

苏轼《枯木怪石图》

"老先摧"、"双鬓衰"来抒其宦海浮沉之悲哀。苏轼赠何充诗题为《赠写真何充秀才》，诗中有"问君何苦写我真"之句。元祐五年（1090），轼53岁时，在吴江画家朱象先画上跋："松陵人朱君象先，能文而不求举，善画而不求售。曰'文以达吾心，画以适吾意而已'。昔阎立本始以文学进身，卒蒙画师之耻，或者以是为君病。余以为不然。谢安石欲使王子敬书太极殿榜，以韦仲将事讽之。子敬曰：'仲将，魏之大臣，理必不尔，若然者，有以知魏德之不长也。'使立本如子敬之高，其谁敢以画师使之？阮千里善弹琴，无贵贱长幼皆为弹，神气冲和，不知向人所在。内兄潘岳使弹，终日达夜无怍色，识者知其不可荣辱也。使立本如千里之达，其谁能以画师辱之？今朱君无求于世，虽王公贵人，其何道使之？遇其解衣盘礴，虽余亦得攘攘其旁也。元祐五年九月十八日东坡居士书。"后来轼远谪惠州，和苏州释友还往还酬咏。他在一诗前云："苏州定慧寺长老守钦使其徒卓契顺来惠州，问余安否？且寄拟寒山十颂，语有璨忍之通，而诗无岛可之寒。吾甚嘉之，为和八首。"现录其一："净名毗耶中，妙喜恒沙外。初无往来相，二士同一在。云何定慧师，尚欠行脚债？请判维摩凭，一到东坡界。"其和苏州情谊若此。苏轼为我国美术史上首先提出"士人画"这一概念的画家。也是"论画以形似，见于儿童邻"论画诗句的作者。他的美术思想一定也会在苏州美术史中留下印记。其作品《枯木怪石图》追求天真简淡和笔墨韵味，率意而为，充分体现画家"画以适吾意"的主张。这幅画诠释了他的"文人画"主张，有助于后来的中国画的发展。米芾评其画为"怪怪奇奇，如胸中盘郁"。

赵伯骕（1124—1182），南宋画家。字希远，赵伯驹（千里）弟，宋太祖七世孙。祖赵令畤封嘉国公，能画，"从苏轼、黄庭坚。故子侄皆业儒"。父未随赵构南渡（于伯骕年幼时即故去）。伯骕后被荐于宋高宗，被"绶带赐第"，改侍卫司马干办公事、浙江安抚事千官。宋孝宗即位后又被擢本路兵司马副都监。兼职德寿宫进兵马提辖。乾道二年（1166）继范成大后以特使身份去赴北国，为南渡后出使的第一人。孝宗因而将他由武翼郎转武翼大夫，不久又升本路副提督。后又特领荣州刺史，又转武功大夫和州边防御使。以后得疾，很少外出。据宋周必大的《周益国文忠公集》卷三十中《和州防御史赠少师赵公伯骕神道碑》载，淳熙九年（1182）正月十一日，因宴客，"自歌所制乐府，酒罢就寝，无疾而逝"。是岁三月三日，葬平江府吴县至德

赵伯骕《万松金阙图》

乡观音山。①另据《姑苏画史》引《吴县志》、《民国吴县志》记载,说赵伯骕"尝画姑苏天庆观样,进呈孝宗,官至观察使,卒葬支硎山"。如依其原样建造,今之玄妙观当系建筑群的一部分。伯骕和其兄伯驹,世称"二赵",作画不多,但画名却是很大的。兄弟皆妙于金碧山水,以萧散高迈之气见于缟素。曾奉命合作武英殿壁画,赏赉甚厚。赵伯驹无存世作品,赵伯骕只有一幅《万松金阙图》卷②。长卷右上方为一轮红日,在薄雾中升起。晨曦中,海天已阔,近岸古松盘桓有致,远处群山,在白云掩映之中,楼阁依稀可见,白鸽或立或飞。山的幽深与水面的宽阔并见于一图,确在古画中少见。山脚用青绿勾染,山拗曲径以泥金渲晕,此画明显受了李思训、董源、小米等多方面的影响,而又能相互融合,显现了自己的独特风貌。二赵绘画风格给后来的吴门画家带来了很大影响。

第四节　元初的遗民画家

龚开(1222—约1304),宋末元初画家。字圣与,号翠岩,淮阴(今淮安市淮阴区)人,曾寓平江(今苏州市)。南宋理宗景定年间(1260—1264)任两淮制置司监职,在李庭芝幕府和陆秀夫共事。祥兴二年(1279),陆秀夫背帝赵昺投海而亡,龚悲不胜情。入元不仕,以遗老身份往来苏州和杭州等地,卖画自给,晚年贫困以终。擅画人物,用笔厚重,喜画墨鬼,尤以画钟馗,形象奇特,寓有"扫荡凶邪"之意。偶用浓墨画脸,称"墨妆"。作《骏

---

①此处依南宋周必大《神道碑》,周为宋孝宗、光宗、宁宗三朝敢于直言的名臣,自称长期与赵伯骕父子共事("邓久于公父子同朝"),所言可信。

②此图题为赵孟頫所题。其实画中的松树仅有9株。

骨图》卷,画面上是一匹瘦骨嶙峋的老马,题曰:"一从云雾降天关,空进先朝十二闲;今日有谁怜骏骨,夕阳沙岸影如山。"并自跋:"经言马肋贵细而多,凡马仅十许肋,过此即骏足;惟千里马多至十有五肋,假令肉中画骨,渠能使十五肋现于外。现于外非瘦不可,因成此相,以表千里之异。尪劣非所讳也。"分明是以老马自况,充满丧家失时之痛。他存世作品《中山出游图》(纸本,墨笔。纵32.8厘米,横169.5厘米,美国华盛顿弗利尔美术馆藏),画面上出现一群鬼的队伍,钟馗正携妹出游,小妹以墨作胭脂涂面,随从则为奇形怪状的鬼卒。钟馗本是辟邪斩鬼之神,一鬼还将缚的鬼怪绑在竿上。似有借此抒发驱除异族之意。元代陈方题此图曰:"楚龚胸中墨如水,零落江南发垂耳;文章汗马两无功,痛哭乾坤邈如此。……翁也有笔同干将,貌取群怪驱不祥;是心颇与鬼相似,故遗麾斥如翁意。……"值得注意的是"同干将",说明此画极可能是在苏州所作。因干将是出在苏州,城中当时即有干将坊。存世还著有《宋江三十六人赞及叙》,诗文有《龟城叟集》。

郑思肖(1241—1318),宋末元初诗人、画家。宋亡始用今名,即"思赵"也。字忆翁,连江(今属福建)人,后寓平江(今苏州)。曾以太学生应博学鸿词试,授和靖书院山长。元兵南下,叩阙上书。宋亡,隐居苏州。坐卧必向南(因南宋首都在杭州),并号所南,以示不忘宋室。并逃身缁黄,自号三外野人,并在住屋前门上书一匾额"本穴世界"("本穴"可拆拼为"大宋")。岁时伏腊,辄望南哭,再拜乃返。闻北语,必掩耳亟走,人知其孤僻,亦不以为怪。擅作墨兰,画兰多不画根,更无坡地。自云:"土为蕃人夺,忍着耶?"嘉定某官,胁以他事,求画兰。郑说:"头可断,兰不可得也。"只好作罢。终身不娶,浪游无定所,病重嘱其友唐东屿为书一位牌,曰大宋不忠不肖郑思肖,语迄而卒。郑也喜画竹,常写苍烟半抹,斜月数竿之景,诸多故国之思,以抒其悲愤苍凉之情。但他是热爱生活,热爱苏州的。他的《春日游承

龚开《中山出游图》

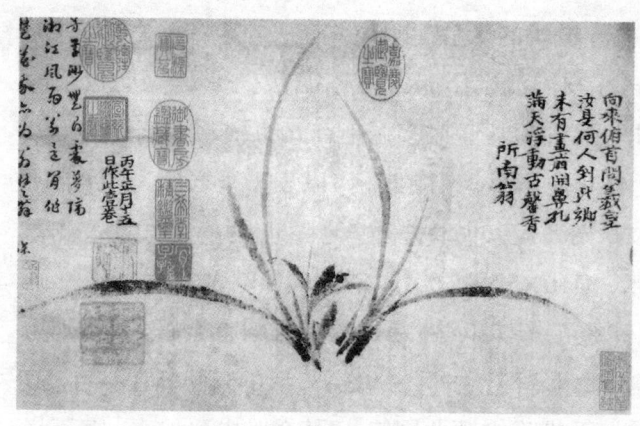

郑思肖《墨兰图》

天寺》曰:"野梅香软两新晴,来此闲听笑语声;不管少年人老去,春风岁岁阖间城。"传世有《墨兰图》(纸本,水墨,纵25.7厘米,横42.4厘米,日本大阪市立美术馆藏),用极为简淡之笔,只出一花数叶,也不画土,画上题诗:"向来俯首问羲皇,汝是何人到此乡;未有画前开鼻孔,满天浮动古馨香。"落款"丙午正月十五日作此壹卷"。铃以"求则不得不求或与老眼空阔清风今古"之章。落款年代只写"丙午"而不写元"至正"年号。有诗集名曰《心史》,所发多民族思想语,旧无传本。明崇祯十一年(1638)十一月八日,苏州城中承天寺浚井,于井中出一铁函,"函内石灰,灰内锡匣,匣内生漆书,折成卷。内缄封:'大宋孤臣郑思肖百拜。'封外缄封:'大宋世界,无穷无极。大宋铁函经。德佑九年佛生日封。'计三百五十六年矣"(《百城烟水·吴县》)。世称此书为"铁函心史"或"井中心史"。

第五节 元代苏州画家群

黄公望(1269—1354),元代画家。本姓陆,名坚,生于常熟。幼以神童见称,稔经史,工书法,通音律,善散曲。后继浙江永嘉黄姓为子,时其继父年九十,人云"黄公望子久矣",遂以此为名。9岁时宋已亡,16岁时已是元至元二十二年。当时已废科举制度,汉人必须先为"吏",但须经人推荐,公望中年时才"先充浙西宪吏"(《录鬼簿》)。后来又到当时大都(今北京),在御史台下属的察院充当书吏。延祐二年(1315)受上司张闾的连累,被诬下狱。出狱后,万念俱灰,加入全真教。号一峰,又易姓名为苦行,号净墅,又号大痴。在松江住了十年,又外出云游。在苏州天德桥开设三教堂,有时寓居道院,常在太湖上倚轻舟,吹铁笛泛游。近80岁时游富春,爱杭州山水之美,结庐于杭州筲箕泉。子久最精山水画,宗法董源、巨然,受过赵孟頫的指导。既在常熟临虞山和苏州天池山自然胜境,又饱览富春山江的钓滩之概。每出,袖携纸墨,遇景模记。"终日只在荒山乱石丛木中深筱中坐",晚年卓然成家。早期画迹,存世极稀,有一《溪山暖翠图》(绢本),曾为恽南田表兄孙承公收藏。构图繁复丰满,格调温润柔和。晚年所作则运以草籀笔法,皴笔不多,苍茫简远,气势雄秀,有"峰峦浑厚,草木华滋"之评。创"浅绛"法,山头多用磐石,对明清山水画影响极大。在苏州作有《天池石壁图》(绢本,设色,纵139.3厘米,横57厘米,故宫博物院藏),天池山在苏州西,现在苏州市吴中区藏书镇境内,其山东半部,当地人称为华山。这是子久构图繁复的一路代表作。

黄公望《天池石壁图》

画的左上角自题:"至正元年十月,大痴道人为性之作《天池石壁图》,时年七十有三。"画中层峦叠嶂,高至云天,长松杂树,掩映其间,烟云流润,虽多繁复之处,但山石空明,顿生空灵雄伟之气。全画多用绛色,墨青墨绿合染,一幅天池石壁之景,跃然纸上。明高启在《天地图》小引中写道:"吴华山有天池石壁……元泰定年间(1324—1327),大痴黄先生游而爱之,为图三四本,而世之名益著。"清张庚形容此图说:"大痴《天池石壁图》,入手杂树一林,边右四松高起①,石侧茅屋,此第一层甚浅。林外隔溪即起大山,层层而上,山之右掖出一池,人家临池,池上起陡壁,壁罅出源水下注,而以桥阁接住,不露水口,弥觉幽

---

① 按今故宫所藏,应为"边左三松"。

黄公望《富春山居图》（局部）

深，此点题也。陡壁即大山之顶，绵亘入右而削下者，非另为之也。盖通幅惟此一大山盘礴，顶外列小山两层，又为小峰参差，虚映于后为两层也。混沦雄厚，岚气溢幅，真属壮观。"又如清方薰所言："其画高峰绝壁，往往勾勒楞廓，而不施擦皴，气韵自能深厚。"这是古人最早画苏州之景，实在值得珍视。但代表子久最高成就当推《富春山居图》（纸本，墨笔。纵34.1厘米，横1088.5厘米，台北"故宫博物院"藏）[1]，他在画上自题："至正七年，仆归富春山居，无用师偕往，暇日于南楼援笔写成此卷，兴之所至，不觉亹亹布置如许，遂填札，阅三四载未得完备，盖因留在山中，而云游在外故尔。今特取回行李中，早晚得暇着笔。无用过虑，有巧取豪夺者，俾先识卷末，庶使知其成就之难也。十年，青龙在庚寅歜节前一日，大痴学人书于云间夏氏知止堂。"这是大痴晚年的一幅杰作。从自题中可知，画家刻意经营，兴之所至，方挥毫点染，数载而就。图中山峦起伏，平岗连绵，江水不兴，其境甚为辽阔。山峰数十、树百株，皆一峰一状一树一形，各用其法，各尽其态。山峰用干枯墨勾就，而远山洲渚皆以淡墨抹出。山和水几乎都用单线，浓湿墨形成对比，几乎无大片墨，显得格外疏朗简秀、清爽深厚而又简约空灵。画中几无董、巨之迹，真是自成一体，震古烁今。元画的面貌和中国山水画新的变革得以完成。董其昌说："吾师乎，吾师乎，一丘五岳，都具是矣。""此卷一观，如诣宝所，虚往实归，自谓一日清福，心脾俱畅。"邹之麟则谓："知者论子久画，书中之右军也，圣矣，至若《富春山居图》，笔端变化鼓舞，又右

---

[1] 此卷传世有二卷。一为黄子久为子明隐君作，后世名之曰《山居图》；一为子久为无用禅师作，后世名为《富春山居图》。清乾隆及其侍臣鉴定为前真后伪。当代苏州画家吴湖帆则认为后卷为真，从作品的艺术性及题款等来看，当以吴说为是，现从此卷。

军之《兰亭》也,圣而神矣。"此图向为收藏家所宝。吾苏沈周首藏,后入别人手,沈伤之,凭记忆追摹一遍。后归董其昌,又后属清之吴洪裕,将死,嘱家人将其焚之,家人遵其嘱,幸其侄吴静安从火中拖出,画已焚成两截。烧掉其首一截,还有一段,后人称为《剩山图》,现藏浙江省博物院,主要部分藏台北"故宫博物院"。子久存世作品还有《富春大岭图》(藏南京博物院)、《九峰雪霁图》(故宫博物院藏)、《山居图》(南京博物院藏)。与吴镇、倪瓒、王蒙合称"元四家",以黄公望为冠。不妨说,我国"文人画"至他而发展完备。他无愧为"文人画"的代表,苏州因有他才能说为此画的渊薮所在。著有《写山水诀》。

但说"文人画"完成于苏州,还必须说到倪瓒。他是无锡人,但主要艺术活动在苏州。他是"元四家"之一,也是"文人画"中"高逸"风格的代表。黄、倪二人,也可说代表了"文人画"。

倪瓒(1301—1374,一说生于1306),元代书画家。初名珽,字元镇,号幼霞,又号云林、云林生、云林子、幼霞子、荆蛮民、经锄隐者等,有时还自书懒瓒,后人常称为倪迂。无锡人。后半生在苏州城中和附近地区流寓,并曾在甪直定居。出身富户,但父早亡,由兄抚养。大兄倪昭奎(文光)被招入议幕,后又因荐诸行省,授学道书院山长。后以黄老为归,成为道教全真教有影响的人物。倪云林在23岁以前,过的是优裕的生活。"闭户读书史,出门求友生。放笔作辞赋,鉴时多评论。白眼视俗物,清言屈时英。富贵乌足道,所思垂令名"。兄死以后,他仍藏书藏画,其居号为"清閟阁"。迨至家庭入不敷出,摧租吏上门纠缠,35岁时"奉姑挈家,避地江湖"。后又将家产全部变卖,所有馈赠亲友,常在苏州、吴江一带的太湖沿岸及松江

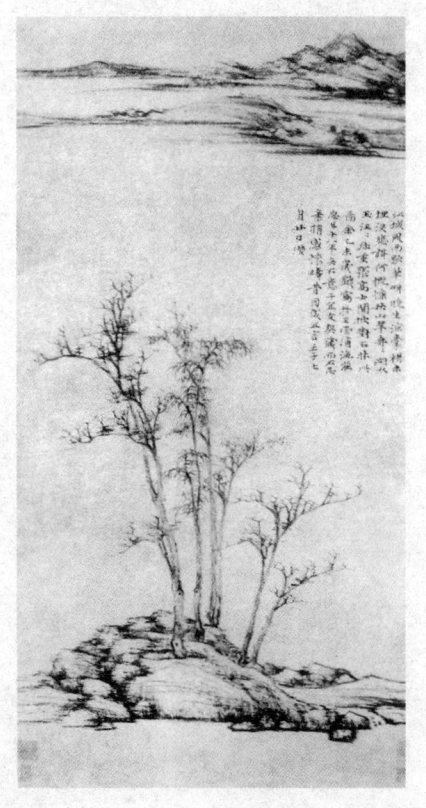

倪瓒《渔庄秋霁图》

的三泖之间泛游。在苏州，常住周南老、陈植、陈维寅、陈维允家，还住周庄南陆玄素故居和王仲和家。至少在至正二十一年至二十五年间，还在甪直的陆庄建"蜗牛庐"定居。后在江阴姻亲家病逝。云林山水，宗法董源，参以荆浩、关仝笔法，但也不为所囿。创"折带皴"以写山石，树木则吸收李成法，所作多取材太湖一带的景色，他在甪直写了"隔江遥望天平、灵岩诸山，在荒烟远霭中，浓纤出没依约如画。渚上疏林枯柳，似我容发萧萧"（《跋画》）。正因多身历这样的自然环境，水网纵横，洲渚连绵，远望太湖中湖水连天，远山如黛，坡陀连衍，树木萧疏，才形成了他的疏林彼岸、浅水遥岑、意境深远萧疏的特有绘画风格。自谓"逸笔草草，不求形似，聊抒胸中逸气耳"，这种天真幽淡、似嫩实苍、简中有繁的高洁艺术风格，对明、清画家影响尤甚。其代表作品《渔庄秋霁图》（纸本，墨笔。纵96.1厘米，横46.9厘米，上海博物馆藏）。此图一改传统的山水模式，而是以极其简洁的笔触画出近处坡陀，上有几株杂树扶疏屹立，显得高洁清旷；中间湖水如镜，空明澄净；远处几层矮坡，起伏有致。画上无一点尘世之音和人间烟火，只有孤高沉寂。真如有画家的"容发萧萧"，遗世独立，静与道契，寂如枯禅。倪瓒的存世作品还有《丛篁古森图》（南京博物院藏）、《幽涧寒松图》（故宫博物院藏）、《六君子图》（上海博物馆藏）、《虞山林壑图》（美国大都会艺术博物馆藏）、《容膝斋图》（台北"故宫博物院"藏）、《竹枝图》（故宫博物院藏）等。著有《清閟阁全集》等。

柯九思（1290—1343），元代书画家。字敬仲，号丹丘生、五云阁吏。台州仙居人，寓居平江（今苏州市）。以父荫授华亭县尉，未赴任。文宗朝典瑞院都事，奎章阁鉴书博士，鉴定内府书画。后受排挤罢官，即居苏州胭脂桥。与画家顾瑛等过从

柯九思《清閟阁墨竹图》

甚密,常在顾之玉山草堂中饮酒论画。精绘墨竹,师法文同,画竹有时用浓墨为画面,淡墨为背,全法文同。王冕谓其"力能与文(同)相抗衡"。虞集说他"用文同法作竹木,而坡石过之"。笔墨沉着苍秀,石皴圆润,点缀杂树、荆棘、野卉,亦饶生趣。间作山水。所作有《清闷阁墨竹图》(纸本,墨笔。纵132.8厘米,横49.1厘米,故宫博物院藏)。左下角题曰:"至元后戊寅十二月十三日留清闷阁作此卷丹丘生题。"下有两方用淡墨披麻皴绘就的兀立的湖石,两竿茂竹依石而立,竹干清嫩,竹叶浓淡相间,清秀向上舒展,戛金展玉,旁有小草嫩竹,掩映成趣。画面饱满,笔法沉着,用墨厚润,两竹疏中见密,密中有疏,风格沉郁,风雅之气浓郁。另有《双轴图》(上海博物院藏)、《晚香高节图》轴,图录于《故宫名画三百种》。

陆广,元代画家。字季弘,号天游生。吴(今苏州)人。擅画山水,取法黄公望、王蒙,风格轻淡苍润,萧散有致。后人评其格调在曹知白、徐贲之间,所画树枝有鸾舞蛇惊之势。能诗,如题《丹台春贵图》,有"乳窦雨晴飞玉液,颠厓露冷滚松云"之句。所作《仙山楼观图》,重重峰峦,错落有致。山腰处楼阁层层,顺山势曲折而下。下幅长松数行。山路蜿蜒,山脚下流泉围绕,野桥横渡,有游人徜徉于上。意境清幽深远,风格苍劲浑厚。上下隔水处有董其昌、李日华、查士标的题跋,画上有乾隆题跋。广善小楷,传世作品有至顺三年(1331)作《仙山楼观图》轴、《五瑞图》轴,均图录于《中国名画宝鉴》;《丹台春晓图》轴,图录于《中国名画集》;为伯顺作《溪亭山色图》轴,现藏上海博物馆。

朱德润(1294—1365),元代画家。字泽民,昆山人。幼时即很聪颖,善书,尤工画。其师劝其不要学画,适高克恭

陆广《仙山楼观图》

朱德润《秀野轩记》

至,劝"先生勿止之"。25岁时游京师,经赵孟頫推荐,得驸马太尉沈王和仁宗的赏识,曾随其狩猎献画作文。英宗死后,决计"归隐饮三江水食吴门莼"。于是"不求闻达,垂三十年",这也是他安心作画时间。后来虽又在镇压起义军中任"江浙行中书省照磨官",不久又"以病免归"。回苏后和一些文人学士往还,至正二十五年卒。德润善山水,初学许道宁,后学郭熙,论者谓:"规矩出入李思训父子间,苍茫清逸之气,则在黄公望、王蒙之间。"多作溪山平远、林木清森之景。很注意观察自然,当北游至居庸关时,作《画笔纪行稿》。亦善人物,与朝鲜名士李齐贤友善。存世作品有《秀野轩记》(纸本,设色。纵28.3厘米,横210厘米,故宫博物院藏),描绘元代著名文人周驰幽居读书处的实景。秀野轩坐落浙江余杭山西南,远处四山环抱,两条溪水南北分流。一轩宽敞居中,群树簇拥,轩中主宾对坐,园外三人徐行指顾,一渔人负罾过桥,一幅江南水村景象,表现得十分清新自然。笔墨苍润清逸,设色雅淡明劲。古代山水中如此逼真描绘,殆不多见。德润的画在当时评价甚高。倪云林诗云:"朱君诗画今称绝,片纸断缣人宝藏(《清闷阁集》)。"杨维桢《题朱泽民山水》谓:"笔迹远过李咸熙。"《海叟诗集》有诗《观朱泽民所画山水图有感》:"朱公图画爱者众,声价端如古人重。王公巨卿数见寻,往往闭门称腕痛。"据《存复斋续集》记载,有一位三朝相国多次求画,直至死后才得到朱的画。存世作品还有《林下鸣琴图》轴,图录于《故宫名画三百种》;《民堂草堂图》卷,图录于《中国名画集》。著有《存复诗集》十卷、《存复斋读集》。

顾安(1289—约1365),元代画家。字定之,号迂纳居士。淮东(今江苏扬州)人,居昆山。以荫授兰溪、龙岩等地巡检,后任泉州同安县尉。擅画竹,常作凤竹新篁,行笔严谨,遒劲挺秀,用墨润泽焕烂,画湖石带钩带染,得皱透之姿。在李衎、柯九思外,最为萧疏清逸。顾安代表作品有

《幽篁秀石图》（绢本，墨笔。纵184厘米，横102厘米，故宫博物院藏），图中湖石兀立，勾染并用，显得玲珑剔透。石后一丛亭亭玉立的细竹，一股清逸脱俗之韵，自成一格。明吴宽有诗赞之："传神者为难？顾老从后起；不及湖州文（同），犹胜蓟丘李（衎）。"顾安存世作品还有《墨竹图》，藏上海博物馆；至正五年作《平安磐岩图》卷，及与倪瓒、张绅合作的《古木竹石图》卷，均图录于《故宫书画集》；至正二十五年作《拳石新篁图》册页（《名画琳琅》之一），图录于《历代名画集》。

赵衷，元代画家。字原初，号东吴野人。吴江（今苏州）人。世业医，能篆隶书。工画人物、山水、花卉。

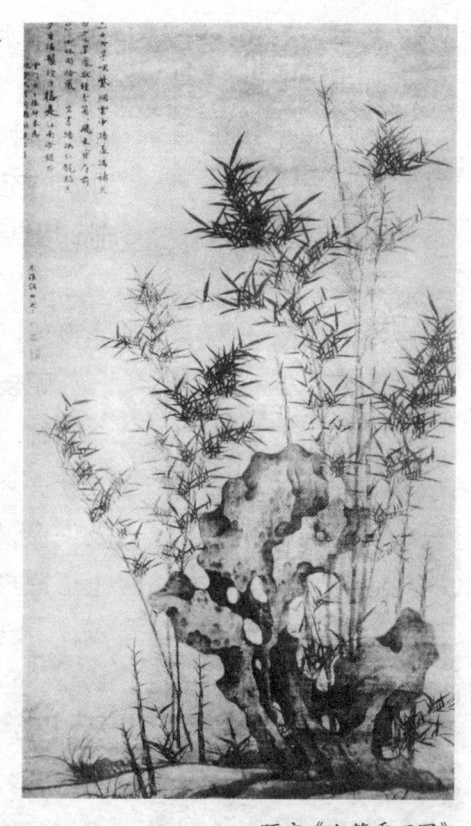
顾安《幽篁秀石图》

尝作《九歌图》。白描人物学李公麟。他的《隔岸望山图》卷，坡石高树，参差错落，一人坐平坡上远眺对岸群山。湖面烟波浩茫，意境清幽。林木用笔皆工稳细笔，轻勾淡染，远树则略用簇点，加深了旷远之感。全图用笔细润雅淡。传世作品还有至正二十一年（1361）作《墨花图》卷，每段一花，每花一词。自称师法汤正仲，汤为杨补之之甥，故远得补之法。图现藏美国克得夫兰美术馆。另有至正二十四年作《兰亭图》卷，著录于《石渠宝笈》。

朱叔重，元代画家。叔重，一作叔中，吴（今苏州）人，一作娄东（今太仓）人。工诗善画，每吟一诗，辄援笔绘之。尝曰：

赵衷《隔岸望山图》

"王维水田白鹭,夏木黄鹂,诗即画也;李思训数月,吴道子一日,工夫学力所到者,画即诗也。"对于诗画结合的理解,颇有见地。传世作品有至正二十五年(1365)作《秋山叠翠图》轴,用点子作皴,简淡古雅,为米家之后劲,图录于《故宫名画三百种》;《春塘柳色图》,纸本设色,图录于《故宫书画集》。

顾瑛(1310—1369),元代诗人、画家。一名德辉,小字阿瑛,字仲瑛。昆山人。生于官宦之家,少年时在京师经商,成为吴中巨富,好友倪瓒说他能"廓充先世之业,昌大其门闾,逍遥庭户庭,名闻京师"。30岁折节读书,尝举茂才,授会稽教谕,不就。广罗名书名画,鼎彝珍玩,在家乡筑玉山草堂。其中有园亭楼池24处,广交天下名士,日夜在草堂置酒赋诗。参与雅集的名士有一百余人,名士倪瓒、柯九思、杨维桢、陈基、郑元祐、张翥、袁华等都在其中。

朱叔重《秋山叠翠图》

以致"四方之能为文辞者,凡过苏必之焉"。倪瓒为顾瑛作《琪树秋风图》轴,后为过云楼顾元彬藏,题曰:"盖遗吾家玉峰者,寻绎词旨,殊有'草木之芚我心胸'之感。"明吴宽写道:"元之季,吴中多富室,争以奢侈相高;然好文而喜客者,皆莫若顾玉山。"顾阿瑛编《玉山名胜集》,袁华编《玉山纪游》,在苏地形成一股"玉山风"。《四库全书总目提要》形容其"文采风流,照映一时,犹想而见之"。顾瑛不就张士诚之聘,曾避居嘉兴,最后称金粟道人。至正十八年,玉山草堂遭兵乱洗劫,他作《自赞》:"儒衣僧帽道人鞋,天下青山骨可埋。若说向时豪侠处,五陵鞍马洛阳街。"存世作品《墨菜写生图》轴,所画畦田蔬菜、莽草之属,笔致生动,黑色清新,草草若不经意而极具韵致,图录于《故宫书画集》;《疏林茅亭图》轴,现藏故宫博物院。能诗,著有《草堂雅集》、《玉山璞稿》、《萃亭馆篇咏》等。

张逊,元代画家。字仲敏,号溪云。吴(今苏州)人。其初与李衎(息斋)

同画墨竹,一旦自以为不及,即弃墨竹,而用双钩法写竹,时称"双钩竹",妙绝一时。时称其得摩诘遗意。兼工山水,学僧巨然。故宫博物院藏有其《双钩竹图》,至正九年作,画面清新,令人耳目一新。自云"凡阅两寒暑而后成",画上有倪瓒、蔡仪、张绅等人题跋。

陈植(1293—1362),元代诗人、画家。字叔方,号慎独(《礼记·中庸》:"莫见乎隐,莫显乎微,故君子慎其独也。"意指独处进能谨慎不苟),晚号痴叟。吴(今苏州)人。纯行笃孝,力学为诗,刻苦精练。所画山水泉石、幽篁怪木,各尽其态。苍莽疏宕,有黄公望气韵。然挟贵富而求之者,虽百金不予一笔。与倪瓒友善,倪来苏时,尝住宿其家。曾为袁泰作《江浦树石图》,其父袁易在上题曰:"无多茅屋淹波绕,一半青山竹树遮;宛似吾乡荒寂地,直疑割我白鸥沙。"袁易居静春堂,龚开、赵孟頫、李衎、钱德润多为静春堂作画。郑元佑《慎独陈君墓志铭》:"吴有隐君子曰陈君叔方,自其上世,皆以读书绩学服膺儒术。然以隐约终其身……其为文动以经为准,贯穿诸史百氏,褒其菁华以立言。……至于画思之盘礴裸跣,山林泉石,幽篁怪木,各尽其变态,然富贵以挟而求之者,虽百金不与一笔。兼之襟度洒落,其寿寄三牲之养以奉客,亦肴膳丰美,置皿精洁。与人交,尤重然诺。朋旧私谥曰:'慎独处士'。"传世作品还有《云山图》轴,图录于《名笔集胜》。著《慎独叟遗稿》。

方奎,元代画家。保安寺僧,吴(今苏州)人。张士诚据苏时,避居宜兴。善画古木竹石,倪瓒、虞集皆十分地敬重他。传世作品有《竹石图》,无款印,上有洪武十五年(1382)马治题诗:"瑟瑟空外者,兀兀林中定,伊人本无作,独坐欣已暝。"图录于《故宫名画三百种》。

张逊《双钩竹图》

王立中，元代画家。字彦强，遂宁（今属四川）人，寓吴（今苏州）。以荫授开化尉，元末为松江太守。长于诗词，善画。至正二十六年（1366）与王蒙为刘易合作《破窗风雨图》，并题诗云："纸窗风破雨泠泠，十载山中对短檠，老矣江湖归未遂，画间为听读书声。"后有陆居仁题诗，杨维桢为之记。著录于《式古堂书画汇考》。

苏大年（1296—1364），元代画家。字昌龄，号西坡、西涧，又号林屋洞主。原籍真定（今河北正定），居扬州。官翰林编修，人称苏学士。晚年避兵寓居苏州。冠竹服薛，往还于太湖、吴江间。性敞爽亢直，硕学多才，诗文书画皆精，善画竹石，师法文同、苏轼，窠石松木师廉布，有韵致。画迹有《西涧诗意图》，著录于《夷白斋集》；《秋江送别图》，著录于《居竹轩诗集》；《集芳图》，著录于《铁厓先生诗集》。

说起元代的苏州画家，不得不提及王蒙和唐棣。

王蒙（？—1385），元代画家。字叔明，号黄鹤山樵，又号香光居士。吴兴人，赵孟頫的外孙，"元四家"之一。他的山水画得外祖父赵孟頫法，也参酌唐、宋诸家，尤以董源、巨然为宗，纵逸多姿，超越赵孟頫风格，变古创法，自立门户。写景多稠密，林岚郁茂，气势苍茫，往往用多家皴法，达数十种之多。对明、清及近代山水画影响巨大。他隐居黄鹤山，但也经常下山访友、会友和做官。张士诚据苏州时，他即投奔其为长史。张的部下杨基就有诗《寄周佶夫、王叔明二长史》，此时应在至正十八年前后。至正二十三年（1363），张士诚部下吴陵王经营一个卧云轩，王蒙还为之作画纪念。大约在这前后，在苏州和倪云林、陈汝言、沈澄（沈周祖父）相往还。王蒙还夜访相城沈澄家，并为其作画。洪武间，王蒙又任泰安知州。当时面泰山作画，还和苏州画家陈惟允切磋画事。

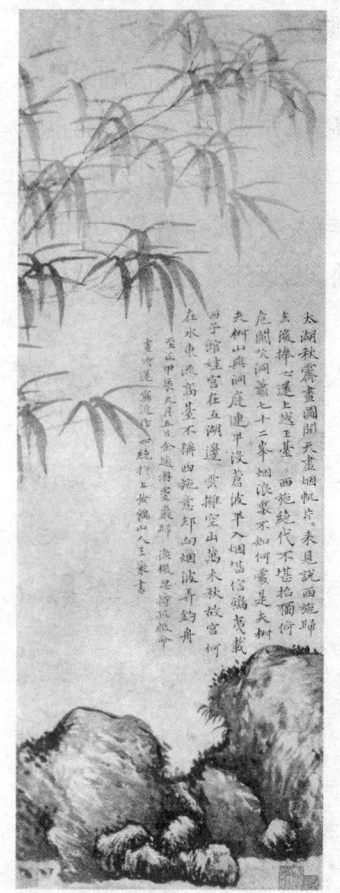

王蒙《竹石图》

吴门画派创始者沈周,早年就专学王蒙。现举王蒙所作《竹石图》(纸本,水墨。纵77.2厘米,横27厘米,苏州博物馆藏),左上淡墨画竹顶叶;下堆大小拳石数块,用披麻皴,复染淡墨,浑湿温润。画家在画右方题诗三首:"太湖秋霁画图开,天尽烟帆片片来;见说西施归去后,捧心还上越王台。西施绝代不堪招,独倚危阑吹洞箫;七十二峰烟浪里,不知何处是夫椒。夫椒山与洞庭连,半入苍波半入烟;堪信鸱夷载西子,馆娃宫在五湖边。云拥空山万木秋,故宫何在水东流;高台不称西施意,却向烟波弄钓舟。"继而写道:"至正甲辰九月五日余适游灵岩归,德机忽持此纸命画竹,遂写近作四绝于上。黄鹤山人王蒙书。"此为至正二十四年(1364)作,是应张德机(张监子,宜兴人,当时在张士诚部下任职)之请而作。蒙时年约50岁,直呼其名,可见他们相当熟悉。此图有力地佐证了画家对苏州景物心折,和与苏州的因缘。此图为《寓意编》、《云烟过眼录》著录,顾文彬《过云楼书画记》后藏,其曾孙顾公硕将此捐赠国家。

唐棣《霜浦归渔图》

唐棣(1296—1364),元代画家。字子华,湖州人。早熟,有神童之称,"以茂才异等起家"。官至吴江知州。得赵孟𫖯传授,并得李成、郭熙法。画风清森华润,尤有宋人遗法。传世作品有《霜浦归渔图》(绢本,设色。纵144厘米,横89.7厘米,台北"故宫博物院"藏)。山中古树参天,下有一群渔人打鱼归来,时值新霜初降,暮气霭霭,极目远眺,烟林清旷,近景坡石嶙峋、流水潺潺,夹着人声笑语,宛然一幅农村风情画。唐棣山水画极富浓厚的生活情趣,这是他的作品一大特色。他还参与集庆(今南京)龙翔寺壁画绘制。传世作品还有《松荫聚饮图》、《雪港捕鱼图》、《摩诘诗意图》等。他是苏州近邻人,又在吴江为官,应对苏州美术有所影响。

第六节　版画、天王像、舍利宝幢和经箱

在苏州最早被发现的版画,当为《碛砂藏》扉页画。《碛砂藏》591函,6392卷,南宋绍定至元至治间(1228—1323)平江府(今苏州)陈湖碛砂延圣院雕大藏经本。此画于经的卷首(另有五六种图版),绘图者刊记"陈升画",刻图者有陈宁、孙祐、袁玉等三四人,为发现最早的苏州版画绘刻人。此图气势雄伟,佛、菩萨、僧徒百余人,构图饱满,有聚有散,个个天庭饱满,佛国气氛森然。全经现存西安开元、卧龙两寺。

苏州城南瑞光塔重建于北宋景德元年,清咸丰至同治年间,寺院全毁,唯此残塔孑然犹存。几百年来无人登临,只有飞鸟在塔尖盘旋。1974年4月13日,三个小学生到塔上掏鸟蛋,才发现了一批宋代文物,其中即有在木函的内壁上的《四天王像》版画(高123厘米,宽42.5厘米)。四天王是佛教中守护神形象,神采奕奕,色彩斑斓,气度不凡,显示了宋代苏州民间画工的艺术才华。四天王源自印度神话,分守东南西北,为佛舍利的保护者。他们各有个性,在四幅版画中得到充分表现;东方持国天王右手叉腰,左手持剑,一副余怒未息的神态;头戴凤冠的西方广目天王正怒视前上方,双手斜握斧钺,张口狮吼,正和恶魔在搏斗;南方增长天王则双

《四天王像》版画

目圆睁,左手持剑,右手掌平展,三指弯曲,二指弯成八字,似在严厉斥责;北方多闻天王,口唇微启,似在念咒作法。四神形态各异,夸张生动,色彩单纯而又瑰丽。画面充满真实感和运动感,用柳叶描法,线条十分流畅,很有吴道子的遗风,画面气氛统一于"天衣飞动,满壁风动"之中。这种与众不同的神像艺术极为罕见,填补了苏州古代壁画的空缺。

真珠舍利宝幢,乃是用珍珠等七宝缀起来的存放佛舍利的容器。幢高122.6厘米,由须弥座(底座)、佛宫、刹三部分组成,是木雕、玉雕、描金、穿珠及金银细工等工艺综合而成。须弥座呈八面,每面三个小门,门前均有神态各异的银狮一只,上层又有木雕狮子和半圆雕的供养人。须弥座通体绘泥金牡丹花纹,间以狻猊等物。四

真珠舍利宝幢

黑漆嵌螺钿经箱

周还勾出大海。海面上祥云升起,云端立着天王和仙女,佛宫便立于须弥上巅。幢上计雕四天王、四天女、八金刚、一佛祖共17尊。既无彩绘,又不描金,最高也不过8.9厘米,但人物生动,衣褶也飘举有致。金刚孔武有力,天女似凝眸欲语,显示了当时苏州民间艺术家的工艺水平。

1978年在瑞光塔中同时发现了**黑漆嵌螺钿经箱**。嵌螺钿经箱,即用以存放现为我国最早的雕版《法华经》。箱高12.5厘米,长35厘米,通体夹纻髹黑漆,由大小七百余片珠白闪五彩的螺钿嵌出优美整齐而又富于变化的装饰图案。盖面并连团花,盖墙斜坡各嵌花叶纹图案,蝴蝶和飞鸟图案间插其中。箱身四个面嵌缠枝石榴花图案,四周还以花苞、鸡心形成条形纹饰,一切都精美非凡。白居易《素屏谣》这样描绘螺钿制品:"缀珠陷钿贴云母,五金七宝相玲珑。"大约正是歌颂此物。虽然发现的是北宋时代文物,但此箱很可能是五代乃至晚唐时的作品,为全国出土所仅见。宋崇宁元年(1102)苏州设"造作局",专制牙、角、犀、玉等物,每天役使工匠数千人。有这些文物遗存,也是必然的事。

第七节　罗汉像、观音像、泥孩儿

紫金庵位于苏州城西南东山西卯坞,曾称金,从庵边出土的"唐示寂本庵开山和尚诸位觉灵之墓"碑记载,说明此庵创建于唐初,盛唐和南宋都有所整修,但庵中塑像未大动过。《苏州府志》谓:"金庵在东洞庭西坞,洪武中重建,内大士及罗汉像,系雷潮装塑,潮夫妇俱称善手,一生止塑三处,本庵尤为称首。"此说一直相传,雷潮夫妇确系民间雕塑圣手,但无正式文献可考。大殿正面佛坛上有三尊主佛,保留了唐代雕像丰腴的特点,主佛两侧是十六罗汉像,重修时增塑八像,现存二十四像。除关公像外,其他五像,均按原来风格塑造。这些塑像和苏杭诸大刹中不同,具有自己独特的艺术特点。坐像大都高1.2米左右,而"精神超忽,呼之欲出"(《净因堂碑记》),尽管有些是胡相虬髯,大多却近现实中的人的相貌,有人分析各个罗汉表情,可用慈、虔、瞋、醉、诚、喜、愁、傲、思、温、威、忖、服、笔、笑、藐来形容。如半托迦第十尊者的"思",只见罗汉在斜目凝视,双手叠起,完全是一副正在聚精会神、沉浸于思考中的神态,和常见的罗汉像完全不同,实是少见的上乘之作。至于罗汉像的装銮也很精致,衣褶线条流转自如,罗汉的衬衣、中衣、袈裟交代清楚,甚至还能表现出丝绸纻麻质感,更是一般佛像所不能企及。尤以侧壁二十诸天之一塑像中的经盖,飘飘然似丝绸手绢。还有后壁观音像头顶的大红华盖,似随风飘动,更为游人所乐道。塑像塑彩并重,极具世俗之美。实为我国雕塑史上的少有的佳作。即使不是所传雷潮所作,也是雕塑高手所为。大殿北壁有八尊坐像,是明末塑工邱弥陀仿照罗汉风格所塑,立见其艺术水平的高下。

紫金庵罗汉像 半托迦第十尊者

二十诸天之一塑像

铜十一面观音像

铜十一面观音像,高23.5厘米,于虎丘云岩寺塔中出土。观音像立于束腰莲花台上,微呈举步行状。相传释迦成道后,于印度西北各地游历说法四十多年,故立像一般务此状,称为行径像。这两尊像都是头顶十面:上一面、中四面、下五面。观音身穿天衣,飘带轻轻搭在右手,左手持一宝瓶,全身佩有璎珞、耳珰、颈饰、胸饰、腕钏,一条珠链从颈斜至足背。身后有插背光的小孔,但出土时已不见其背光。此塑像线条流利,体态优美而庄严,实为古代雕像的杰作。

孩儿泥塑组件(高10厘米,镇江市博物馆藏)为1976年在镇江市五条街出土的南宋时文物。是嬉玩中的儿童塑像,共五人,两人摔倒,笑容可掬,三个旁观的孩子亦喜形于色。整组塑像构思轻巧,造型准确,体态优美,生活

孩儿泥塑组件

气息浓郁，令人忍俊不禁。塑像上有"吴郡包成祖"、"平江包祖"及"平江孙荣"戳记。苏州宋时为平江府，吴郡为旧称，这组泥塑反映了苏州工匠高超的艺术水平。宋代七夕有供奉"摩睺罗"风俗，这组泥塑即称"摩睺罗"，亦称"巧儿"。《东京梦华录》称"惟苏州极巧，为天下第一"。

第八节 宋锦和缂丝

宋代苏州已成为丝织品生产发达的地区之一。苏州、杭州和成都设织锦院。苏州已出现图案精美的装潢锦，即后世所称"宋锦"。此锦产于苏州，始于宋代，历代不衰，故得此名。此为用于书画装裱、经卷盒匣等物装饰及服装之用。分双经、纬三重、三枚

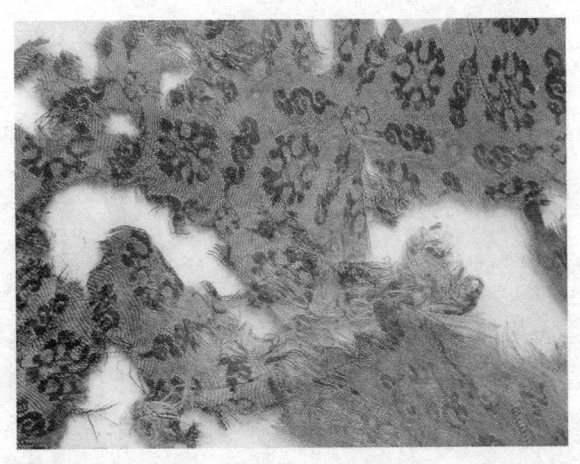

云花锦纹

斜纹地上纬起花织物。有大锦（重锦）、合锦、小锦之分，以大锦最为名贵。苏州虎丘塔出土的云花纹锦，在香色底上间隔排列云纹及小团花纹，依旧保持晚唐、五代的传统风格，但装饰性的风格则进一步显现。原物系建隆二年（961）保护经卷的丝织物（"经袱"和"经帙"），同时还有刺绣经帙，古朴大方。缂丝是我国所特有的将绘画或图案饰品移植于丝织品的特殊工艺。以生丝为经，多种色的丝为纬，各种纬线仅于纹饰需要处与经线交织。汉至隋唐时，此技艺逐步成熟。宋初"以河北定州制造最佳"，南宋时苏州缂丝已有一定规模，但传世作品不多。

缂丝《梅花寒鹊图》轴（纵104厘米，横35.5厘米，故宫博物院藏），南宋时吴地缂丝名家沈子蕃的代表作。此图在白底上用十五六种丝线自如地运用平戗、双子母经、木梳戗、搭梭等缂丝技法，缂成老干梅花一株，梅枝萧疏有致，梅花盛开，有些还含苞欲放。梅树上双鹊依偎静立，一鹊回首盼望，一鹊头插翅中，恬静异常，一幅初春蓬勃景象。画幅左下方缂有"子

缂丝《梅花寒鹊图》

缂丝《凤穿牡丹图》

蕃制"和"沈氏"方印一枚,玉池为清弘历题"乐意生香"四字。钤"乾隆宸翰"、"乾隆御览之宝"、"石渠定鉴"、"宝笈重编"、"石渠宝笈"、"嘉庆御览之宝"、"果亲王府图记"、"宜子孙"、"子孙世保"、"焦林梁氏书画之印"、"养心殿鉴赏宝"等印记。

缂丝《凤穿牡丹图》(纵66.8厘米,横36.7厘米)系装饰性构图,极富图案意趣。金黄色为底,用十种色线织成。古朴雅秀,构图颇为别致。画面之前屹立太湖石峰,有透、漏、秀之致;彩凤掩映其后,如正在飞翔;一株牡丹,有花二朵,片片绿叶相衬,映出牡丹的娇姿艳态;凤眼相对,别具情趣。图后缀以祥云朵朵,从而更显得堂皇富丽,绚丽多彩。此图虽非出自名家之手,但也是难得的珍品,由徐玥、钱镛捐赠,苏州博物馆藏。

第九节 画论、画史

《梦溪笔谈》,沈括(1031—1095)著,北宋政治家、科学家,也是美术理论家。字存中,史称钱塘人,晚年定居镇江,其实沈括也可算苏州人。父沈周为钱塘人,母为吴县人。他在杭州、苏州都住过,还在苏州应解试,以苏州人身份去开封考取进士。所著《梦溪笔谈》,成于镇江梦溪,故名。计二十六卷,《补笔谈》三卷,《续笔谈》一卷。前书卷十七,专述书画,凡二十条。记载北宋画家遗闻轶事,对董源、巨然山水画意趣的阐述,简明扼要而又十分形象化,给后世艺术很大影响。品评画迹,阐述画理,如谓"书画之妙,在于神会",中国山水画以大观小方法等,亦见精辟。另《补笔谈》卷二艺文类五条,叙述书体演变,载录时人书论,并记五代南唐官家印记。是书有关书画阐述虽不多,然在史料、画论方面,都十分具有科学家的精确,有着重要价值。并有论画诗《图画歌》凡八十句五百五十六字,叙述各家特色和关系,也言简意赅。尤其是董、巨字句,影响甚大。总之,沈括本人不习绘画,是书也非专门画论,但在画史上有其地位。

《画史》,一称《米海岳画史》或《襄阳画学》。中国画品评著作,北宋米芾著,一卷。米为宋徽宗时书画学博士,精鉴赏,举其平生过目及尚能亲见者,凡晋、六朝、隋唐、五代至宋代名画,评论优劣,考订谬误,对李成、范宽、巨然等画评论,独具卓见。对装裱、印章、收藏和佚闻杂事等等,无不通晓。历代为鉴赏家所本。米曾寓居苏州,书中关于苏州古代画家张僧繇、张璪作品,薛稷鹤在苏之孟家,又如李成山水"在苏州宝月大师处","黄筌鹨鸰图,只苏州有三十本,更无少异",还论及"吴中一士大夫好画而无知"等条,显示此书与苏州关系密切,更应为苏州画家重视。

《写山水诀》,中国书画著录书,黄子久著。此为学习古人艺术实践的心得记录。其中论山水树石,曰"董源、李成二家,树石各不相似",论述画石法,画水口、水潭等法,最后提出"大要去邪甜俗赖四个字",为后世画家所重。

《画鉴》,又名《古今画鉴》。中国画品评著作,汤垕(1262~1265—1331~1332)著,一卷。汤垕字君载,号采真子,淮安人,寓居镇江。此书开始指出:"采真子妙于考古,在京师时,与今鉴书博士柯君敬仲(九思)论画,遂著此书。用意精到,悉有据依。"看来此书实为与柯九思合作。书中论述分为吴画、晋画、六朝画、唐画、五代画、宋画、金画、外国画等,评论各家画迹,列举笔墨特点,辨别真伪,类似米芾《画史》。后附《杂论》(一作《画论》)一卷,有二十三则,略述书画收藏等问题。元画重写意,主张以书法之笔入画,汤垕正持此说,看来与柯九思作品之气质完全吻合。余绍宋《书画书录解题》认为本书"深切著明,又多从画法立论,尤得要领"。《四库全书总目提要》则谓:"所辨证皆以笔墨气韵间,不似董逌(宋人,《广川画跋》作者)诸家以考证见长也。"

第四章
明代美术

第一节 概 述

  1367年9月，徐达大军攻克苏州，明王朝改元朝所称的平江路为苏州府。由于战争的摧残，更因朱元璋因张士诚据苏称王而迁怒于苏人，加重税赋和强行移民，对官吏、士人都采取苛刻政策，苏城一度陷于萧条状态。邑人王锜在《寓圃杂记》中说："吴中素号繁华，自张氏之据，大兵所临，虽不被屠戮，人民迁徙，实三都、戍远方者相继。至营籍亦隶教坊，道里萧然，生计鲜薄，过者增感。"后来由于明廷及时实行养民政策，手工业和丝织业、商业等迅速发展，特别是从宣德五年（1430）开始的况钟治苏，执行各种有力措施，使苏州日渐繁荣。王锜继续写道："天顺间稍复其旧，逮成化年间迥若异境，以至于今，愈益繁盛。间檐辐辏，万瓦甃鳞；城隅濠股，亭馆布列，略无隙地。舆马从盖，壶觞罍盒，交驰于通衢水巷中，光彩耀目，游山之舫，载妓之舟，鱼贯于绿波朱阁之间。丝竹讴歌，与市声相杂。凡上供锦衣文贝、花果珍馐、奇异之物，岁有所益。若缂丝螺漆之属，其艺久废，今皆精妙。"可见当时苏州由于经济繁荣出现了世俗的享乐和纵欲气氛，也就不可避免地促使了带着人文主义色彩的艺术兴起。正如欧洲早期文艺复兴时期一样，那里出现了《十日谈》这样的文学作品，这里也有世俗文学、戏曲，如冯梦龙的小说，甚至一些纵情之作。苏州美术发展的高潮正是在这一时期出现的。这里本是元代文人画家集中之地，而文人画的本质是趋向追求超凡脱俗，看起来也就出现了矛盾；但文人画作者又远离官府，匿身于市井，二者又有相通之处。这时朝廷因巩固统治的需要，十分提倡在南宋画风基础上有所发展的"浙派"绘画，此画派虽也吸收元画风格，但受南宋画风影响较多，且和朝廷有更多的联系。明初朝廷又对这里文人画的画家进行迫害，但元画本是当时具有变革的新颖画风，这里具有与它相近的历史和人文气氛，画家们仍此志不改，他们韬光养晦。到了明代中期，这里经济发展了，人们可以以画谋生，而不依靠俸禄，这样，文人画也就在这里得到新的发展基础。画家们既要忠于文人画，又要适应市场需要，常常一人善多画种，既继承元画，又吸收宋的绘画传统，并扎根于本土的新兴美术。它以"浙派"艺术为参照系，但也不是专以复兴元画为己任，而是宋元并收，出现的是一种特殊的世俗化了的"文人画"，在明代中期取代了"浙派"，后世称为"吴门画派"，或者是"吴派"。从此苏州美术进入了它的黄金期。从六朝到明，苏州的美术恰恰走了一个马蹄形。吴门画派画家众多，延续时间也较长，随着明王朝已处于即将颠覆的状态，这个画派也已是强弩之末，画家虽若断若续，只能让位于新兴的松江画派了。吴门画派对中国绘画的发展起着承前启后的作用，其影响是不可低估的。

第二节 明初的苏州画家

王履（1332—？），明代画家。字安道，号奇叟，又号抱独老人。昆山人。他本以医术著名，学医于金华朱彦修，尽得其术，持医术举世无双，名列《明史·方伎》，董其昌《画旨》有记。他也工诗文，精绘事。他不限于元代画风，认为南宋马、夏一派"粗也不失于俗，细也不流于媚，有清旷超凡之远韵，无猥暗蒙法之鄙格，图不盈尺，而穷幽极遐之胜"。他十分重视写生，于洪武十四年（1381）秋登华山，"以纸笔自随，遇胜即貌"。他在《华山图》自序中说："山高万仞，直上四十里。余之登也，但知喘急，随之数步一息而已。"而后，用半年时间画出《华山图》，共四十幅，并作记、诗、序和叙，自成一册，每幅纵24.5厘米，横50.5厘米，现分别藏于故宫博物院和上海博物馆。他叙作画经过云："图未满意，时欲重为之，而精神为病所夺。欲弗为之，而笔力过前远甚。二者战之胸中，久不决。弟立道谓，此古今奇事，不宜

王履《华山图》之一

阻,力激之。由是就卧起中强其所不能者,稍运数笔,昏眩并至,即闭目敛神,卧以养之。少焉,复起运数笔,昏眩同之,又即卧养,如是者,日数次,劳且瘁,不可言,几半年幸完。呜呼,意于是乎满矣。"由于根据写生而成,整个《华山图》,比较真实地描绘了华山奇险秀绝的面貌。华山在陕西东部,古称西岳,又称太华山。王履多画途中之景,如苍龙岭、千尺幢、希夷峡、日月岩等,一石一峰,一泉一溪,一树一岭,错综复杂之貌,全被刻画出来。他画的是真实华山,山的滑和险,表现得淋漓尽致。他的技法虽从马、夏变出,但也不为所囿。正如明俞文元所说"多出马远、夏圭之外"。王履在元代画家中特重师法,主张宗胸中之逸气,而进一步提出"吾师心,心师目,目师华山"。这一明确主张,不仅在艺术实践中得到贯彻,而且在《华山图册》中反复强调:"余少喜画山,模拟四五家,余卅年,常以不得逼真为恨。及登华山,见奇秀天出,非模拟者可模拟,于是摒去旧习,意匠就天出则之。虽未能造微,然天出之妙,或不为诸家畦径所束。"是张璪的"外师造化,中得心源"的继承和发展,是极其难能可贵的。明初能有这样见解的画家和理论家,为吾苏画史增光。传世作品除《华山图》外,还有《溯洄集》、《百病钩玄》、《医韵统》。

夏㫤（1388—1470），明代画家。初姓朱名昶，后复姓夏，字仲昭，号自在居士、玉峰，昆山人。永乐十三年（1415）进士，后官至太常寺卿。为人坦率乐易，擅写墨竹，师法王绂（孟端）而有所变化，名重域外。所画竹枝，烟姿雨色，疏密偃直，合乎矩度，笔抛洒落，墨色苍润。时有"夏卿一竿竹，西凉十锭金"之称。他的《墨竹图》轴（纸本，墨笔。纵48.3厘米，横25.8厘米，苏州博物馆藏），二丛墨竹左出，一丛茂密，有沉甸下压之态；另一丛则新篁疏朗，飘逸上昂，十分传神，愈益显得竹之萧飒风姿。竹叶似参入书法笔意，点划分披，实是观察自然之所得的结果，也透露出一些文人

夏㫤《墨竹图》

画的气息。款署"仲昭"，钤"太常寺卿图书"印。存世作品还有《戛玉秋声图》轴、《为叔明写墨竹图》轴，上海博物馆藏；《竹石图》，美国弗利尔美术馆藏；《竹林大士像图》轴，图录《故宫书画集》。

姚广孝（1335—1419），明代画家。幼名天禧，字斯道，长洲（今苏州）人。家贫，不愿继祖业从医。14岁出家，17岁剃度，法名道衍，字志道，号逃虚老人、独庵老人，主持庆寿寺。又从道士学习术数。偏爱杂书异志，好诗文，与此间好手多有往还。约50岁时遇燕王朱棣，自荐随去北京，策朱棣发动"靖难之变"。后"转战山东、河北，在军三年，或旋或否，战守机事皆决于道衍。道衍未尝临战阵，然帝用兵有天下，道衍力为多，论功以为第一"（《明史·列传三十三》）。朱棣赐名广孝，官至太子少师。帝与语，呼少师而不名。命蓄发，不肯。赐第及两宫人，皆不受。尝居僧寺，冠带而朝，退仍缁衣。出赈苏、湖，至长洲，以所赐金帛散宗族乡人。曾劝朱棣勿杀方孝孺。主编《永乐大典》（原由解缙任总纂，皇帝不满意，改广孝任总纂官）。力促郑和七下西洋。好读书，工诗文，兼善书画，善画墨竹。自题画竹云："永乐六

年夏六月,因病不出,独坐寿椿堂,忽思长洲旧家之竹,归心油然而生,故作短梢。并诗以纪其事。"诗有"翠叶褵襹拂水云,凌霜劲节不同群"之句。后还苏隐居海云庵(在穹窿山北麓),最后病逝北京。新近发现,广孝还随郑和下过西洋。其22代孙,现在福建省人大工作的姚诗殷,藏有编于1931年的《姚氏族谱》,其中云:"(永乐)七年,合同中贵(指郑和)驾巨舰自福建之五虎门航大海西南抵达林邑(今越南南部),又自林邑正南行八昼夜抵满利加(马来西亚),由是而达西洋古里大国。"说郑和下西洋有寻找建文帝或迎佛牙之说,与广孝有所关联。实是苏州美术史上一大奇人。画迹有《画竹》卷,著录于《式古堂书画汇考》。

宋克(1327—1387),明代书法家、画家,诗人。长洲(今苏州)人。居南宫里,号南宫生,人称南宫先生。曾官凤翔同知。少年时好任侠,跌宕不羁,好骑马试剑,研究韬略,以气节自励。张士诚欲致之,不就。后杜门谢客,潜心书画,遂以书画名,与高启等十友,时称"十才子"。善写竹。《丹青志》说他"虽寸岗尺堑,而千篁万玉,雨叠烟森。萧然无尘俗之气"。尝作《鸡栖丛篁篠图》,自题有"艺成不觉自敛手"之句,李日华甚为欣赏。《明史·文苑传》有记。画迹有洪武二年(1369)作《万玉丛图》卷,画署"宋仲温为长卿写万竹",钤白文印。画中山峰丛立,竹林掩映,气势不凡。存世尚有洪武三年作《书陶诗并画竹石小景图》卷,著录于《石渠宝笈》;《筼筜图》,著录于《式古堂书画汇考》。

沈遇(1377—1448),明代画家。字公济,号砚庵老人。吴之相城里(今苏州市相城区)人。宋画家沈鉴裔孙。能诗文,善画山水,水墨、浅绛俱佳。师马、夏,晚工雪景,有庐合气,亦能人物,好写古忠孝节义之迹。永乐二十二年(1424)被成祖朱棣如至京师,后称病谢归。后同乡沈周临其《雪图》题曰:"臞樵沈公,以善画人物山水名于宣德、正统间,尝征至京师,比

宋克《万玉丛图》

还,声称益藉,学者颇众。"

周砥,明代画家。字履道,号东皋、菊溜生。苏州人。兵乱避居宜兴,与马治友善,穷阳羡溪山之胜。明太祖洪武年(1368—1398)中,为兴国州判官。工诗文,精绘事,善画山水,在黄子久、王蒙法度之外,有平淡清远之趣。《明画录》说他"所画山水,有抵掌黄子久,苍秀溢目"。画迹有元至正十六年(1356)作《铜官山色图》,永乐十四年(1416)作《宜兴小景图》卷,著录于《石渠宝笈续编》。传世作品有《长林幽溪图》轴,现藏于日本大阪市立美术馆。

第三节 遭受杀戮的苏州画家

在中国绘画史上,汉元帝杀画工毛延寿最为人知,不无和历史上著名美人王昭君有关。而历史上被杀戮最重的乃是明代洪武年间的苏州画家,他们不是曾依附过张士诚,就是从事朱元璋所不欣赏的文人画家,而且都是苏州或寓居苏州的人。

赵原,元末明初画家。一作元,字善长,又字丹林。山东莒县人,一作东平人,寓吴(今苏州)。明太祖洪武年间(1368—1398)征召为中书令,绘制往贤著功名者,因不合朱元璋意,被杀。他工画山水,远师董源,近法王蒙,善用枯笔浓墨,风貌郁苍雄丽,得宕深穹邃之致。善作龙角凤毛金错刀竹,尤其简贵。与倪瓒、顾瑛过从甚密,当时在吴中一带颇获时誉。他的《陆羽烹茶图》(纸本,设色,纵27厘米,横78厘米,台北"故宫博物院"藏),描写山水清远,林中茅屋数椽,屋中一童在焙炉烹茶,而峨冠博带,倚坐榻上即

赵原《陆羽烹茶图》

为陆羽。羽为唐代学者，闭门作画，不愿为官，以品茶闻名，有《茶经》传世。画幅上有"陆羽烹茶图"、"山上茅屋是谁家，兀坐闲吟到日斜；俗客不来山鸟散，呼童汲水煮新茶。赵丹林"等题跋。钤"赵"、"赵善长"两印。此画作于元代，画家借陆羽的茶来浇胸中的块垒。反映了这一时代士人的烟霞痼疾、泉石膏肓的精神世界。传世作品还有至正二十三年（1363）作《合溪草堂图》轴，上海博物馆藏；洪武五年（1372）作《听松图》轴，著录于《石渠宝笈》；洪武九年（1376）作《水墨山水》轴，著录于《吴越所见书画录》。

杨基，元末明初文学家、画家。字孟载，号眉庵，原籍四川乐山，居吴（今苏州）。9岁能背诵《诗经》。元末入张士诚幕，辟为丞相，未几辞去。明初官至山西按察使。后被谗削职，谪为输匠，其苦可知，终卒于工所。曾作《铁笛歌》，得当时诗人杨维桢好评。他和高启、张羽、徐贲合称"吴中四才子"，高启不能画，杨善画山水树石，也善墨竹，得苏轼、文同之法，为明初画竹高手。徐贲题其画竹诗云："君心饱有渭川思，挥洒风烟意闲散。"传世作品有《淞南小隐图》轴，为庞元济旧藏，图录于《名笔集胜》。著有《论鉴》。

陈汝言（？—1371），元末明初画家、诗人。字惟允，号秋水。临江（今江西清江）人。元末避兵乱，与兄陈汝秩（字惟寅，号绿水）定居吴中，兄弟有小髯大髯之称。居舡场巷，为宋朱勔故居，名朱家园。林亭轩沼，日与高启辈吟啸其中。汝言倜傥有谋略，尝参与张士诚军事。兄善画，有思训、营邱之标致，而汝言山水则宗赵孟頫，清润可爱。惟允画有《诗意图》（纸本，水墨。纵36.6厘米，横33.9厘米），画上有倪瓒于至正二十五年（1365）题字："慈母手中线，游子身上衣；临行密密缝，意恐迟迟归。谁将寸草心，报得三春晖。"这是唐诗

陈汝言《荆溪图》

人孟郊的诗句,也是这幅画中大树下游子惜别慈母,车马告发之景,情景交融,由此可见惟允的艺术风格。惟允也与王蒙友善,王任泰安知州时,筑楼面对泰山,张素绢于壁,兴至提笔,三年始成。适惟允过访看画,欲改为雪景,沉思良久,曰:"得之矣!"为小弓,夹粉笔,张满弹之,俨如飞雪,蒙叫绝。以为神奇,名曰《岱宗密雪图》。洪武初,以荐任济南知事。坐事死,刑前,索画具,从容作画,挥毫就刑。自谓无一俗笔。徐贲诗题其《山居图》曰:"昔年为客处,看图怀故山;今日还山住,俨然图画间。"存世作品有至正十九年(1359)作《荆溪图》轴、至正二十年作《百丈图》轴,均图录于《故宫书画集》。著有《秋水轩诗稿》。

张羽(1323—1385),元末明初书画家、诗人。字来仪、附凤,号静居。浔阳(今江西九江)人,喜吴兴山水,与徐贲卜居戴山之东,元末任安定书院山长,再迁居苏州。明初擢太常丞兼翰林院,同尝文渊阁事。洪武十八年(1385)因事逃岭南,中途畏惧,投龙江而死。善画山水,师法米芾父子及方从义,笔力苍秀。李日华见其临高克恭小幅,感而歌曰:"乾坤浩荡江湖阔,纵我执笔嗟何从?"可见其功力之深。传世作品有至正二十七年(1367)作《怀友诗画》合卷,故宫博物院藏。

徐贲,元末明初画家、诗人。字幼文,号北郭生,祖籍四川,居毗陵(今常州),后迁居苏州城北。张士诚欲招为幕僚,贲避居蜀山(今宜兴)。洪武七年征起,为河南左布政使。以军队过境,犒劳失时,下狱死。工诗,与高启、杨基、张羽齐名,号"吴中四杰",亦被列为十才子之一。画法董源、巨然,笔墨清润,论者谓其点染有山泽间意,小景则清丽疏秀,倪云林之亚流也。亦长于墨竹。他的作品《峰下醉吟

徐贲《峰下醉吟图》

图》(纸本，墨笔。纵63.9厘米，横32厘米，无锡博物馆藏）是为赠易道禅师而作，山峰叠起，白云萦绕，在古松掩映下，有茅榭数椽，高士正对坐其中，小桥流水，寂然无人。画家自题云："莲花峰下简禅师，半醉狂吟索赋诗，榻上诸僧禅定后，水边高阁莫钟时，不堪雨柳萦春梦，且看书灯照夜棋，苦羡云栖松上鹤，吾生漂泊竟何之。"这图是徐贲避居宜兴时作，充分表现了当时朝廷易祚，兵祸连年时文人的悲哀和理想之境。画家兼诗人终逃不过悲剧的命运。传世作品还有《秋林草亭图》，上海博物馆藏；《嘉树野泉图》轴，图录于《中国名画宝鉴》；洪武四年作《蜀山图》轴，有张羽、宋克和张则之题，图录于《故宫名画三百种》。著有《北寺集》，为张羽所编。

周位，字元素，苏州太仓人。博学多艺，尤擅绘画。洪武初入宫廷，凡宫掖画壁多出其手，为壁画名手。时朱元璋严刑峻法，画师稍有不合意者，每遭奇祸。一日，太祖命画《天下江山图》于殿，周位顿首曰："虽初知绘事，天下江山非臣所谙。陛下东征西讨，熟知险易，请陛下规模大势，臣从中润色之。"太祖即挥毫左右，挥洒毕，元素从殿下顿首曰："陛下江山已定，臣无所措手矣。"太祖笑而颔之。（《玉堂漫笔摘抄》）即使如此应对，后仍遭逸（处）死，他是唯一不同于以上诸家罹难的人。所作有《渊明逸致图》册页，藏于台北"故宫博物院"。《渔翁对话图》轴，图录于《域外所藏中国古画集》。

和苏州关系密切的倪瓒和王蒙，入明时已是七八十岁的老人了，王蒙因被请到胡惟庸家看画，竟瘐死狱中；倪云林田产早就散尽，也下狱，被锁于溺器上。倪是有洁癖的人，出狱不久即郁郁而终。和画家有往还的诗人高启，也因用了"虎踞龙盘"四字，被腰斩于市。甚至在明廷中应付得体的周位，最终也成刀下之鬼。一个城市在短期内被诛杀这样多的画家，全国也只有苏州了。

第四节　吴门画派的先行者

在上述画家身后，艺术潮流仍不可阻挡地前进。苏州画家仍在生活，仍在静静地画他们喜欢的画。时间已过去好几十年，洪武时代已过，建文、永乐年代开始了，苏州的画家们仍在默默耕耘，他们无意中成为新画派的先行者,迎来了苏州美术的复兴。

明代苏州美术的兴盛,主要标志是"吴门画派"、"明四家"、"吴门四家"的出现。但其发源之地却不在苏州,而在苏州东北四十里的古镇相城。这里紧贴阳澄湖,北可远眺虞山,有如世外桃源,是人文渊薮之所在。而开端的则系于一人、一家。一人,即苏州来此教画的杜琼;一家即是这里的世代热爱书画的沈家,这家出了沈恒吉、沈贞吉兄弟及其亲友。一代苏州的绘画艺术就在此生根发芽了。

杜琼(1396—1474),明代画家。字用嘉,号东原耕者、鹿冠道人,人称东原先生,吴(今苏州)人。可能为杜甫后裔[①]。生一月而孤,母顾育而教之。长从陈继(陈惟允之子)学经,性至孝,朝廷两次下诏荐贤,皆辞不就。读书无所不通,旁及翰墨皆精。善书,好为诗文。师事王绂[②]山水,而远宗董源。多用干笔皴擦,淡墨烘染,赋色清淡,苍秀深静。长期以卖画和授徒为生。正统元年(1436)由太平坊迁居于朱长文故居乐圃。因陈继致仕,由他代去相城里授沈恒吉、沈贞吉兄弟画,乃及沈恒吉子周。

杜琼《南村别墅图》之一

[①]谢晋《渔隐图》题跋:"用嘉,少陵裔也。"
[②]王绂(1362—1416),无锡人。洪武时生员,因事被累,谪戍山西十余年。永乐初官中书舍人,后归江南,隐居九龙山,自号九龙山人。工山水,师王蒙,风格郁苍清润,亦有近似倪瓒之作。工墨竹,夏昶曾师之。

杜琼代表作品有《南村别墅图》册（纸本，墨笔。纵33.8厘米，横51厘米，原藏于苏州过云楼，现为上海博物馆藏）。这是杜琼根据陶宗仪①《南村别墅十景咏》而画的。杜琼师陶，陶死后，曾其子纪南作《虎图》。因《南村先生集》失载，故录原诗于画。此册只有《竹主居》和《阆杨楼》二图。前为陶居室和环境，后是陶休憩、游赏之处。图中可见杜多吸收黄公望、王蒙之长，皴染缜密松秀，墨晕滋润苍茫，设色清淡明洁，又努力追写实见之景，实开吴门新画风的先声。图册上有纪南、吴宽题跋，崇祯间为杨龙友收藏，后有董其昌、李日华、陈继儒三跋，之前已有杨君谦、文徵明、周嘉霄、朱道子四跋。杜琼存世作品还有《友松图》（纸本，设色。纵29.1厘米，横92.3厘米，故宫博物院藏），为其姐夫魏友松作，图中苍松数株，瓦屋数间，二人独坐中间，外面篱门半开，不远处山石矗立，有瀑布幽径。外更有曲井栏杆，整个都是在高坡之上。环境优美，景色清幽。杜琼与沈周师生情感很深，曾作《溪山读书图》相赠。天顺三年（1459），周题其上曰："桑柘村渠日影斜，白云深处带山家。分明万里桥西路，只欠春风几树花。此图为杜东原先生廿年前笔也，一日卷赠于予，予藏之，又阅三寒暑矣，壬午首夏三日……"周也作《纱原图》卷赠琼，图写茂林深竹之中，茆亭一笠，渊孝巾服危坐，旁置书册，垂髫童子奉粲迤逦至亭；亭外青山当门，绿水环阶，一翁须髯飘然，策杖过板桥而来，若相访者。款署"门生长洲沈周补东园图"。卷后附《杜东原先生年谱》，署"门人长洲沈周编次"（见《过云楼书画记》）。《昧永轩

杜琼《友松图》

---

①陶称南村别墅主人，是元末明初颇有名望的文学家。元间避乱华亭，著作甚丰，安贫乐道，雅好著述，人称南村先生。杜琼大约也从他学习过。陶虽无画名，但所著的《南村辍耕录》中就有《写像秘诀》。并与王蒙交，二人关系甚好，王为陶作《南村图》。

日记》记琼《溪山佳趣图》，上有沈周题跋："尝读柳之厚先生愚溪之文可见也。文与画无二致，得此卷者毋直以画视之。弘治纪元戊申秋八月望，后学沈周。"弘治十一年（1498），琼辞世已25年，沈周也已72岁，还作《杜东原先生入乡贤祠咏》："节孝公然当祀典，千年香火见斯人。莫为子贵能为地，却信穷儒自致身，标榜今名贤者位，追陪诸老德之邻。奉歌斐语林堂靖，再拜祗迎疯有神。"可见沈周对师感情之深。杜琼存世作品还有《山水图》轴、《报德英华图》卷，均藏故宫博物院；天顺七年（1463）作《天香深处图》轴，图录于《中国名画宝鉴》。著有《东原斋集》。

沈贞吉（1400—约1483），名贞，以字行。号南斋、陶斋、陶然道人。长洲（今苏州）人，世居相城里。工诗善画，师法董源。弟恒吉（1406—1477）名恒，以字行，号同斋，亦善诗画。当时兄弟均有画名（《唐朝名画录》说二沈并列神品）。家中僮仆，皆谙文墨。这和他们的祖辈家传分不开。祖沈良，字琛，一字帛琛，号兰坡。元末因避兵乱由苏州移居相城，好书画，精鉴赏，与王蒙友善。王曾夜访其居，并作画以赠。父沈澄，字孟渊，也长于诗文，好交友，所居西庄常有画家雅集。父子晚年均好道，二沈和父澄都不愿为官，作画赋诗，自相倡酬。画亦不多作，"不可以钱帛购取"。贞吉每赋一诗，每作一画，必累月经年方肯示人，其画妙处逼近宋人。恒吉山水则师杜琼，近王蒙一路。苏州城中的官员有时还来造访，他们先后曾被委任"粮长"①。贞吉传世作品有洪熙元年（1425）作《秋林观瀑图》轴，现藏于苏州博物馆，图中一侧山峰巍峨，雾气将画分为两部分，下幅则见瀑布

沈贞吉《秋林观瀑图》

---

①明初在直隶、浙、广、赣、闽等省，朝廷规定每收粮万石为一区，挑选纳粮最多的地主充当粮长，负责征收粮税，押运至京将授以官职。此制在洪武末年已见松弛，到沈周时只负责征收粮税，不足时得由粮长补足，粮长实际已成为一种苦差。

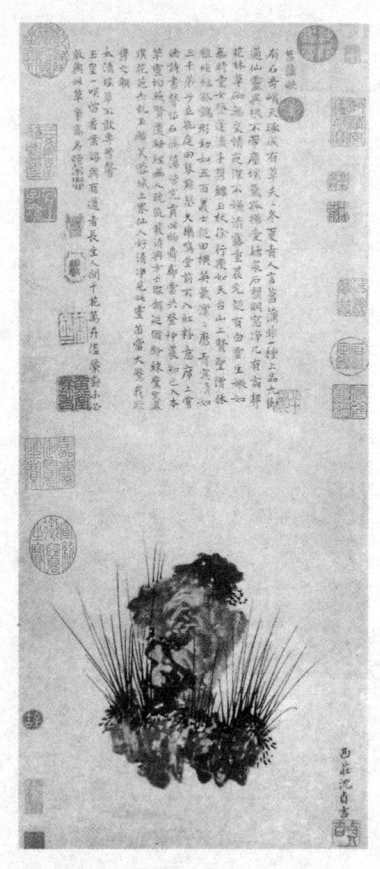

沈贞吉《菖蒲图》

奔流,大树高耸,观瀑者仰目而视,画面紧扣主题,笔墨严谨,清新自然。还有《菖蒲图》轴(纸本,墨色。纵60.3厘米,横24.7厘米),中间画出凹凸不平的石头,直笔写出菖蒲。画上部有冯恭写的谢枋得的《菖蒲歌》全文,诗歌颂菖蒲之高洁,由此可见二沈的清高品质。存世作品尚有成化七年(1471)作《竹炉山房图》,图录于《明清山水名画选》。贞吉侄沈周,即后被目为吴门画派创始人。

刘珏(1410—1472),明代画家。字廷美,号完庵。长洲(今苏州)人。少遇太守况钟,推择为吏,刘珏谢绝。正统三年(1438)领乡荐,授刑部主事,迁山西按察司金事,居三载,年五十致仕,归居相城,于白雪泾筑寄园,累石为山,引水为池,号小洞庭,与客登眺为乐。作《草堂图》自为绘册十幅,各系以诗,沈周亦题长句。刘与沈家有姻亲(其子刘正娶沈恒三女沈庄),并与沈周志趣相近,推为忘年交。刘珏工书善画,山水出吴镇、王蒙,风格苍润。他长沈周17岁,在周未习画时已著画名,他的作品对沈周画风的形成很有影响。沈周尝临刘画,在他画上题跋也很多,陈田《明诗纪事》谓:"完庵画流传甚少,予得一小幅,乃赠耻斋者。沈石田题云:'溪山错认瀼东西,茆屋人家竹树齐。不独米翁能拜石,我与遗墨便头低。'"可见他对刘珏作品的敬重。刘珏的作品《烟水微茫图》轴(纸本,设色。纵138.9厘米,横44厘米,苏州博物馆藏),构境远旷,笔墨浑成,一片苍翠秀润之气,熏人眉宇,当是刘画之佼佼者。右上方有画家自题:"烟水微茫处,舟行一舍余。既觅沈东老,还寻烟隐居。冰弦三叠弄,雪茧八分书。醉和阳春曲,空疏愧不如,刘珏画并次韵。"从最上方徐有贞的行草诗文中得知,此画作于成化二年(1466)夏至后一天,刘、徐乘船至相城沈周家,正是在他家作此画。存世还有《夏云欲雨图》轴,故宫博物院藏;

《天池图》,天津市艺术博物馆藏。著有《完庵集》。

　　谢晋,明代画家。晋,一作缙,字孔昭,号叠山,又号兰庭生,亦称深翠道人,晚年号葵丘翁,吴(今苏州)人,侨居金陵二十年。山水师王蒙、赵原,造诣既精,得其邈远深意。构体落势,姿态多变,作数尺五幅,能一日而就。暮年患白内障,尤能持笔,为宣德、永乐间(1403—1435)苏州名家之一。谢晋与杜琼友善,永乐十七年(1419)为琼作《潭北草堂图》,画中山峦耸立,古木参天,草堂幽深,二友于草堂中叙谈甚欢。整个山石和松树都在显示草堂主人高洁。题曰:"旧业成都万里桥,百花潭北草堂遥。门无县吏催租税,座有邻翁慰寂寥。松影满庭闲白日,茶烟绕榻飏清飙。酷怜杜甫成诗史,翻笑杨雄作解嘲。用嘉,少陵裔也,文雅不凡,攻诗画。知仆远归来,需俗笔。复赘鄙诗云。永乐戊戌岁上巳日葵丘解缙识。"沈所居相城里西庄,永乐年间谢常来此聚会,所作《西庄图》或即在此所作。谢晋与沈周亦相往还,成化十年(1474)出任安仁县知县,沈周还为之赋诗送行。宣德六年(1431)谢晋作《溪隐图》(纸本,墨笔。纵90.8厘米,横72.5厘米,香港虚白斋藏)。远山层叠连绵,湖面空阔平静,洲渚岸边杂树葱郁,渔人泊舟后向家中走去,茅棚下一女席地而坐。用笔遒劲秀逸,画面空灵而苍郁。沈周后在画上题道:"山上云生春雨后,树头花落午风余;道人兀坐碧溪石,下有流泉应读书。沈周。"成化十六年(1480),沈周54岁,又在谢的《西庄访友图》上题跋:"先公旧得葵丘笔,淡墨真成北苑风,未岁春时图既作,丁年冬仲我初降。后生已见衰毛白,往事空惊转烛红。今对青山吊双鹤,秋风吹泪到辽东。此图作于宣德二年二月三日。周尚未生,于其年十一月二十一日,距作画时尚十越月。周今年五十有四,发已种种。葵丘既化去,先公亦违养十有八年。抚图之际,感念今昔。不

刘珏《烟水微茫图》

谢晋《潭北草堂图》

知雪涕之沾襟也。因诗以识之。成化庚子花朝日,沈周抆泪书。"存世作品有作于成化十四年(1478)《东原草堂图》,藏浙江省博物馆。画迹还有《云阳早行图》。工诗,著有《兰庭集》。

陈暹(1405—1496),明代画家。字季昭,号云樵。吴(今苏州)人。工绘事,尤喜设色山水、人物。早年学画于陈公辅(号江村居士,吴江人),山水宗盛懋,笔墨畅茂。后变其法,着色尤为精妙。临摹古人,几能乱真。宪宗成化(1465—1487)前后,以画驰名艺坛达六十年。评者谓其"非古人无师,非定见无发,若限而不滞,若质而有味,亦艺气成者"。弘治初,年八十余,诏赐冠带。意气诚简,不喜亲世务,官宦请画多不予。与杜琼称至交,与周臣相邻,周向他学画,后又传至唐寅、仇英。

第五节 明四家和吴门画派、吴门四家

吴门画派由以上画家直接衍发,于明代中叶在苏州出现的一个画派。最早出现这一名称的是杜琼《南村别墅图》册上的董其昌跋:"沈恒吉学画于杜东原,东原已接陶南村,此吴门画派之岷源也。"明确提出吴门画派四字,还将其开创人物定为石田先生(即沈周),杜琼则为直接影响吴门画派的人。在这画册上题跋的李日华也说"昭代画法,石田作狮子吼","曹源一滴,用嘉先生开之也",看来他们也不过阐明早就存在的事实。这样,吴门画派以沈周为代表的说法,在中国美术史上也就形成了(后人有主张将吴门画派、松江派乃至娄东派、虞山派合称为吴派)。明谢肇淛说:"国朝名手推戴文进,然风格卑下已甚,其他作者如吴小仙、蒋子诚又不及戴,故名重一时。至沈启南(周)出,而戴画废矣!"(见《五杂俎》)吴宽则说:"近世画

家惟及此者惟钱塘戴文进一人，然文进之能止于画耳！若夫吮墨之余，缀以短句，随物赋形，各极其趣，则石田翁当独步于今日也。"（《匏翁集》）后来王世贞则又说："钱塘戴文进，生前作画不能买一饱，是小厄；后百年吴中声价渐起不敌相城翁，是大厄。"可见，从明代中叶开始，以戴进为代表的"浙派"已逐渐让位于以沈周为代表的"吴门"了。

我们再看当时人们对沈周艺术的评价："先生（沈周）绘事，为当代第一。山水、人物、花竹、禽鱼，悉入神品。……一时名士如唐寅、文璧之流，咸出龙门，往往至于风云之表，信乎国朝画苑，不知谁当并驱也。"（见王穉登《吴郡丹青志》）"启南（沈周）画于北苑、巨然诸名家，无不撮其胜而奄有之。……真明兴第一手也。"（见焦竑《澹园续集》）"我朝以画名世者，毋逾启南先生。"（见顾起元《懒真草堂集》）"我朝善画者甚多……利家（指文人画）当以沈石田为第一。"（见何俊良《四友斋画论》）"启南远师荆浩，近学董源，而运用之妙真夺天趣。至于临仿古人之作，千变万化，不露蹊径，信近代之神手也。"（见谢肇淛《五杂俎》）

上述都可引申沈周为吴门画派开山人物，董其昌进一步认为，当时的"文人画"传统，只有"吾朝文、沈，则又远接衣钵"，也就等于说，吴门画派属于"文人画"范畴，而且此画派只有沈周和他的学生文徵明二人。一直到今天，人们还受此说影响。其实对于吴门画派的成员，当时人们大多并没有董这样狭窄。请看下列数则："自元末以迄国初，画家秀气已略尽，至成化、弘治、嘉靖年间复钟于吾郡，竟成一大都会矣。"接着将沈周、文徵明、唐寅、周臣、刘珏、仇英都归于"士大夫名家宗匠"之列（见明顾凝远《国朝画评》）。"启南先生画法高一代，所为阔帧巨轴，位置稳密，水墨淋漓，天工人巧，蔑以加矣。宜吴闾光阶，登伯虎、衡山山上也"（见明邢峒《来禽馆集》）。"书至董赵、画至文、沈、唐、仇，天地精英尽矣，何必唐宋哉！"（见《壮陶阁书画录》）。"成、弘间，吴中翰墨用天下，推名家者，惟文、沈、唐、仇诸公，为掩前绝后"（见王鉴《染香庵跋画》）。"携李项子京收藏甲天下，（仇英）馆饩十余年，历代名迹资其浸灌，遂与沈、唐、文称四家"（见吴升《大观录》）。"沈、文、唐、仇，为明四家"（见《溪山卧游录》）。

综合以上意见，大多是将沈、文、唐、仇连在一起，有的还指明他们为"明四家"。但是否即为吴门画派四家，今人有了三种意见：

一种是大致认同董的意见,即吴门画派的艺术是沿袭元人绘画的"文人画"体系,而唐、仇不是这样的绘画,因此不属吴门画派中人;

另一种则认为吴门绘画是宋元并重,并非纯粹如元画那样,而是具有自己特色的世俗化的"文人画"。唐、仇也应列入画派范围;

第三种则认为只提吴派,不提吴门画派①。

持第一种看法是多数,后两种看法的则是少数。这里将沈、文、唐、仇四家一并介绍,他们作为"明四家"和"吴门四家"已成历史公论,是否同时为吴门画派四家,这里不作确论。

沈周(1427—1509),明代画家。字启南,号石田。58岁后又号石田翁。世居长洲县相城里(今苏州市相城区沈周村),因此有人称他为"相城翁"。宣德二年,沈周生于这样风雅的望族,时祖父沈澄52岁,外祖父张浩46岁,伯父贞28岁,父恒19岁,母张素婉20岁。周有弟二人:召,字继南,善画而早夭;豳,字翔南,系庶出,也善画。有妹四人。沈周自幼聪明过人,7岁时从陈宽〔陈宽系洪武年间被诛的陈惟允之孙,陈继(杜琼从之学)之子,以学问渊博著名,亦善画,山水师黄公望、王蒙〕读书。后又拜同里赵同鲁为师,家学颇深,祖父曾参与《永乐大典》编修。在启蒙期间赵已指导沈周临摹倪云林画,使其打下很好基础。父恒吉任粮长已数年,沈周9岁即随父往来苏州,开始熟悉乡赋之事。11岁时,代父听宣南京,上百韵诗于户部主事崔恭,崔甚为惊喜异,疑非其所作,乃面试作《凤凰台歌》,沈周援笔立就,词采烂发,崔大为惊异,誉为王勃再生,即日下诏,蠲其父粮长之职。15岁时博览群书,诗文为乡里传诵。隔四年,与陈慧庄完婚,陈为人贤惠,奉舅姑甚勤,人称贤妇。正统十四年秋,沈周23岁,闻京城"土木之变"(明英宗于土木堡被俘),

---

①赞成唐、仇不属于吴门画派的,有潘天寿《中国绘画史》、郑昶《中国画学全史》、阎丽川《中国美术史略》、王伯敏《中国绘画史》、温肇桐《明代四大画家》、单国强《明代吴门绘画·明代吴门绘画概论》、周积寅《吴派绘画研究》、陈传席《中国山水画史》等。

赞成唐寅列入吴门画派,有王逊《中国美术史》,但认为"他的着色山水称为院体",而仇英和唐寅同被称为"院体"。

赞成周臣、唐寅虽与院体派有关,但也应兼属吴门画派中人,至于仇英,未列入哪一派,只承认他"不愧是一位杰出而又难得的大家","一位崇古慕古者",见李裕《中国美术史纲》卷下。

将唐、仇列入吴门画派的有江兆申《吴派九十年》、林秀芳《吴门画派》、单国强《中国美术全集·绘画编七·吴门画派概述》等书。

贺野在多篇著作及《再识吴门画派》认为唐、仇应属吴门画派。

作诗寓忧国之思。28岁时,苏州府知府汪浒欲举沈周为贤良方正——乃隋文帝时即有的科举名目,大致和举人相仿。因事关重大,沈周乃筮《易》求答,卜卦得之九五,曰"嘉遁贞吉",乃不吉之卦,卒辞未就。从此也就在家乡吟诗作画。除了几年粮长之职,宛如平静的阳澄湖水,清澈见底,碧莹可人。生性爱竹,在不远处造了一个别业,叫"有竹居",也自署"有竹庄主人"。《明史·本传》说他"所居有水竹,亭馆之胜,图书鼎彝充栋错列,四方名士过从无虚日,风流文采,照映一时"。其乡村画师的生活也颇不平静。原有土地不少,后来他分居析产,又要"卖画常卖田",遇到荒灾,也就经济拮据。做粮长时,一时食荐不继,累偿缺额,妻脱簪珥以应。太平知县袁道来访,见他父丧未葬,还出资以助,平时也是"风茆雨壁溪堂破","饥来读书不当饭"的生活。以后虽有画名,还和尚书吴宽、王鏊友情深挚,书信来往和唱和不断,但也无权无势,俯仰由人。当时苏州太守曹凤上任不久,要征民间画工为府衙装饰墙壁。本地有忌妒沈周的,将他名字写进,沈遂被征。有人劝沈去找有势力的人去说情,沈周说:"服劳役,这是义务。去托有势力的人,不更加受辱吗?"仍服役不误,且做得比别人还好。后来这位太守到京觐见,屠太宰首先就问他:"沈先生无恙吗?"太守不知所云,只得说:"无恙。"待到内阁尚书李东阳问他:"沈先生有信吗?"太守更慌,只好说:"有而未至。"一出内阁,即去拜谒侍郎吴宽,吴才详细告诉他。太守一问左右的人,才知道沈先生就是征来画画的民工。一回苏州,马上乘船到沈周门上,再拜引咎,沈周招待他吃了饭,才回。他这才有"隐服还劳郡守遣,读书每辱尚书和"之句。后来明宪宗下旨征召,道士方志清也登门劝事玄黄之道,一一予以婉拒。他在49岁时,在《题画》中写道:"我从绘事岁既多,破费水墨将成河;滥觞董、巨意亦广,望洋不至当如何?"说明早就矢志追随董、巨,并已勤奋作画多年,他也同时学习宋人。现藏于瑞士苏黎世莱特堡博物馆的《为碧天上人作山水图》,为沈周35岁时所作,当是他存世的最早的山水作品[①]。他在一幅画上题到:"云林、子久,并祖荆、关,而古林寒林石山水竹,则元镇尤

[①] 原认定沈周于天顺八年(1464)38岁时作的赠吴门隐士孙叔善水墨山水,为沈周现存的最早的有确切年月可考的存世作品。张丑《真迹目录》和陆心源《穰梨馆过眼录》卷十六均有记,(日)铃木敬主编的《中国绘画总合目录》卷二有《幽居图》,其尺寸、题跋均同上二书,此画现藏日本大阪市立美术馆。现认定的沈周最早作品系根据美国堪萨斯大学教授李铸久鉴定提出。

为擅长。余此作益犹存荆、关遗意,而更济以倪、黄之法也。"(《石渠宝笈续编》)即使"山舆入郭,多主庆云庵及北寺水阁,掩扉扫榻,挥染不倦",于是画名远播,他善诗,画又多有题跋,"长缣断素,流布充斥,内自市师,远而闽、浙、川、广,莫不知有沈先生也"(文徵明《沈先生行状》)。友人杨循吉说"予每见人于千里外致币遣索先生画者",可见他正赖以资生,因而人誉他为"今之顾玉山"(指元之顾瑛,兼商之画家),但他又"下逮缁徒,贱隶,酬给无间"。向他索画的人,即使牧夫村竖,也不见难色。以致他直到70岁,还哀叹"破屋如舟只浮住,茫茫鱼鳖是比邻;频年大块无干土,何处巢居着老身"(见《珊瑚网》)。即使如此,"里中有急难,不问谁何,辄捐囊中钱佐之。天寒雨雪,望里中突不烟者,则呼苍头课以困廪而致焉"(《佩文斋书画谱》)。启南深受儒家、老庄的熏陶,前人之韬晦影响,深切领悟忠、恕二字,采取了一种平和、达观、安贫乐道和与世无争的态度,"干时犹笑吹芋拙,傲世犹嫌荷条狂"。事母至孝,对弟也爱护备至。一生吟诗作画,访友出游

沈周《庐山高图》

(但足迹不出吴中),未享过高官厚禄,却赢得世人的爱戴和千古声誉。年83而终。现家乡有沈周墓,为江苏省重点文物保护单位,地方政府正在修缮成为景观。《明史·隐逸》有传,后人尊他为"明四家"、"吴门四家"和吴门画派之首。

沈周擅画山水、花卉,亦善画人物,山水画最为突出。有两种画法:一是细笔,人称"细沈";另一种是粗笔,人称"粗沈"。早期作品多为细谨,晚期作品则多为粗简,虽可见王蒙、吴镇影响,但具有自己的风貌。他的细笔画当推《庐山高图》轴(纸本,设色。纵198.8厘米,横98.1厘米,台北"故宫博物院"藏)为代表作,此图作于成化三年(1467),时年40岁。画上有自题长诗《庐山高》一首,说"为醒庵有道尊

先生寿"而作，醒庵，即老师陈宽。陈一家来自临江（即江西清江），和庐山均属庐陵郡。沈周作此并非因陈宽要回原籍，而是借祝寿来讴歌陈的人格完美。图正中主峰顶天而立，左右小峰群向主峰峙立，形成苏轼所谓"横看成岭侧成峰"的风姿。主峰间瀑布直泻而下，越过栈道、山峰，形成一股激流，一位高士正在池边星冠立眺，似在欣赏李白所谓"飞流直下三千尺，疑是银河落九天"之景，背后高松耸立，和山峰一起增添了高士的崇高感，山间有条蜿蜒小道，路旁小树依依，直向山的最高处延伸。主峰最高处也有不少矾头，如我们常在董、巨画中所见到的那样，石上多用类似披麻皴、解索皴，有的形如牛毛，先用淡墨勾勒，再加浓墨点苔。巨石处更加笔勾线或在淡墨上晕擦，显得技法丰富多样。小树也有如郭熙那样蟹爪，而点撇居多。有人认为此图和王蒙画法很像，尤其和他的《青卞隐居图》差不多。其实不同之处还很明显：《青卞隐居图》技法多种，缜密细秀，沉雄苍郁，而《庐山高图》比之更为繁密，更为富有现实感，一切安排有序，体贴精致，显得清新、单纯和空灵。《庐山高图》上还有283字的长诗，先述庐山之高："西来天堑濯其足，云雾旦夕吞吐乎其胸。"下半首则是直接写陈宽的："陈夫子，今仲弓，世家庐之下，有元厥祖迁江东。尚知庐灵有默契，不远千里钟于公。公亦西望怀故都，便欲往依五老巢云松。昔闻紫阳祀六老，不妨添公相与成七翁。我常游公门，仰公弥高庐。不崇丘园肥遁七十祀，著作楷楷白发如秋蓬。文能合坟诗合雅，自得乐地于其中。荣名利禄云过眼，上不作书处荐，下不（疑脱字）公相通。公乎！浩荡在物表，黄鹄高举凌天风。"这就将陈宽的品格和庐山风貌融合在一起，最后诗人也和老师有如黄鹄伸出理想之翼，

沈周《京江送别图》局部

同在高空中翱翔。在绘画作品中这样全方位的浪漫的描写,在以前山水画中确属未见。

　　沈周的作品还可举出《京江送别图》(纸本,设色。纵28厘米,横159.2厘米,故宫博物院藏),此图成于弘治四年(1491)三月,沈周时年65岁。为送好友吴惟谦(愈)赴任叙州太守之作。吴为明末清初名诗人吴梅村曾祖。画首有清王时敏书"保迹贻薇"四字。后幅为明文林书《送吴叙州之任序》,祝允明书《叙州太守吴公诗序》等。这是沈周"粗沈"代表作。从画中可见他既有传统笔法又能表现自然风貌,既有书卷气而又有一定情节引人入胜。京江,当是镇江口的长江段,叙州相当于今之四川宜宾,吴是苏州府太仓州人。如果从家中出发,通过浏河即可直达镇江,看来是经过苏州和友人一起来的。由此向西可直溯蜀地。这里对岸即是瓜洲古渡,正如长安的灞桥,常为古人惜别之地。唐人李益诗云"明日巴陵道,秋山又几重"(《喜见外弟又言别》),这幅画正确切表达了这个境界。本画构图简洁,水天一色。远山近似董源、吴镇那样的披麻皴、矾头和墨笔点苔,正如他的学生文徵明说他"至四十外,始拓为大幅,粗枝大叶,草草而成,虽天真烂漫,而规度点染,不复向时精工矣"(见《文待诏题跋》)。而自有一苍秀之气,表现了关山重重和征途之悠远。近处的树丛有杨柳依依和槐桧掩映,用笔在郭熙和黄子久之间,树下的泥石用笔豪放,将它和观众拉近了距离。树丛后尚有小桥桃花,堤上送行的人(其中应有沈周)向舟中告别,舟上戴官帽的也自然就是吴太守了。整幅画笔法苍秀,用墨浑厚,色泽明净,一气呵成。既有宋人那样刚劲,又有元人那样岑寂和出世的意味。既有文人画的雅致,使人一看就懂,又引起人事茫茫和友情的珍贵,实是一幅文人画和世俗意味兼而有之的杰作。

沈周《菱濠图》

　　沈周还创造一种后

人叫作"写景画"的画,古人多画无名山水,即使署为真实地点的,和实景还是有距离。而在《吴门山水全景图》卷(藏台北"故宫博物院")中,分别画了虎丘、天平山、支硎山、狮山、何山、横塘、上方山、石湖、胥口、太湖等地景色,在跋中说对这些地方,"余岁稔经熟,历无虚岁,应目寓笔,图者屡矣,此其一也。将涓流之他方,亦可见

沈周《花鸟图》册

吴中山水之概,以识其未游者。画之工拙,不暇自计矣"。这样的画是为帮助"未游者""可见吴中山水之概",也就必须与实地有所相仿。这是吴门画家特有的艺术创造。沈周的《东庄图》册(现存21幅)之一《菱濠图》,是为其挚友吴宽之父吴融别业而作。吴宽家住城中尚书里,而东庄则在城的东南角天赐庄一带。这里在清末民初间建东吴大学,今为苏州大学本部。邻近葑门城门,虽经近五百年岁月洗刷,今天我们在这里仍依稀可见《菱濠图》所绘的景色。这画和一般的山水画构图已大不相同,整幅都是由河汊和葑田构成。葑门,葑,意为茭白一类水生植物,或水草杂生之地。这里周围都是这样的湿土,除茭白外,还有生菱、藕和芡实等物,画上的大面积正是这样的水田。港汊一湾,小船正在采菱,一条小路通向茅屋数间,数丛筼竹曳立,这处大约就是吴融的别业了。画面上似掠过初秋的凉爽的风,人们在小船上采着红菱,似乎还在唱着吴歌。好一幅江南田园之景。沈周的花鸟画成就并不次于他的山水画。他的《花鸟图》册(纸本,设色,纵30.3厘米,横52.4厘米,苏州博物馆藏)共十开,前有文徵明引首隶书"石翁墨妙"四字,一开画乳鸭,其余每开一幅,计有红杏、辛夷、芍药、蜀葵、百合、秋海棠、雁来红、芙

蓉、石榴九种。画法在没骨和勾花点叶之间，笔墨朴质，设色淡雅，于后世写生花卉有筚路蓝缕之功。册中钤"白石翁"印，可知为沈周58岁后作。他的花鸟画虽受南宋牧溪、元人墨戏影响，但由于观察自然，独创简工带写之法，使花卉雅淡生动，一变元人之法，也变宋人缜密工丽之风，实开后世花鸟画之先河。沈周也擅画青绿山水。存世作品尚有《秋林话旧图》轴，藏上海博物馆，《沧州趣图》、《参天特秀图》轴、《红杏图》轴、《仿董、巨山水图》轴、《仿倪瓒山水图》轴、《荔柿图》轴、《古木寒泉图》轴、《仿米山水图》、《卧游图》册、《西山雨观图》卷、《枇杷图》卷等，均藏故宫博物院，《落花诗意图》藏南京博物院，《杖藜远眺图》藏美国纳尔逊-艾金斯美术馆，《采菱图》藏日本京都国立博物馆。著有《石田集》、《客座新闻》等。

  文徵明（1470—1559），明代画家、书法家。初名壁，一作璧，字徵明，以字行。更名徵仲（兄徵静也改徵伯），长洲（今苏州）人。生于德庆桥西曹家巷（即今之苏州城西之曹家巷，有说后移居附近之三茅观巷）。其先本蜀人，后徙庐陵，又徙衡山，故徵明又号衡山或衡山居士。曾祖惠，以教书为生，招赘到苏州，才在此定居。惠生洪，以儒学起家，为涞水县教谕。洪生林，即文徵明之父，字宗儒，成化壬辰进士，曾任永嘉、博平知县，升任温州太守。叔父森，任右佥都御史，还有叔父彬以年资贡礼部，未仕而卒，姑母玉清，适生员俞揖。母祁守端，工诗善画，沈周称她为今之管夫人，徵明7岁时即卒，年仅32岁。传世作品有《春雨修篁图》，竿挺叶密，萧疏有致。上有钱载（1708—1793）跋，现藏南京博物院。徵明还有兄奎，比徵明年长一岁，字徵静，号双湖。即因忤人入狱，后又长期生病，兄弟感情深挚，白首无间。徵明可说生于儒且官的世家，但幼时却在外祖父家抚养，也不时由父带至任上。

  徵明幼时并不聪慧，竟然"外若椎鲁"。八九岁仍不大会说话，但父"独异之"，不久，就读于外塾，果颖异挺发。后来文林知博平县，徵明就随着他。有时还乡，16岁随父回苏时，也就结识了住在不远的唐寅，和家居南濠的都穆。次年又随父去滁州，从少卿吕太常学诗。19岁还乡，为长洲县诸生，因书法不佳，岁试仅置三等，于是发愤学书。次年，从沈周学画。时沈周63岁，正在双蛾僧舍作《长江万里图》，文不胜钦羡，沈说："此余从来孽障，君何用为乎？"但文坚从之游，沈周对他说："画法以意匠经营为生，然必气韵生动为妙。意匠易及,而气韵别有三昧。非可言传!"后又题徵明画的荆、关小幅"莫把荆关论画法,文章胸次有江山"给了他很好的启示。徵明22岁进从李应桢学书,23岁又随沈周好友史鉴学业。不久,即同昆山吴愈(字惟谦,官至河南布政司右政)之女(人称三小姐,系画竹名家夏㫤外孙女)为妻。在这期间,认识了后为拙政园主人的王敬止,又随父去拜谒吴宽(为文林同榜进士),吴很喜欢他,开始授他古文辞。26岁时,是年为弘治八年(1495)八月,应南京乡举,末等。从此一直到嘉靖元年(1522)前后共26年,从26岁到53岁,十次考试,均名落孙山。在此期间,父文林殁于温州任上。因为官清廉,两袖清风,徵明前去奔丧,按照惯例,凡卒于官者,郡邑士绅都得醵金为赙,官尊而益厚,当地士绅集赙数千金,徵明固辞不受。巡抚俞谏欲赠以金,指着他的蓝衫说:"敝至此耶?"徵明装着不懂,曰:"遭雨敝耳!"俞谏也就不好再提赠金的事。但一回苏州,家庭重担只能落在他的身上。虽赖知友资助,曾修葺父亲所构的停云馆,但一家人再加仆佣,既无田租收入,祖先又无积余,又不愿别人资助,自然生活拮据。正德七年(1512),南昌宁王宸濠遣人持重金礼聘,唐寅、谢时臣、章文都应聘前往,徵明却以病为辞,乐意赖卖文、卖画为生。为不少名人写过墓志铭、行状传,为王氏拙政园、为重修织造局都写了文章和碑文,因诗、文、画俱佳,倒也声名远播。据阎秀卿《吴郡二科志》所载,杨循吉、祝允明、文徵明、唐寅、徐祯卿、桑悦、张灵七人,堪称当时吴地文人翘楚。记文徵明"性方古,威仪举举,自宋元暨国家典数,无所不能通。诗学喜石曼卿、梅圣俞,尤长于法书,云间张弼书名雄天下,识者评之不如璧远甚。璧所善沈石田,尤爱敬"。他和祝允明、唐寅、徐祯卿并称"吴中四才子"。但他考试屡屡落第,打击也就可以想见。最后一次失败后,生了一场大病,连病三月未愈,作《不寐》诗云:"天寒鸡再号,灯昏鼠窥案;药炉火已微,群儿睡方酣。"《病中诗》:"一病连三月,侵寻岁又更;人皆传已死,吾亦厌余生。发脱相将尽,耳虚时自鸣。安心是良药,此外复何营?"就在54岁时,江苏巡抚李充嗣总算将他推荐为岁贡入京。舟行三个月,到京未加考试,即授官翰林院待诏。但当时朝廷形势险恶,当朝皇帝父兴献王和先皇(即伯父孝宗)二人谁称皇考,将朝臣分为两派。凡应对不称皇帝意的大臣往往当廷杖死,徵明同僚及好友即遭下狱流放。他因病未上朝而得以幸免,而得势的人又在拉拢他,因而他决心辞归。

尽管他参加《献皇帝实录》的编修即将完成，即可升官，他在不同意引退之后，仍然再三恳求，因而得以批准。回乡之后，其欣喜之情可以想见。《还家志喜》诗云："绿树成荫径有苔，园庐无恙客归来，清朝自是容疏懒，明主何尝弃不才。林壑岂无投老地，烟霞常护读书台。石湖东畔横塘路，多少山花待我开。"筹资在舍东筑玉磐山房，开始了他的创作盛期，悉心作画。玉磐山房前有梧桐两株，文嘉《先君行略》谓"树双桐于庭，日徘徊啸咏其间"，陈继儒《太平诗话》中说道："文衡山先生停云馆，闻者以为清闳，及见，不甚宽敞。先生亦每笑谓人曰：'吾斋馆楼阁，无力营构，皆从图书中起造耳。'"大小家事，此时均由吴夫人代操，于是书画名大著。徵明和沈周一样，以中和淳厚之道待人。有人伪造了他的画，也不生气。据冯时可《文待诏徵明小传》："有伪公书画以博利者，或告公，公曰：'彼之才艺本出乎吾上，惜乎世不能知，而老夫徒以先饭占虚名也。'后伪者不复惮公，反操以求公题款，公即随手与之，略无难色。"遇到书生、故人、为姻党而窘者，强其作画，终日不倦。而"有商人以十金求作画者，公面斥之曰'仆非画工，汝勿以此污我'，其人大惭而去，多靳不与，贫交者往往以获暴利"（见黄佐《泰泉集》）。当时人都传他"生平三不肯应：宗藩、中贵（即太监）、外国也"。（见徐沁《明画录》）当时炙手可热，权倾一世的严嵩，却始终未得到他的画，后来严嵩初抄家时，果然如此。徵明晚年作书作画三十余年，自然是国内画坛师首、文苑班头，艺文布满海内，家传人诵。90岁高龄逝世前尤为史严杰母书墓志铭，刚完，即掷笔而逝。葬于苏州市相城区元和镇（即陆慕）西，墓四周有石兽并列的甬道，有象征纸、墨、笔、砚的拱土，列为江苏省文物保护单位。

　　徵明和沈周在艺术上都走董、巨道路而兼学宋人，一样擅画山水、人物、花鸟，也以山水画最为突出。也和沈周一样，有两种画法，一为细笔，人称"细文"；另一种是粗笔，人称"粗文"。但不同的是，沈周擅长"粗沈"，徵明却长于"细文"，且有多种画法。他的作品雅秀清润，一别前人画风。徵明所作《五月江深图》轴（纸本，墨笔。纵127.5厘米、横31厘米，苏州博物馆藏），是"细文"的代表作。上部怪峰突兀高耸，并以浓墨勾线，山石扭曲，似深邃雄奇，有压倒之势。有如西方交响乐，开始管弦齐鸣，振聋发聩，接着旋律就平缓舒展得展开，有异曲同工之妙。在山石下面，笔墨新淡，古树参天，茅屋数椽，山涧直流而下，一水榭临流而立，水中小石兀立。除最近处一树以深墨点就外，其余都是淡墨勾就，和高处雄峰形成对比。画家以巧妙的幽思、缜密的经营和清劲的笔力，画出初夏山谷间的景色，给人以无穷的美感。观其渊源所在，受王蒙影响，而精神气质，完全是自家面目。一切安排有序，形成空与实、深与淡的对比，又有和谐的节奏感，显得分外文雅和空灵，这在古典山水画中很少见到的。可以说，正是由徵明完成的明画风格，不同于宋、元诸家，也和明初山水画风迥异。画家自题：此画作于"嘉靖丙申"，即1536年，画家时年67岁。为苏州过云楼旧藏，顾公硕捐赠。

徵明的"写景画"（有人也称为"庭园画"），体现在他的《东园图》卷（绢本，设色。纵30.2厘米，横126.4厘米，故宫博物院藏）中。东园，为今日留园。当时主人为徐申，字国翰，昆山人。嘉靖时由乡试累官至刑部主事，因故被廷杖谪外任。他又号东园子，此图大约是在他外任居于此园后所画。看来画家很同情徐的境遇，精心绘制了《行乐图》。画的左边一泓池水，竹林和树林在池边掩映，水榭中二人对弈，神态悠闲。甬道上二人行走，一僮携琴相随。亭堂中四人在看文论道，一僮在旁侍立。整个画幅为细笔勾就，多种树木枝叶扶疏，大片密集树叶都是细笔画出，有些亭屋的瓦片也都纹理毕现，但丝毫无烦琐之感，反而觉得端丽秀逸，充满了文化氛围。看来这是一群正

文徵明《五月江深图》

文徵明《东园图》

文徵明《兰石图》

在雅集的文人,从卷首陈沂所题"宴游记"得知,原来他们正在餐前餐后憩息,完全沉浸于消闲气氛之中。画中也确实充满安静舒适,工整有序和从容不迫的描绘也就更加深了绘画的主题,不愧是文徵明的庭园画和"细文"代表作。

徵明还以画兰闻名,世称"文兰"。他于嘉靖二十二年(1543)作《兰石图》卷(纸本,墨笔。纵26.8厘米,横730厘米,故宫博物院藏)。此卷以坡石间杂兰和竹,后假以流水溪流结尾,共画兰多丛,竹叶,下有坡石厓,并有小草点缀其下,荆枝伸出兰丛之中。兰用淡墨勾出,花萼点黑,竹则浓淡相间,坡石也以淡黑勾出。兰叶潇洒飘逸,竹则枝叶婆娑,用笔老练秀润,充分显示了生机勃勃、迎风怒放之景。他在接纸上自题:"余最喜画兰竹,兰如子固、松雪、所南,竹如东坡、与可及定之、九思,每见真迹,辄醉心焉。居常弄笔,必为摹仿。癸卯初夏,坐卧甚适,见几上横卷纸颇受墨,不觉图竟,不知于子固、东坡诸名公,稍有所似否也。亦以征余兰竹之癖如此,观者勿厌其众。徵明题于玉磐山房。"可见徵明遍览古人兰竹,也从中借鉴不少,却并未掩盖其独创精神。古之兰竹,多以表现兰竹之飘逸和孤高,郑所南的无根之兰更寄托故国之思,而徵明却表现其生机蓬勃的生命力,这正是吴门画派的特色之处。此画后经顾麟士鉴藏。

徵明传世有《甫田集》三十六卷,十五卷是诗(计七百四十一首),其余都是文章,除了记、叙、题跋外,多为别人作的祭文、行状、小传和墓志铭,可见徵明一生谋生之艰辛。他为明一大书法家,写过《四体千文字》,流传很广。行书和小楷更为所长,深得王羲之父子的清劲秀美风格,现存明代的

《停云馆帖》、《真赏斋法帖》，为他和其父、其子三代所书，《醉翁亭记》是他82岁所书。徵明列入《明史·文苑传》，里人私谥为贞献先生。他被尊为明四家、吴门四家之一。继沈周后，被认为是吴门画派的领袖。所撰写的对联今天在拙政园中仍然可见，苏州城南沧浪亭五百名贤祠中有他的石刻像，手植的紫藤（旁有清端方的勒碑），青翠欲滴，还在仲春时节散出幽香。传世作品见于书籍记载的近千幅，存世作品应不少于369幅。著名的有《湘君湘夫人图》轴、《洛原草堂图》卷、《猗兰宝图》卷、《仿米氏云山图》卷、《临溪幽赏图》卷、《兰亭修禊图》卷、《东市图》卷、《沧溪图》卷、《山水图》册、《惠山茶会图》卷、《曲港归舟图》卷、《绿荫清话图》轴、《兰竹图》卷（以上藏故宫博物院）；《绝壑鸣琴图》轴（藏美国克里夫兰美术馆）；《真赏斋图》（藏中国历史博物馆）；《古木苍烟图》（藏南京博物院）；《石湖清胜图》轴（藏上海博物馆）；《浒溪草堂图》（藏辽宁省博物馆）等。

唐寅（1470—1523），明代画家。其生年为庚寅，故名寅，字伯虎，又因成语"畏之如虎"，故更字子畏，书画闲章中有逃禅外史、梦墨亭主、桃花庵主等，晚年号六如居士。生于苏州府吴县皋桥南塈吴趋里，即今之吴趋坊。父广德，母丘氏，父初业儒，家道殷实。祖籍山西晋昌，后迁居苏州。唐寅日后在画上常题"晋昌唐寅"字样，即由此而来。唐寅有一弟，名申，字子重，娶姚氏，生三子。妹名失记。唐寅13岁前，因家里开的是小酒食店，也相帮做些杂务。后在家闭户读书，甚至到了不识巷陌的地步。这时结识了祝允明（1460—1526），因生六指，又号枝指生，工诗擅书，年龄稍长，住在附近三茅观巷，是唐寅一生挚友。这时祝允明就规劝他要好好读书，也就听了他的劝告。16岁时，和文徵明、张灵交游。张灵，字梦晋，家也离唐寅不远，两人年岁相仿，又都爱赋诗作画，意气相投。常出游，好使酒作狂。两人曾赤立泮水池中，以激水作战。也常周游虎丘，与贾人相谑。这并不影响唐寅读书，祝允明后来说唐寅"其学务穷研造化，寻究律历，求扬马玄虚、邵氏声音之理而赞订之，旁及风鸟五遁太乙，出入天人之间"（《唐子畏墓志并铭》）。里人阎秀卿说他"有俊才，博习多识，善属文，骈骊尤绝"（《吴郡二科志》）。早年还喜藏书，并在疏校上下过功夫。文徵明有时还向他借书，并这样描写他的藏书情况："君家在皋桥，喧阗井市区；何以掩市声？充楼古今书。左陈四五册，右倾三两壶"（《饮子畏小楼》）。

唐寅16岁时为府学生员，18岁时，已作《岩居高士图》，文徵明在上题诗二首，其一云："皋桥西畔唐居士，浪迹图成尺渚间；莫讶晴窗频展看，分明笔下见荆关。"还和城中文化耆宿往还。这年王鏊年届花甲，沈周为其画《壑舟图》，唐和祝枝山均在此图上题跋。一道题字的还有罗玘、白钺、徐瑞、刘机等人，他们都是成化年间进士，罗玘还任过编修，著有《罗圭峰文集》，刘机则为庶、吉士。可见他们对这位年轻人的器重。19岁时，和同邑徐瑞次女完婚。不幸过了6年，弘治七年的一年中，母丘氏、父广德和徐氏夫人相继去世，这是唐寅一生首先受到的打击，生活重担只能压在身上，他已为人撰写墓志铭一类的事了。弘治十年（1497）唐寅27岁时参加科考，正遇上鄞县人方志以监察史身份督学，他厌恶古文辞。而唐寅和文徵明、祝枝山都是喜欢此道的，使得他几乎下第。幸而知府曹凤大力荐举，才得隶名末，这才得以参与乡试。在次年乡试中，唐寅却得了第一名，是为解元。次年，与江阴举人、富家子徐经（徐霞客的曾祖）一起赴京参加会考。唐寅因在乡试中，得主考梁储欣赏，梁将唐的试卷给这次会试的主考官程敏政看，并说："仆在南都，得可与来者，唐寅为最。"梁说："吾固闻之，寅江南奇士也。"这条消息不意已传遍京师，两场考试后，经人举报徐经与主考官有私，恰巧唐寅也受人之托，找过程敏政写文章，也被牵入案中，连带下狱。在狱中"身贯三木，卒吏如虎，举头抢地，夷泗横集"（《与文徵明书》）。后来事实澄清，得以出狱，因办事人马虎，又下放他到浙江为"吏"。唐寅固辞，曰："士也可杀，不能再辱。"结果回家，又是一副惨状："衣焦不可伸，履缺不可纳；僮奴据案，夫妻反目，旧有狞狗，当户而噬。反视室中，甋瓯破缺，衣履之外，靡有长物"（《与文徵明书》）。这位继妻，据说是宦门闺秀，原打算嫁上才子，如今唐落魄至此，也就反目成仇。于是，将继妻逐出家门，接着又生了一场大病，这当是他所遭受的第二次打击。接着他出门远游，登祝融、匡庐、天台、武夷诸峰，成为吴门画家中出游最多的人。回来后再欲出游，于是又病，乃纵情于花街柳巷之中。有人说唐寅曾画过春宫画，如果有其事，当就在这一时期，但此说至今未见有力的证据。影响最大的当推荷兰外交官、汉学家高罗佩（R.H.Van Gulik, 1910—1967），代表作《中国房内考》和《秘戏图考》，自言在日本曾买到木版印制的唐寅的春宫画。其中《风流绝畅图》，刊印于万历三十四年（1606）。书前有"病鹤居士"《小引》："云间友人持唐伯虎先生《竞春图》卷来,把弄无倦。……因觅名手绘之,仍广为二十四势……易其名曰《风流绝畅》。"原来此图并非唐寅亲笔,而是经过"名手绘之"并"广为"后出现的,唐是否真画此图也就有了问题。明代文人中是有描绘性的风气,但如果确属"淫书淫画",作者是从不署真名的(即使上引写"小引"的"病鹤居士"也只能如此);如果署名且是有名之人,则肯定是伪托,其他文字记载也均未见过唐寅画过此类作品。不错,他曾寄情于秦楼楚馆,这为当时文人屡见,甚至沈周也是与青楼有所往还的。文徵明《月夜登南楼怀子畏诗》云:"人语渐渐孤烟起,玉郎何处拥婵娟。"但他即使在绝望之余,也显示自己并非纵情声色之辈,如他作《寄妓》诗云:"相思两地望迢迢,清泪临风落布袍;杨柳晓烟情绪乱,梨花暮雨梦魂销;云笼楚馆虚金屋,风入巫山奏玉箫;明日河桥重回首,月明千里故人遥。"可见仍有真挚情感在。就在这时,他在皋桥北桃花坞谋筑桃花庵别业,和朋友在其中酬答吟咏。他在桃花庵中写了有名的《桃花歌》,还写《把酒对月歌》:"我愧虽无李白才,料应月不嫌我丑。我也不登天子船,我也不上长安眠。姑苏城外一茅屋,万树桃花月满天。"也就在这前后,续娶沈氏,人称沈九娘,贤淑温柔,唐寅有诗云:"镜里形骸春共老,灯前夫妇同月圆;万场快乐千场醉,世间闲人地上仙。"唐寅44岁时,南昌宁王遣使持金来聘,文徵明拒聘,唐寅却和谢时臣、章文等前往。开始,宁王还很礼遇,大约过了半年,唐寅看来苗头不对,遂佯作癫狂,宸濠曰:"孰谓唐生贤,直一狂人耳!"遂放归。自云:"江西行,乘兴而往,败兴而归。"隔了几年,宁王果然反叛,王守仁等率部将其讨平。唐寅幸未遭受牵连,但自觉无面见人,也就万念俱灰,笃信佛教,自号六如居士。笔耕为生,自也十分艰辛。有句云"十朝风雨若昏迷,八口妻孥并告饥;信是老天真戏我,无人来买扇头诗。""青山白发老痴顽,笔砚生涯苦食艰;湖山水田人不要,谁来买我画中山。""白板门扉红槿篱,比邻鹅鸭对妻儿;天然兴趣难摹写,三日无烟不觉饥。"等,可见其生计何等窘迫了。唐寅正是在这种情况下,完成了他的辉煌的书画作品。他和沈周、文徵明一样,兼为诗人和书法家,也是山水、人物、花鸟皆精。因他师事周臣,有后人将他划出吴门画派,这是不确切的。画风是很复杂的,他初师周臣,后亦受沈周指点,后来更倾向于文徵明一路画风。同时代的王穉登说他"远攻李唐,足任偏师;近交沈周,可当半席"(《吴郡丹青志》)。王世贞说他"自宋李营邱、范宽、李唐、马、夏以至胜国吴兴、王、黄诸大家，靡不研解"（《佩文斋书画谱》）。说他"虽得刘松年、李稀古之法，其笔姿秀雅，青出于蓝也"。盛大士甚至将唐寅和倪云林并列，他说："云林、伯虎，笔精墨趣，皆师荆、关而能变化之，故云：'云林有北苑之气韵，伯虎参松雪之精华。其皴法虽似北宋，实得南宗之精髓者也。'"（见《溪山卧游录》）这些评论都很确切的。

唐寅虽有如此多的才艺，晚景极其凄凉。妻子离异，兄弟分炊，和挚友文徵明也很少往来，家住临街小楼，见有求画者携酒造访，则开门纳客，酣饮尽日。终于嘉靖二年十月二日卒，终年53岁，为吴门画家中最为寿不永者。有《绝笔》诗云："生在阳间有散场，死归地府也何妨；阳间地府俱相似，只当漂流在异乡。"遗一女，嫁王宠之子王龙冈。后世所传他"三笑"、"点秋香"、"九美图"之类纯属子虚乌有之事。仅举所谓华太师，系指无锡人华察，他确是"太师"，但他小唐寅26岁，中进士那年，唐已过世三年了。其余如大呆、二呆、周文宾之流均无此人。秋香倒是南京名妓林奴儿的号，是一位画家。曾拜南京画家史廷直、王元父为师（见《无声诗史》）。也从沈周学过画，沈也曾赠诗给她①，可能她未来过苏州，和唐寅未缘面过。

唐寅《农训图》

唐寅诗文成就很高，有《六如居士集》、《唐伯虎全集》等。后生奉为明四家和吴门四家之一，也有人称之为吴门画派四家之一。《明史·文

---

① 弘治二年（1489）春，沈周有诗赠妓。又赋《盒子会辞》，述南京青楼中手帕姐妹之事。秋香确有其人，为林奴儿字，成化间妓。系一位画家。曾向沈周学画，年龄和唐寅相仿，没有材料说他们有何牵连。倒是沈周曾写《临江仙》赞她："舞韵歌声都揭起，丹青留个芳名。崔徽杨妹自前生，笔愁烟树杳，屏恨远山横。描得出风流意思，爱他红粉兼清，未曾相见尽关情，只忧相见日，花老怨莺莺。"

《苑》有传。苏州沧浪亭五百名贤祠中有他的石刻像。在现在的苏州城西南、苏福路北侧有唐寅墓,为新中国成立后重建,列为省文物保护单位。陵园一角,画魂永驻,成为苏州旅游景点之一。他的传世作品《农训图》轴(绢本,墨笔,淡彩。纵113.4厘米,横61厘米,苏州博物馆藏),为其中年妙笔。画中十分近似苏州郊外景色。高空开阔,远山高耸逶迤,有似灵岩天平之景,近处水烟纵横,临水处穰禾阡陌、亭台楼榭、云气氤氲的江南乡居,融南北画风为一体,潇洒清逸。其中人物或垂钓,或对弈,或课读,亦有舟行、携琴而来者,皆形象生动。画上自题:"白衣村老鬓萧萧,诸说官家降教条。县里不容词状入,万家都放插青苗。苏台唐

唐寅《王蜀宫伎图》

寅为继庵尹老大人写。"亦能切中时弊,表现了吴门画家的特色。他的仕女画代表作:《王蜀宫伎图》轴(绢本,设色。纵124.7厘米,横43.6厘米,故宫博物院藏)。图中画盛装宫伎四人,分别着绿衣、白衣、蓝衣和红衣,相对闲话。一人回首盼望,一人手执酒食托盘,似欲翩翩起舞之状。人物衣饰都用精秀细劲的线勾出,设色妍丽明洁。画上自书:"莲花冠子道人衣,日待君王宴翠微。花柳不知人已去,年年斗绿与争绯。蜀后主每于宫中裹小巾,命宫伎在道衣,冠莲花冠,日寻花柳以侍酣宴。蜀之谣已溢耳矣,而主之不能把注之,竟至酣觞。俾后想摇头之令,不胜扼腕。唐寅。"此画原无题,有人曾名曰《孟蜀宫伎图》,后经考证,应名《王蜀宫伎图》。宋薛居正等撰《旧五代史》:"咸康元年(925)九月,衍奉其母徐妃同游于青城山,驻于上清宫,对宫人皆衣道服,顶金莲花冠,衣画云霞,望之若神仙,及侍宴,皆免冠而退,则其髻髽然。"宋欧阳修《新五代史》谓:衍"又作怡神亭,与诸狎客、妇人日夜酣饮其中。……又好裹尖巾,其状如锥。而后宫皆戴金莲花冠,衣道士服,酒酣免冠,其髻髽然,更施朱粉,号'醉妆'。"唐寅在画上所题"蜀

之谣已溢耳矣"几句,乃指王衍在位时,把政事悉委于宦官,一心沉醉声色。有人劝他"宜以社稷为念,少节宴饮",他竟以"有酒不醉真痴人"相答。还作《醉妆词》"这边走,那边走,只是寻花柳。那边走,这边走,莫厌金杯酒",就是唐寅所说的"滥觞"。"摇头之令"即是这个"醉妆词"。"不胜扼腕",是指王衍后来的悲惨结局:在位一年即亡,并在迎降途中不仅自己被杀,后唐庄宗还"尽杀衍宗族"。唐寅此画,表面上画的是一群佳丽,锦装素裹,即使是一般鉴赏者,也乐于欣赏,而不知其中深厚的讽喻之意在焉。在吴门画派时代,明代皇帝有如王衍者昏庸荒淫者,这在当时是多么辛辣的讽刺!

唐寅的花鸟画成就很高,《椿树双雀图》轴(绢本,设色。纵49.3厘米,横50.6厘米,吴江博物馆藏),以极其流利的水墨和老练的技法勾画出两株椿树,枝上双雀在相互顾盼欢鸣,树干以淡墨一气呵成,枝叶扶疏,挺拔有姿。双鸟也以淡墨间浓勾就,显得十分突出,整幅画似在春风中摇动。全图舒逸爽朗,以书法入画,毫无停滞,一气呵成,天然无饰。但画家却题:"头如蒜颗眼如椒,雄逐雌飞向苇萧。莫趁螳螂失巢穴,有人拈弹不轻饶。"原来以画警世,也是画家饱尝人世艰险之语。下方钤有"唐伯虎"、"唐居士"二印。

唐寅《椿树双雀图》

唐寅存世作品很多,仅《唐寅画集》(上海人民美术出版社版)就收集了他的绘画作品36幅,扇面4帧。其中有《山路松声图》轴、《抱琴归去图》轴、《落霞孤鹜图》轴、《看卷听风图》轴、《石间上清吟图》轴、《李端端落籍图》轴、《东方朔图》轴、《陶穀赠诗图》轴、《骑驴归思图》轴、《秋风纨扇图》轴等。另有《枯槎鸲鹆图》轴(上海博物馆藏);《簪花仕女图》(南京博物院藏);《沛台实景图》、《风木图》卷、《王鏊出山图》、《桐山图》卷、《毅庵图》卷、《幽山燕坐图》轴、《桐阴清萝图》轴、《墨梅图》轴（故宫博物院藏）等。著有《唐伯虎全集》。

仇英（约1502—约1552），明代画家。字实父，号十洲，原籍太仓，后移居苏州。因为他是少有的不是读书人出身的画家，又不爱为文作诗，因而后人知道他的生平极少，甚至连他的生卒年也是争议的课题。只知道《清河书画舫》说他"出身微，尝执事丹青"。《虞初新志》说"其初为漆工，兼为人彩绘栋宇，工人物楼阁"。清人黄崇惺《草心楼读画集》说他是"饶州画磁匠"，饶州为今江西鄱阳，看来这似乎是个孤证，后来大量事实证明，前两段所说是对的。现在已知道，他来苏州之后，周臣曾教他学画，大约唐寅也在这时和他相识。据《式古堂书画汇考》说正德四年（1509），仇英大约16岁即和唐寅合画《桃渚玩鹤图》，唐寅画布景，仇英画桃渚玩鹤背影，可见很早就显示了绘画才能。《大观录》说他"初学画，即见器于文太史（徵明），父子为之延誉"。文徵明48岁时，在看了赵孟頫的《湘君湘夫人》一画后，认为画得"调极高古"，很是钦羡，自己也想画一幅《二湘图》，就叫仇英先画。结果，看他画得极精工，可仍不合己意。王穉登在文徵明已经画好的这幅画上题道："少常侍文太史，谈及此图云：'使仇实父设色，两易纸皆不满意，乃自设之赠王履吉。'"这时仇英一来年纪轻，二来构想不一定同于文，但可见对他的器重了。后来文一直在帮助仇，或合作，或为其画题跋，或介绍买家。嘉靖二十一年（1542）文已72岁，为人补书赵孟頫书《以般若经茶诗》，还由仇补图。不久，仇绘《子虚上林图》卷，长数丈，历年始就，文为书《子虚赋》、《上林赋》于后，时人称为"三绝"。文徵明还在题跋上表达了对仇的器重。正德十五年（1520），他们合作《摹李公麟莲社图》，写莲社十八贤士，款署"庚辰秋日衡山文徵明、长洲仇英同摹李伯时莲社图"；嘉靖二十三年（1544），又合作《寒林钟馗图》，款署"甲辰腊月，徵明同仇实父合作写并题"。文徵明对他的推重还见于画上的题跋，如跋《仇实父罗汉图》写道："五百尊罗汉，见佛书。惟宋人有石刻，最妙。今实父白描，种种生态，色色飞动，无减宋人笔也。暇日获一展卷，不觉叹伏，援笔题此。"跋《仇实父仿冷启敬蓬莱仙奕图卷》写道："此卷乃仇实父所临，纤毫无辨。余阅之，若访冷君于十洲三岛，则神清气爽，飘然意在蓬瀛之中也。恐后人不识其妙，故书此语于后，幸珍藏之，且以为后会云。"又题仇英摹本《清明上河图》写道:"此卷实吾郡仇实父所模,逼真,其委曲臻序,无有不到,诚珍品也。"另,周道振《文徵明集》辑录一条《题仇实父画》,写道:"实父虽师东村,而青绿界画乃从赵伯驹胎骨中脱出。近年来复能兼搜二李将军之长,故所画精工灵活,极尽潇洒绚丽能事。此画运笔转趋沉着,盖又得沈师所诲焉。"及至仇英殁后的嘉靖三十五年(1556),文徵明病后展读他的《玩古图》,作《玩古图说》一篇,《穰梨馆云烟过眼录》卷十八录其款署"兹睹仇实父所制《玩古图》,因为之说如右云。嘉靖丙辰三月既望,长洲文徵明"。真体现了艺术大家中的珍贵友谊。

仇英一生另一大事乃是嘉靖二十六年(1547)嘉兴项元汴(1525—1590)请去他家临摹古画。仇富临画才能,而古画很大部分一向集中于民间收藏家之手,项正是当时大收藏家,又是画家,字子京,号墨林。收藏书画之丰,甲于江南。所见既多,书画自通,为当时名家之一。他丰富的收藏多为唐宋珍品,元人绘画也不少,自然使仇英能如鱼得水。据项子京的孙子项声表说:"仇十洲先生画,实赵吴兴后一人,讨论余先大父墨林公帷幕中者三四十年,所览宋元名画,千有余矣。"(《大观录》)三四十年,有误,仇英寿命没有如此之长,但十三四年,应是事实。在此期间,仇英临摹了大量名画。张丑说:"实父画迹,临摹远胜自运,余向见其摹董展道《经变图》、范长寿《西域图》、李思训《海天落照图》、李昭道《明皇游月宫图》、赵伯驹《浮峦翠暖图》,笔意克肖,不似平日实父画本也。"(《清河书画舫》)王世贞评其仿赵伯驹《西园雅集图》谓:"实父视千里大有出蓝之妙,其运笔古雅,仿佛长康探微。"(《书画题跋》)总之,他在临摹中融入了自己的笔意和艺术创造,如《子虚上林图》卷、《诸夷职贡图》、《海天落照图》、《仙山楼阁图》,都是如此,而为后人称道。他临张择端《清明上河图》多本,其中一本与原作多有不同。明代的店铺(如书画工艺店、书铺)都在画中出现,只能是他精心创造的结果。现藏故宫博物院的仇英《临萧照中兴瑞应图》卷,已成为我国古代绘画中的不朽之作。

仇英对文徵明、周臣、唐寅等人始终怀着尊敬之情并有深厚的友谊,他们还不时合作画画。祝枝山常为之题诗。和文彭、文嘉、陈淳、王守、王宠、彭年、陆治、陆师道、周天球、张凤翼等文士也多有交往。嘉靖二十二年(1543),文嘉、王毂祥和陆治一起来访,仇以刚画好的《钟馗图》相示,王穀祥赞赏不已,仇即以此赠之,陆治还乘兴补了景。接着他们一起带着画去看74岁的文徵明。文遂为仇书草窗诗(见《壮陶阁书画录》)。周凤来、陈官等书画家兼收藏家也经常收购他的作品。仇画名愈来愈大,他善画仕女、山水,也善花卉,尤以青绿山水见长。据彭年说:"东村(周臣)既殁,(仇英)独步江南者二十年。"记载他的画一幅得百金,有时值五十金。文嘉题仇英画中有"盛年遂凋谢"之句,董其昌则说"仇英知命",知命一般应为五十岁。说得含混,但我们从此可知仇英寿命不长。仇有一女仇珠,孙仇聋子,一名世祥,均善画。

仇英属于"明四家"和"吴门四家"之一。但因他师周臣,又喜画工笔青绿山水和仕女画,因此较多将他和唐寅同定为院体画家,其实正如清方薰在《山静居画论》中说:"曾见实父画孤山高士、王献移竹及卧雪、煎茶诸图,类皆萧疏简远,以意涉笔,置之唐、沈画中,几莫能辨,何尝事事雕缋,世惟少所见耳!"即使是那些大青绿和工笔重彩的作品,也是"至于发翠毫金,丝丹缕素,精丽艳逸,无惭古人"(《无声画史》)。连评画极其苛刻的董其昌也不得不承认:"仇实父是赵伯驹后身,即文、沈亦未尽其法。""李昭道一派,为赵伯驹、伯骕,精工之极,又有士气。后人仿之者,得其工不能得其雅,若元之丁野夫,钱舜举是也。盖五百年而有仇实父,在昔文太史极推服。太史于此一家画不能不逊于仇氏,故非以赏誉增值也。"(《画禅室随笔》)五百年,出于《孟子·公孙丑·下》:"五百年必有王者兴,其间必有名世者。"在董其昌的心中,仇英几乎是画中之王了。董其昌是极其推重文人画的,并说当时只有文、沈二人才属嫡传。他对仇也是有看法

仇英《桃源仙境图》

的,但他毕竟是一个懂得艺术并且尊重艺术的人,如此推崇仇英,可知仇在艺术史上的地位了。

仇英的家事记载很少,尽管苏州沧浪亭五百名贤祠中没有他的刻像,但《吴中乡贤遗像》中却有他的画像。他的墓地无处可寻。

仇英虽长于人物,但山水、花鸟皆精。画得多的乃是青绿山水和人物,其代表作《桃源仙境图》轴(绢本,设色。纵175厘米,横66.7厘米,天津市艺术博物馆藏)。顾名思义,此画似为追溯陶渊明《桃花源记》所作。但陶只是描写与世隔绝的山村,而仇英笔下却成为人间仙境。东晋当时动乱纷争,人们希望有一块"土地平旷,屋舍俨然,有良田美池桑竹之属,阡陌交通,鸡犬相闻"的理想的农家村落之地,而仇画的却不是这回事了。全图分为三段,每段都有洁白祥云缭绕。第一段云雾飘浮,高峰耸立,山峰用石青石绿铺就,高峰如黛,露出楼阁仙馆,阁内有一老者观泉。中部即第二段悬崖峭壁,泉水直泻,云中梵宇层叠。松林深处有两行脚僧。悬崖顶端有一山亭,曲径通向山下,一老者扶栏而上,仅见其上部。画的第三段即画的主要部分,古树参天,林木森森,古藤缠绕,红桃掩映。左下部有三老者在树下临流而坐,一人鼓琴,一人作舞状。两僮身着黑衣,一人侍立,一人正持物过桥。整个画面经精心设计,山石不少,也用了多家皴法,有北宋也有元人的,但都显而不露,三老者有如画龙点睛,十分醒目。此画既不像上述世外农村,也不是"天上神仙阙,人间帝王家",极似高雅文人的消闲之所,整个画幅充满富贵之气。桃源已经在这里异化为仙境,这不能不是当时人们追求繁荣物质生活的一种映射。此画已将宋代描写的仙阙世俗化,又将元人乐意描写的雅士高人所乐居的临泉抚琴之景贵

仇英《柳下眠琴图》

族化。从这个角度说来,何尝不是"变宋化元"的另一表现。

《柳下眠琴图》轴(纸本,淡设色。纵176.2厘米,横89.3厘米,上海博物馆藏)为仇英另一风格的代表作,整幅充满文人画气韵。画中于一山坡上,远山迷茫,柳树老干上新枝迸发,柳叶扶疏,别有一种雅致。山石在背后峙立,系用粗笔画就。一高士倚琴独卧,神态安逸闲适,展卷于前,一小童负书小道前来。整个画幅清淡空旷,真有世外之趣。画笔疏放酣畅,格调闲适。方董说他的画"置之沈、唐画中,几莫能辨",信哉斯言。

仇英《沙汀鸳鸯图》局部

《沙汀鸳鸯图》轴,江天辽阔,下面是沙滩一抹,只见嫩竹翁郁,湖石玲珑,一对鸳鸯一在水中游嬉,一在岸上观望,其态自然,悠闲如生。水上波光粼粼,乔木枝头荡漾着新绿,两只燕子在高空翱翔,一幅春风和煦,清淡和谐的景色。此画韵味天然,用笔工整细腻,皴擦柔和,墨色浓淡相间,显出作者既有功力而又能锐意观察自然。画面似不占太大面积,但韵味无穷,表现了宋人的影响,但更多是元人写意风韵。

仇英存世作品有《人物故事图》册、《临溪水阁图》、《职贡图》卷、《玉洞仙源图》轴、《归汾图》卷、《临萧照中兴瑞应图》卷、《莲溪渔隐图》轴、《桃村草堂图》轴(以上藏故宫博物院);《独乐图》(藏美国克里夫兰美术馆);《琵琶行图》、《浔阳送别图》(藏美国纳尔逊美术馆);《九成宫图》卷(藏日本大阪市立美术馆)等。

吴门画派的四位代表画家从明天顺八年(1464),即以其开山沈周现存第一幅作品设定为吴门画派开始之年,到文徵明逝世之年(1559),这一画派的代表画家均已逝世,共为一百一十五年。这当是吴门画派的鼎盛时期。这时期尚有不少画家,也和沈、文等共同在艺坛上耕耘。

第六节 "四家"同时和身后的画家群

周臣,明代画家。字舜卿,号东村,吴(今苏州)人。能诗,擅画山水,初师本地画家陈暹,上溯李唐、刘松年。所作山峦峻嶒,山石坚硬,画法严谨,格局稳健。当时人谓其作可和戴进并驾齐驱,只是淡远之趣不如而已。因而被称为民间的院体画家。亦工人物,古貌奇姿,亦尽意态。他以职业画师为生,唐寅、仇英拜之为师。人们熟知后来唐寅以画名世,或困于应酬,每请东村代笔。因此唐寅的存世作品,常为他所作。周臣看来也有自知之明,自谦读书不多,其实他是一个很有见识的人。他画的一套《乞食图》册页(纸本,设色,共十二开。现分别藏于美国克利夫兰艺术博物馆和美国檀香山现代美术馆),共画了20个乞丐形象,老幼妇壮都有。或伏地行乞,或临街扫地,或啃馒填饥,或自唱莲花,或玩猴戏,凄惨之影,不一而足。自北宋开始,我国绘画中就开始描绘市井人物,张择端的《清明上河图》中就有乞丐的出现,李嵩的《春社图》、颜辉的《李仙像》,连素无画名的郑侠,为反王安石变法

周臣《乞食图》

还画过《流民图》。而集中描绘乞丐，如此逼真生动，周臣应是空前之举。可是在吴门画家中却不仅见，沈周的《周孝妇歌》、《十八邻》、《水乡筚子》等诗中都描绘乞丐，分别作于成化十五年（1479）、弘治四年（1491）、弘治五年（1492），而周臣作于正德十一年（1516），晚了二三十年，所画的和所咏的如出一辙，看起来周臣很可能受沈周的影响（他们本来交往就很多）。周臣的原跋云："正德丙子秋七月，闲窗无事。偶记素见市道丐者往往态度，乘笔研之便，率尔图写，虽无足观，亦可以助警厉世俗云。东村周臣记。"此册还有文嘉题跋："昔唐六如（按这时已辞世）每见周笔，辄称曰：周先生，盖深伏其神妙之不可及。若此册者，信非他人可能，而有符于六如之心伏矣岂易得耶？若黄张之指，则又论于画之外，不在于形似笔墨之间也。"周臣传世作品有正德八年（1513）的《沧浪亭图》卷，现藏中国历史博物馆；《春泉小隐图》卷，藏故宫博物院；《上斋客至图》轴，藏上海博物馆；《溪山楼观图》，藏美国波士顿博物馆；《桃源问津图》轴，图录于《中国绘画史图录》下册。

张灵，明代画家。字梦晋。吴（今苏州）人。与唐寅同居吴趋里，家贫，至灵始读书。为府学弟子，性敏慧，文思敏捷，善画，佻达自姿。祝允明爱其才，领受门下，因与唐寅年岁相当，又同好画，故交谊最深，张灵嗜酒，醉即使酒作狂。所画人物，冠服玄古，形色清癯，无俗之气。但掩其醉而得之，方可购取。存世作品《招仙图》卷（纵28.8厘米，横111.5厘米，藏故宫博物院），满幅大部分空白，左上角一轮明月，一仕女在夜色中笼袖伫立，人物形象刻画得细腻有神，在对月若有所思。身边是月色长天，仕女身边唯有芦荻夹着一株芙蓉，更增添了画中的孤洁和雅致。这画构图别致，笔法秀逸，实是一幅清气逼人的佳作。曾于弘治十三年（1500）和唐寅合作《荷池消夏图》。传作品有弘治十四年《秋林高士图》轴，藏故宫博物院。

张灵《招仙图》

陈道复（1483—1544），明代书画家。原名淳，字道复，后以字行，更字复父，号白阳山人。长洲（今苏州）人。庠生，其父陈琬为御史大夫。少年时即对经学、古文、诗词、书法，靡不精研通晓。他拜文徵明为师，文尝笑曰："吾与道复仅举业师耳，其书画自有门径。"他的山水画初受文徵明影响很大，后来不囿于老师画路，自立于法度之外。他生性"不为效颦学，而萧散闲逸之趣，宛若在目。天才秀发，下笔超异"（《吴郡丹青志》）。他的花鸟画成就最高，花叶扶疏，极为生动，具有新的艺术风韵。人们称之大写意法，与浙江的徐渭并称"青藤白阳"。他的山水画少年时学元人，中岁时学大小米、高克恭、黄子久、王叔明笔意，笔迹放纵，淋漓疏爽，潇洒清劲。存世作品《葵石图》轴（纸本，墨笔。纵68.5厘米，横34.1厘米，故宫博物院藏），右上自题："碧叶垂清露，金英侧晓风。道复。"钤白文"陈淳之印"、"陈氏道复"二印。图中秋葵一枝，枝叶飞舞，系用大笔挥毫而就，生动非凡。下衬嫩竹双勾，兰草数茎，亦扬抑劲。后有湖石飞白，亦豪爽淋漓，笔势洒落飞动，几同书法用笔，使文雅之气溢于画外，而又贴切现实形态，毫无粗疏之处。古云"文章本天成，妙手偶得之"，确为天成和鬼斧神工之笔。其子陈栝，字子正，号沱江，饮酒纵诞，有竹林之习。能诗善画，长于花鸟，笔致放纵，饶有生趣。王世贞、姜绍书都认为他写生花卉似胜于父。惜其年不永，先道复而卒，遗作更为人珍视。尝绘《杜鹃花》一幅，自题曰："绿罗轻剪怯春寒，红汗新妆胜渥丹；不是春心向花托，认将蜀锦簇为团。"陈道复传世作品还有《红梨诗画图》卷、《墨花钓艇图》卷（均藏故宫博物院）；《山茶水仙图》轴（藏上海博物馆）；《罨画山图》卷（藏天津市艺术博物馆）等。陈栝作品有《梨花白燕图》卷，图录于《中国绘画史图录》下册；《梨花白燕图》卷、《为肯山作山水图》轴（藏故宫

陈道复《葵石图》

博物院）；《菊石图》轴（藏天津市艺术博物馆）等。

陆治（1496—1576），明代画家。字叔平，号包山，吴（今苏州）人。居太湖包山。诸生，为人倜傥仗义，以孝友著称。曾从文徵明学诗文，工古文辞，诗亦秀雅可诵，书画名几与文相埒。尝筑室支硎山下，云霞四封，流泉回绕。手艺名花数百种，尤以名菊自遣，岁时佳客过从，即迎至花所，不喜与贵交酬应。山水早期学徵明仿宋的一路画，后来变为带有峭秀之气而自成一家。《无声诗史》谓其"山水喜仿宋人而出己意，风骨涌叠而不免露蹊径"。说陆在仿宋人并不确切，他是在画山石和树枝时喜用尖峭线条，很少渲染，因而显得刻露。王世贞批评他"真而不妙"，也很有道理。他工于田园描绘，将农村景色的描绘和表达他的隐逸之气结合起来。整个画面飘逸清淡，不失为新的画风。他也擅画花鸟画，工笔写意，均具生意。陆的《幽居乐事图》册（十开，绢本，设色，纵29.5厘米，横51.4厘米，藏故宫博物院），分别画梦蝶、龙鹤、观梅、采药、晚雅、停琴、渔父、放鸭、听雨、踏雪，每开以小篆书画名，末页自识"包山陆治为云泉先生作"，每页钤"包山子"或"陆氏叔平"印。此组画构图新颖，画法简逸，为陆氏晚年代表作。其中两幅：《晚雅》与

陆治《晚雅》

陆治《放鸭》

《放鸭》。《放鸭》中一条小河将画面一分为二,左上角为河对岸,苇草丛生,右下方则为近处河岸,春暖花开,幼树刚刚披绿。放鸭人在岸边吆喝,群鸭在水中游嬉,大有"春江水暖鸭先知"的意境。《晚鸦》一幅,近处几行树木,看来是隆冬时节,树叶已经凋谢。对面太阳刚刚落山,暮霭渐起,远山一片淡岚,若有若无。而树梢头群鸦归巢,啼声不已,这是一幅典型的山村晚景,表现了一种心胸开阔、感慨万千的意境。这幅画甚至不像几百年前的古人所作,可见吴门画家注重对客观对象的描写,步伐已经相当大了。

文伯仁(1502—1575),明代画家。字德承,号五峰、葆生、摄山老农。长洲(今苏州)人。文徵明侄。性暴躁,好使气骂坐,少年时曾与文徵明相讼,一度系狱。出狱后,生了重病,大约有些后悔,为了改善叔侄关系,加上自己也想学画,就诈言梦见金刚神呼其名曰:"汝前身乃蒋子诚门人,凡画观音大士像,非斋戒不可落笔,种此善因,今后当以画名世。"按蒋子诚,确系永乐年间宫廷画家,尤擅画水墨观音像,他和赵廉、边景昭花鸟为当时禁中三绝。文伯仁将这梦话讲出去,"而事亦解矣"。于是便跟文徵明学起画来。他好画山水,宗王蒙,学"三赵"(令穰、伯驹、孟頫),笔力清劲,岩峦郁茂,布景奇兀,时以巧思发之,能传家学。横披大幅颇负出蓝之誉。善画人物,亦能诗。尤为可贵者,他的山水画能有生活气息,为古之山水画中所罕见。《南溪草堂图》卷(纸本,设色。纵34.8厘米,横713.8厘米,故宫博物院藏)是画明代书法家顾英南溪草堂及其周边农村之景,但草堂只占画幅的一小部分,是明代江南农村的一幅画卷。画幅开始是溪水上一座木桥,一舟正在桥

文伯仁《南溪草堂图》

下通过。过桥后又出现石桥和砖桥，上有人行走。再走即是树木掩映，南溪草堂由数间茅屋组成，窗前二人对弈。屋后似有贮藏草垛和豢养犬豕之所。门前有人行走。近处有捕鱼的网罟，远处不断有农家和水田，或小秧刚插或种上庄稼。再向前有牌楼和假山石巍然矗立。对岸有一水榭，栅栏边过一只小船，有人在船头静坐长谈，一人在划船。靠下幅则是一个水车草棚，黄牛正在拉着水车，对面就是河道，不时有小舟停泊。中间有不少农田，禾苗正在茁壮生长。总之，这样表现农村日常之景，极为罕见。题署"隆庆己巳（1569）冬为天锡写"，下钤"五峰"、"文伯仁"、"五峰山人"等印四方。卷后有王常书、王稺登撰《重建南溪草堂记》并跋。张择端画了汴梁的繁华街景，成为千年绝唱；伯仁则表现了江南农村的美丽而静谧的风光，也为后世留下了少见的画卷。只有当时的吴门，才会有这样艺术。伯仁传世作品尚有嘉靖三十年（1551）作《万山飞雪图》轴，藏日本东京国立博物馆；嘉靖四十一年作《都门柳色图》轴，图录于《中国绘画史图录》下册；隆庆二年（1568）作《溪山仙馆图》，图录于《中国名画宝鉴》；隆庆三年作《为怀容写山水》轴，藏苏州博物馆；同年作《清溪渔隐图》轴，藏上海博物馆。文嘉传世作品有《赤壁夜游图》（藏南京博物院）；《沧江渔笛图》（藏上海博物馆）；《临董源溪山行旅图》图录于《中国绘画史图录》下册；还著有《钤山堂书画记》。文彭传世作品有《兰竹图》图录于《晋唐五代宋元明清名家书画集》。

谢时臣（1487—1567），明代画家。字思忠，号樗仙。吴（今苏州）人。能诗擅画。山水画学沈周，得其意而稍变。善作大幅，设色浅淡，人物点缀，冲和潇洒。也善于画水和江湖海潮，俱见其妙。他擅为大幅，笔力雄壮，运用自如。《无声诗史》说他"颇有胆气……气势有余，韵秀不足"。他在吴门画家中，也是有影响之人。徐渭在评论他时说："吴中画多惜墨，谢老用笔颇侈，其乡讶之。观场而矮者相附和，十几八九。不知画病不病，不在墨重与轻，在生动与不生动耳！"（徐渭《书谢叟时臣渊明卷》）可见谢的作品确是有着动人之处的。他的《策杖寻幽图》轴（纸本，墨笔。纵84.9厘米，横31.3厘米，故宫博物院藏），画秋景山水，大石显得突出，淡墨皴染出山石。树深茂密，瀑布形成山涧，上一小桥，一老者正在山道上向小桥走去，通幅气韵苍古。画上自书"六十翁谢时臣写时丙午秋日"。上方有文嘉、钱榖二家题诗。谢时臣传世作品不少。还有《山水图》轴（藏故宫博物院）；《溪山览胜图》轴（藏南京博物院）；《雅钱图》（藏天津市艺术博物馆）；《鸿濛奇遇图》（藏中国美术馆）；《夏日飞瀑图》，图录于《中国绘画史图册》下册。

文嘉（1501—1583），明代画家。字休承，号文水，长洲（今苏州）人。文徵明次子。以贡生为吉水训导，后为和州学正，继承家学，善诗文，工小楷，能鉴定古迹。山水画成就十分突出。笔法清脱，近似倪瓒，着色山水，具雅淡之致，间仿王蒙皴染，亦颇秀润。亦作花卉。74岁时作《临董源溪山行旅图》轴，上题一段自识："旧见董北苑溪山行旅图，今仿佛为此，甚愧不能似也。"其画虽似董画，但也可见文徵明细笔山水之致。画史认为是"真士流之作"，不愧为文徵明家传高手。他的《垂虹亭图》（纸本，设色。纵31.8厘米，横106.5厘米，苏州博物馆藏，由柳亚子夫人郑佩宜捐赠），画吴江八景之一，是当时垂虹桥景色。此桥原名利往桥，又名长桥。地处浙西运河和松江

谢时臣《策杖寻幽图》

交汇点，濒临太湖，历来是文人墨客吟咏的所在。如今虽断垣残影，但文嘉笔下却使胜景再现。图中岸边宝塔高耸，树木森森，江中亭桥翼然，长桥横

文嘉《垂虹亭图》

亘，小舟沿桥航行，水天寥阔，云山烟树，风帆沙鸟，令人神往。平远构图，笔法简练疏秀，一传家法。此图作于嘉靖二十年（1541），末署"观闻休承垂虹图题赠明卿尊丈"，背后复有王叔承题诗："白虹通天垂水邦，玉洲宝幢标云幢。石梁插波七十二，野航百鸟飞成双。五湖一点落杯点，青山片片明舡窗。故人把手恍春梦，地主却得口吴江……"此画经辗转收藏，最后归柳亚子之手。兄彭（1498—1573），字寿承，号三桥，别号渔洋子、国子先生，以明经廷试第一，授秀水训导，官国子监博士。家学渊源，笔画苍郁，有似吴镇。善写花果，也善写竹，但画名为篆刻声名所掩。世称其为流派印章的"鼻祖"。代表作品有《兰花图》（纸本，墨笔。纵64.7厘米，横31.2厘米）。文嘉传世作品有《赤壁夜游图》（藏南京博物院）；《沧江渔笛图》（藏上海博物馆）；《临董源溪山行旅图》（图录于《中国绘画史图录》下册）；还著有《钤山堂书画记》。文彭传世作品有《兰竹图》，图录于《晋唐五代宋元明清名家书画集》。

文彭《兰花图》

周之冕（生年不详，卒于万历末年），明代画家。字服卿，号少谷，长洲（今苏州）人。只知他家贫嗜酒，工古隶，善画花鸟，于家中蓄养禽鸟，不时加以观察、体验其饮啄飞止之状，故所绘禽鸟生动异常，笔下具有生意，还创勾花点叶法。王世贞论其画曰"胜国以来，写花草无如吴郡。吴郡自沈启南之后，无如陈道复、陆叔平，但道复妙而不真，叔平真而不妙，子冕似能兼撮二子之长，特以嗜酒落魄，不甚为世所重耳"。他确将陈复道、陆叔平之画法熔为一炉，设色鲜雅，蹊径异趣，斐然成家。实为神宗、万历年间吴门之花鸟画高手。之冕代表作品有《百花图》卷（纸本，墨笔。纵31.3厘米，横704厘米，藏故宫博物院）。本卷画折枝四时花卉，其中有牡丹、玉兰、枇杷、荷花、菊花、葵花、芙蓉、水仙、梅花等三十余种，可谓集花事之盛。此

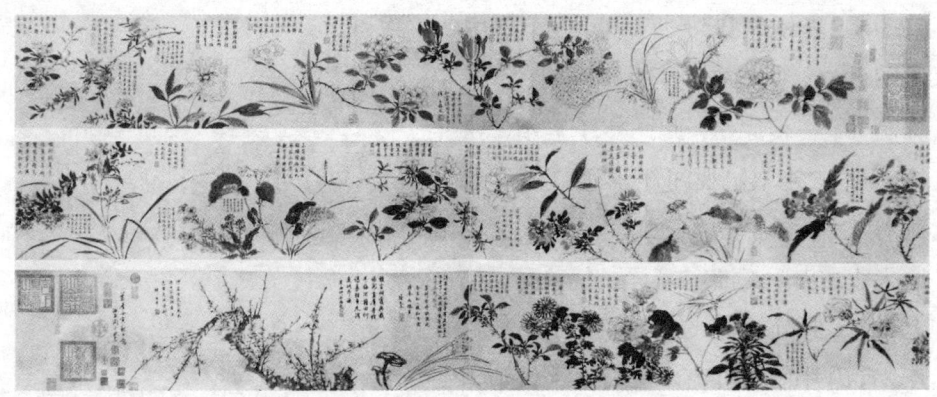

周之冕《百花图》

王榖祥《花卉图》

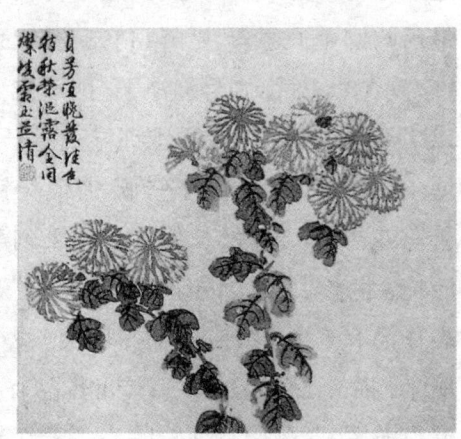

图始用勾花点叶法,即花用单线勾就,叶则用大笔分浓淡画出,后人称其为兼工带写,为后世画家所乐用。此图花枝、花叶穿插有致,花亦俱显多种芳姿。卷末自题"万历壬寅秋日写,汝南周之冕"。画中有清高宗题诗三首,卷后有张凤翼、王穉登、陈继儒题跋。之冕传世作品还有《竹林雄鸡图》(藏故宫博物院);《桂子图》轴(藏南京博物院);《芙蓉鸭图》轴(图录于《中国绘画史图录》下册);《墨花图》卷(藏天津市艺术博物馆)等。

王榖祥(1501—1568),明代画家。字禄之,号酉室。长洲(今苏州)人。嘉靖八年进士,官吏部员外郎,改吏部议制司,以母病告归,屡荐不赴。性敏好学,喜作古文辞,善写花鸟,长于写生。构图匀称简洁,笔力凝练洒脱。一枝一叶,渲染都有法度,枝叶具有生色。人品画格为士林所重。中年后绝少落笔,流传多为赝品。他的代表作《花卉图》册(纸本,墨笔。纵25厘米,横

28厘米，藏故宫博物院），画春、夏、秋、冬各两帧。其中春一幅为一朵硕大盛开的牡丹，用淡墨线勾就，深墨勾出花心，这种画花法在当时是少见的。花叶有序地分布四周，似群臣拥戴花王，整个画幅华丽而又端庄，娇艳而又大方。画上题道："香凝金掌露，妆艳玉楼春。喜此名花色，沉香亭北人。"后加"酉室"印一方。自署诗令人想起李白的"沉香亭北倚阑杆"之句，愈增观者欣赏之兴。穀祥的传世作品还有《水仙图》（并赋），藏中国美术馆；《翠竹黄花图》卷，藏上海博物馆；《花卉图册》（八页），藏辽宁省博物馆；《桂石图》轴，图录于《中国绘画史图录》等。

钱穀（1508—？），明代画家。字叔宝，号磬室。长洲（今苏州）人。少孤贫失学，壮年始读书。听说人有异书，虽病必强起借观，开始抄写，日夜校勘，至年老不衰。后来从文徵明学画，山水画早期爽朗可爱，后期画风温润柔和，具有文人画气韵。受文徵明的影响，功力很深，成就不低。文徵明每过其室，因其不善生计，家贫，遂题其室曰"悬磬"，他因此为号，自得乐趣。王世贞对他的画很为器重，称其为画苑董狐①。每作其画，必加以品题。他的作品有《虎丘前山图》轴（纸本，设色。纵11.5厘米，横31.8厘米，故宫博物院藏）。虎丘在苏州城西北七里处，号称"吴中第一名胜"，宋朱文长认为，虎丘以其形似而得名："然观其岩壑之势，出于天成，疑先是有丘，而阖闾因之葬也。"（《吴郡图经续记》）此处既为苏州胜景，也为文人墨客聚首之所。文徵明曾数次来此濯足，并记其事。钱作此画时文徵明已逝世八载，画后作者自题："隆庆改元（1567）仲冬，钱穀为东州兄作虎丘小景，并录旧游三诗于上。"时画家年六十岁。

钱穀《虎丘前山图》

---

①董狐，为春秋晋国史官，以正直治史著称。

图上的虎丘前山仍和今日大体类似，进山门（即元代所建断梁殿，俗称二山门）后，甬道大为缩小，憨憨泉于树隙中历历可见。接着是千人石、剑池，小桥翼然，虎丘塔高耸，当时它尚未形成今天所见的斜塔，飞檐也比今天的挺出而高耸。佛寺和二仙亭也在画幅中出现。全画构图丰满，笔力浑厚，山石皴法兼有沈、文之长，点苔更近沈周。这幅画成于摄影术尚未出现的五百年前的那个时代，画得这样逼真是极不容易的。存世作品有《求志园图》，图录于《中国绘画史》下册；《虎丘图》轴，藏天津市艺术博物馆；《渔乐图》，藏美国克里夫兰艺术博物馆；《赤壁赋图、文徵明行书赤壁赋》合卷，藏首都博物馆；《竹林觅句图》，藏中国美术馆；《避暑图》，藏法国吉美博物馆等。

周天球（1514—1595），明代画家。字公瑕，号幼海（一作幻海）。长洲（今苏州）人。诸生，以诗文书画名世。少年时，拜文徵明为师，学习书法。写兰草，宗赵孟𫖯法，飞舞入妙，花卉亦佳。善写兰，得郑思肖品格，墨花亦佳。《明画录》说："墨兰一种，自赵松雪（孟𫖯）后失传，惟天球独得其妙。"其书法成就很高，徵明尝曰："他日得吾笔者，周生也。"天球善大小篆古隶行楷，晚年能自辟蹊径。一时丰碑大碣，无不出天球之手。继徵明而表吴中者也。存世作品有《墨兰图》轴、《丛兰石图》卷，均藏故宫博物院，《墨兰图》轴上有蒋明益、文从先、陆士仁、王穉登等十二家题诗，图录于《中国绘画史》下册；《兰花图》卷，藏南京博物院；《水仙竹枝图》，藏辽宁省博物馆等。

陆师道（1517—1580），明代画家。字子传，号元洲，更号五湖。长洲（今苏州）人。嘉靖十七年进士，授工部主事，改礼部仪制司，不久以母病告归。过十四年，始再出仕，官至尚宝少卿。师道自幼好学，自九流七略，

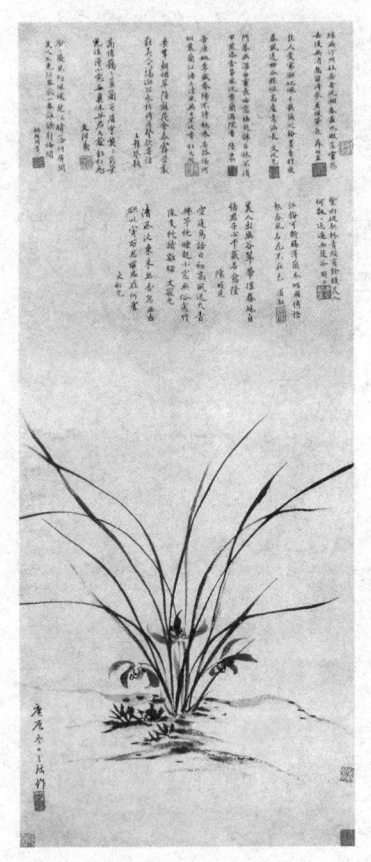

周天球《墨兰图》

稗官黄衣之属，无所不窥。手抄典籍，先后积数千百卷。又习书、小楷及古隶皆精绝。得颜真卿《麻姑仙坛记》法而以色润之，遂名噪一时。旁通绘事，直逼宋元。时文徵明居家，师道登其门，拜文为师学画。当时有人说他："业已贵，何必折节去拜一个文艺家？"师道曰："子言之误，夫文先生以艺藏道者也，自吾见文先生，无适而非师也者。"奉之甚笃，文待陆益厚。陆尽得其法，山水淡远类倪瓒，秀丽者似赵孟𫖯，人谓文徵明诗、文、书、画四绝，而师道皆传之。代表作《溪山图》轴（纸本，墨笔。纵117.6厘米，横30厘米，藏故宫博物院）上自题："石山如画绕朱栏，玉涧飞流拂面寒，欲即无缘避烦暑。卧游惟向画中

陆师道《溪山图》　　居节《山水图》

看。师道写。"钤"陆子传"、"陆师道印"二印。画面给人以雅淡疏松之感，高处山壑高耸。多用淡墨皴擦，浓墨点苔，显然受文徵明影响。存世作品有《溪山图》轴，藏故宫博物院；《携卷对山图》、《书画论山水》轴等均著录于《石渠宝笈》等。

居节（1524—1585），明代画家。字士贞，一作贞士，号商谷。工诗，善画。少时从文嘉学画，文徵明见其运笔，惊之，遂授以法，为文徵明高足弟子。《无声诗史》说他"尚气节，虽窭甚，惟以丹青自娱，不曳侯门裾"。晚年触犯织造太监孙隆，家破，即在虎丘南村租屋数间，悠然自得。或绝粮则晨起画《疏松远岫》一幅，命僮易米以炊，竟以穷死。山水画法简远，颇带宋人韵致。认为可以与朱朗、侯懋功媲美。他的代表作《山水图》轴，画深山访友，

朱朗《赤壁赋图》卷局部

高山丛树，石壁飞泉。山用淡墨皴擦，笔法简劲，墨色秀润。树木挺拔茂盛，点叶、夹叶并用。山坳间点映楼阁、茅屋、草亭。笔法师文徵明，但自成面目。画上题诗一首："绿封崇冈婉转通，千峰叠翠拥芙蓉；不知访道携谁去，要听山风吟晓松。"注明为嘉靖四十三年（1564）作。传世作品有隆庆二年（1568）作《品泉诗意图》，图录于《中国名画》；万历二年（1574）作《松荫听琴图》轴，万历十一年作《云岚松色图》卷，均藏故宫博物院。能诗，著有《牧豕集》。

朱朗，明代画家。字子朗，号清溪。吴（今苏州）人。学画于文徵明，为其入室弟子。善画山水，多作青绿山水，尤善模仿文徵明画，极为相似，所作山水画多作师名，亦可见其功力深厚。亦擅作写生花卉，鲜妍有致。《画史会要》说他"多作青绿山水，峰岫皴法不清，树无摇动之势，刻板之病恐不免耳"。作品《赤壁赋图》卷（纸本，设色。纵25.5厘米，横97厘米，故宫博物院藏）系根据苏轼《赤壁赋》而作。画面上长江浩瀚，赤壁兀立。高山险峻，山路崎岖。湖上一叶扁舟，与辽阔的江面形成对照。此图所画已不限于原作中只是人在舟中寄兴，而着重于大的环境描写。在山道上还有两位清淡的高士，其中大约就有吟着"月白风清，如此良夜何"的东坡居士罢。画上署款为"辛未七月望朱朗写"，钤"朱朗之印"。辛未为明正德六年（1511），后幅上尚有王从龙《赤壁赋》全文。传世作品尚有《为绍谷作山水》轴、《芝仙祝寿图》卷，均著录于《古代书画过目汇考》；《齐门图》，图录于《诸名贤寿文徵明八十寿诗画册》等。

王宠（1494—1533），明代书法家、画家。字履仁，后字履吉。号雅宜山人。吴（今苏州）人。少与兄王守同学蔡羽居西山3年，又读书于石湖15年，以诸生入太学。因病养疴于常熟虞山白雀寺累年。与文徵明、唐寅友善。年四十而卒，以书法名于世，然其善画却少为人知。《清河书画舫》将他列入

"并能写山，近世莫及"之列。近人吴湖帆为其《春山图》（纸本，设色。纵100.6厘米，横30.5厘米，苏州博物馆藏）跋云："吾吴在明嘉隆间，文物之盛，开历朝各处所未有。自白石、匏庵领袖文苑，人才辈出。六如、衡山尤称翘秀，希哲、雅宜之书直继晋唐，声誉盖代。而雅宜年少又不永，真迹更甚少。其画则尤绝无仅见。此卷虽寥落疏宕，颇具大家手笔。与衡山晚作殊相似，可知山人与实友而师者欤。可宝可宝。乙亥冬乡后学吴湖帆珍藏。"后湖帆将其捐献家乡。

孙艾，明代画家。字世节，自号西川翁。江苏常熟人。因他和吴门画派关系密切，现在此一并介绍。他学诗于沈周，亦工画。山水宗黄公望、王蒙，尝为沈周写照，并尽地主之谊，常伴沈周游常熟。他用没骨法画成的《木棉图》轴，绘木棉一株，枝叶扶疏，有花有结果，甚为雅致。用色典雅，简朴明洁，颇有农村意趣。无款印，上有沈周题道："当含黄蕊嫩，绵蕴碧铃深，小草存衣被，长民谁此心。世节生纸写生，前人亦少为之，甚得舜举天机，流动之妙，观其蚕叶木棉二纸，尤可骇瞩，且非汛汛草木所比，盖寓意用世，世节读书负用于是乎？亦可见矣。弘治新元中秋日，沈周志。"钤"启南"一印。

程嘉燧（1565—1643），明代诗人、画家。字孟阳，号松圆、偈庵，晚年皈依佛教，释名海能，休宁（今属安徽）人。寓居嘉定（当时属苏州）。工诗画，极为钱谦益所推重。论诗主张先立人格，然后诗格，反对前

王宠《春山图》

孙艾《木棉图》

程嘉燧《秋溪叠嶂图》　　　孙枝《踏雪访友图》

后七子摹拟之风。虽着重于诗,有诗名,但自许清高,不轻易点染。亦画山水,学倪瓒、黄公望;也画花卉,"深静枯淡,画如其人"。与李永昌属天都派。后人把他与唐时升、娄坚、李流芳合称"嘉定四先生"。他作的《秋溪叠嶂图》(纸本,墨色。纵197.5厘米,横78.5厘米,故宫博物院藏),画山林秋色,高山临水,顺着山石的伸展,形成三个大湾,大树在下幅处矗立,杂树也连绵丛生,远处高峰屹立,虽远而不失提挈全画之势。整幅画气势高古,简而不失繁,可见其已受董其昌画的影响。传世作品还有万历四十六年(1618)作《为方季直写山水图》轴,现藏安徽省博物馆;天启七年(1627)作《松花图》册,藏故宫博物院;崇祯四年(1631)作《苍松寿石图》轴,藏南京博物院。著有《松圆浪淘集》、《松圆偈庵集》、《破山兴福寺志》。

孙枝,明代画家。字叔达,号华林、华林居士。吴县(今苏州)人。善画山水,师法文徵明,石树葱秀,笔墨间有洒然脱俗之致。花卉、人物亦佳,曾学唐寅而气力不逮。为吴派画家之一。《踏雪访友图》轴(纸本,设色。纵148厘米,横37.5厘米,苏州博物馆藏)作雪景山水,布景缜密并见周到,真实具体,将大雪封山时的千树披白、峰峦银装之景表现得浑然一体,而一高士踏雪访友的人间温暖之情,也洋溢于冰雪素裹之中。用笔精湛,线条轻柔,设色淡雅入化,受文徵明山水影响也明显可见。画家自署"万历乙未九月吴郡孙枝写",乙未盖万历二十三年(1595),应为画家晚年之作。传世作品有嘉靖十四年(1535)作《梅花水仙图》轴,藏故宫博物院;隆庆五年(1571)作《九龙山居图》卷及万历十六年(1588)作《清溪放棹图》轴,藏北京市文物局。

袁尚统(1570—1661以后),明代画家。字叔明,吴(今苏州)人。善画人物、山水、花鸟。《图绘宝鉴续纂》说他:"山水浑厚,人物野牧,颇得宋人笔意。"万历二十九年(1601)尝作《岁朝图》轴,著录于《石渠宝笈续编》。他进一步发展吴门画家乐于描写劳动人民的现实生活传统,如《晓关舟济图》,画一苏州老农摇着装满稻草(柴火)的小船,由水城门进入苏州,和富家豪华的游船相遇,形成强烈对比。《洞庭风浪图》(纸本,淡设色,南京博物院藏)中大部分是汹涌的太湖波涛,似排山倒海,几只帆船,正在浪中搏斗。而画的下方城堞和城楼,高耸的飞檐,飘扬的旌旗,却成为大片惊涛骇浪中弄潮人的陪衬,加上留出空白作为云气,更显得水天一色,显示万顷太湖无限辽阔。传世作品有崇祯八年(1635)作《孤树群鸦图》轴,图录于《历代名人书画》;崇祯十四年作《岁朝吟兴图》轴,现藏中国美术馆;清顺治十八年(1661)作《岁朝围炉图》轴,藏故宫博物院。

尤求,明代画家。字子求,号凤丘,一作凤山。长洲(今苏州)人,后移居太仓。工山水,兼人物,学南宋刘松年、元钱舜举,又善仕女画。尝画太仓关帝画壁,作行军势。又画弇山藏经阁壁,作诸佛像,皆绝技。曾临摹北宋《睢阳五老图》副本(五老指杜衍、王涣、毕世长、朱贯、冯平),为朱氏后裔保存。其白描仕女,艳冶绝世,可称仇英之后劲。嘉靖至万历年间绘制的《饮中八仙图》(纸

袁尚统《洞庭风浪图》

尤求《饮中八仙图》局部

本,白描。纵31.4厘米,横128.9厘米,苏州博物馆藏),运用白描画法,取材唐杜甫《饮中八仙歌》诗意,画李白、张旭等八人醉酒故事,用笔圆润挺秀,衣纹流畅。画中的策骑、饮酒、品古、酣睡等场面,均用简洁的线条勾就,神情刻画入微,形象生动,画法精工。土坡、假山则用圆笔勾出,皴染得法。传世作品有隆庆六年(1572)作《昭君出塞图》卷与《品古图》,均藏故宫博物院;万历元年(1573)作《风起云蛰图》轴,藏中央美术馆;万历十一年作《七夕穿针图》轴,藏上海博物馆;《西园雅集图》轴,藏台北"故宫博物院";《柳荫远眺图》轴,图录于《中国绘画史图录》。女尤氏,周凤仪室,工诗画。

李士达(1550—1620),明代画家。号仰槐,一作仰怀。吴县(今苏州)人。万历二年(1574)进士,以画人物、山水名世。隐居新郭,碧瞳秀腕,权贵索画,虽重币亦不可得。时织造太监孙隆在吴,罗集文士,众均屈膝登门,惟士达长揖而出,不久被捕,幸赖人庇护得免。《西园雅集图》卷(纸本,设色。纵25.8厘米,横140.5厘米,藏苏州博物馆)以传统的雅集为题

李士达《西园雅集图》局部

材，描写文人雅士在山林野外自在逍遥而又高雅适意的生活，人物形象的刻画非常成功。北宋驸马王诜曾请李公麟画《西园雅集图》，画他自己和苏轼、苏辙、黄直鲁、秦观、李公麟、米芾、晁补之及僧圆通等16位当时名士（加上侍姬、书童6人）于驸马园中雅集。此图原有两种本子，均佚。却衍化成为多种本子，幸米芾有文字相传，后来很多名画家即以此作画。士达此图即按其意而袭之。画中景致优美，人物传神，情景交融，宛若亲历。树木干肥叶少，山石不求嶒棱，取得了简约而厚重的陪衬效果。人物则将16名士分成五组，按人物性格加以刻画、组合，几历历可辨，加上体态夸张，重在动势，从而使画面取得活泼灵动气氛。此图为顾公硕捐赠。士达论山水有"五美"：苍、逸、奇、远、韵。"五恶"为：嫩、板、刻、生、痴。姜绍书认为"深得画理"。传世作品有万历二十九年（1601）作《浔阳琵琶图》卷、万历四十五年作《三驼图》轴、万历四十七年作《罗汉》卷，均藏故宫博物院。著有《仰槐山水论》。

张宏（1580—1670，一作1577），明代画家。字君度，号鹤涧，吴（今苏州）人。擅山水画，重写生，师沈周。笔力峭拔，墨色湿润，群峦叠嶂，丘壑深邃，有元人意，石面边皴带染为其特色。写意人物，神情谐洽，聚散得宜。《苏台十二景图册》（绢本，墨笔，设色。纵30.5厘米，横24厘米，藏故宫博物院）十二开，分别画有：天池石壁、虎丘秋色、石湖烟雨、尧峰积雪、枫桥夜泊、胥江晚渡、虎丘秋月、蟠螭春晓、灵岩冬霭、支硎晚翠、荷荡纳凉、万笏朝天。描绘苏州及郊外名胜景色，其中尧峰积雪，画尧峰山中寺院，古松偃映，山头、树枝、道路、桥面均满为积雪，一人持伞正艰难而行，雪花正在飞舞。构图谨严，笔法圆润，风格秀整，色彩较浓丽，

张宏《苏台十二景图册》之一

大有吴门先辈的遗风。画上自署:"戊寅秋日寓毗陵庄氏之斋头,漫画苏台十二叶以消暑,愧不能似。张宏"存世作品有万历四十四年(1616)作《兰亭雅集图》卷,现藏首都博物馆;天启六年(1626)作《琳宫晴雪图》轴,图录于《参加伦敦中国艺术展览会图说》;崇祯十五年(1642)作《溪亭秋意图》轴,藏故宫博物院;崇祯十六年作《柴门流水图》轴,图录于《中国绘画史图录》下册;《寒山萧山寺图》轴,藏天津博物馆;《牧牛图》卷,藏美国纽约大都会艺术博物馆;《桐荫高士图》轴,藏美国普林斯顿大学美术馆。

李流芳(1575—1629),明代文学家、书画家。字长蘅,一字茂宰,号沧庵、檀园、慎娱居士,歙县(今属安徽)人,居嘉定(当时属苏州,今属上

李流芳《古木寒亭》(上)、《柳风归雁》(下)

海)。神宗万历三十四年（1606）举人。诗文多写景酬赠之作，风格清新自然。与唐时升、娄坚、程嘉燧合称"嘉定四先生"。擅画山水，学吴镇、黄公望，峻爽流畅，有"分云裂石"之势，为"画中九友"之一。他作的《山水花卉》图册之二，共八开，花卉山水各占一半。其中《古木寒亭》、《柳风归雁》两幅都具有野逸之趣，下笔简率，不求点染之功，颇得沈周遗意。亦工书法，学苏轼；又精镌印，与何雪渔齐名。流芳还在王概（清人，龚贤之婿，以编著《芥子园画谱》闻名于世）之前编过类似《芥子园》之类画传，从李渔所作序中得知，王概是在李的基础上编成《芥子园画谱》的。万历三十八年尝作《善卷洞图》卷，著录于《辛丑销夏记》。传世作品有天启元年（1621）作书画合册（八页），现藏上海博物馆；天启四年作《仿黄公望山水图》轴，藏中国美术馆；崇祯元年（1628）作《山水图》（一名《山居读易图》轴），藏安徽省博物馆；《吴中十景图》册，藏上海博物馆。著有《檀园集》，《西湖卧游图题跋》等。

王维烈，明代画家。字无竞，吴郡（今苏州）人。周之冕弟子，工画花鸟，笔致苍拙，落笔草草处，却有情趣。论者谓其在周之冕下，高阳之上。《松鹤凌霄图》轴（绢本，设色。纵187.8厘米，横96.5厘米，故宫博物院藏）画古松一株，枝上凌霄藤缠绕，鲜花盛开，松下两只白鹤，姿态各异。左下三只小鸟，顾盼生姿。全画雄伟，赋色妍丽，寓"松鹤延龄"之意。画自署"王维烈"款，钤"王维烈印"一方。传世作品尚有崇祯十一年（1638）作《猫石图》轴，现藏中国美术馆；崇祯十三年作《寒雀争梅图》轴，藏南京博物院；《芙蓉水鸭图》轴，图录于《中国历代名画集》。

盛茂烨，明代画家。烨，一名煜，号

王维烈《松鹤凌霄图》

盛茂烨《松下观瀑图》

念庵,一作砚庵。长洲(今苏州)人。善画山水,山头高耸,树木槎枒,布局设色,颇具烟林清旷之致。且多以冬春交替时节的景色入画,虽无宋、元气概,但较之后来吴派中人,仍可见其高妙。亦善人物,精工典雅,饶有士气。《松下观瀑图》(纸本,墨笔。纵81.5厘米,横39厘米,昆仑堂美术馆藏,此图为朱福元捐赠)画高山流瀑,杂木耸翠,危岩寒水,山深林秀。用水墨淡色皴写,笔法轻逸明快。水墨交融,静听如闻寒泉之声。上端作者自署"水寒深见石,松晚静闻风。崇祯丙子清和俞敬词兄盛茂烨"。此为崇祯九年(1636)作,离明亡只有九年了。存世作品有万历三十五年(1607)作《阁影秋声图》,藏故宫博物院;《山溪放棹图》,扇面,藏上海博物院。弟茂焌、茂颖,都善画,工山水。

吴门后续画家很多,在文徵明前后,就有郁勋(常熟人,弘治间进士,善花鸟画)、徐霖(1473—1549,善山水、花卉,与沈周友善)、朱鹭(1553—1632,以画竹自给)、陈粲(善花鸟)、周用(1476—1548,善山水)、鲁治(善花卉)、蒋乾(1525—?,蒋嵩子,居苏,工山水,不类父风)、王中立(善花鸟)、程大伦(工书法,善花卉)、沈硕(后寓金陵,工山水人物)、张复(1546—1630,善山水,重写生)、陈裸(1563—1630,善山水,晚年居虎丘)、钱贡(工山水、人物)、王綦(王穉登孙,善山水)、陈遵(寓居苏州,善花鸟)、杜大绶(善兰竹)、曹曦(工山水、人物)、侯懋功(工山水)、刘原起(工山水,得钱榖画其神)、徐弘泽(擅山水,与李日华、陈继儒相埒)、杜冀龙(擅山水)、陈焕(擅山水)、陈元素(工山水,尤写兰)、张龙章、张宏(1680—?,师沈周山水而有变化)、陆士仁、邵弥(约1592—1642,擅山水)、王节(1599—1660,擅山水)、文柟(文从简子,善山水)、周顺昌(1584—1626,擅写山水,因忤魏忠贤死于狱中)、凌正正(工山水、花鸟)、郁板桥（周之冕之婿，善画）、文从简（1574—1648，文徵明曾孙，入清不仕，善山水）、文从昌（文伯仁孙，画山水）、张彦（工山水）、张翮（善山水、人物）、沈颢（1586—？，精山水，亦研画理，"似而不似，不似而似"，是其创见）等人，他们大都是晚明的绘画名家，均著录于重要的美术史著作之中，存世作品多为大内收藏，这里不作一一介绍了。一个除古代勾吴之外，不能称为古都的城市，竟能这样群星灿烂，实属罕见。但苏州当时还有几位杰出的女画家，也为画史中所仅见的：

仇珠，明代女画家。号杜陵内史。原籍太仓，后定居苏州。仇英之女。自幼观父作画，渐工画人物、仕女。细密艳丽，绰有父风。人物山水，精致丽秀，笔意不凡，毋庸俗气。擅画《观音大士像》，慈容端穆，神态妍雅，隐隐透出画外。所作《白衣大士像》，妙相庄严，璎珞上堆粉圆而凸起，如灿烂的珍珠颗粒。尝摹李公麟白描《高会图》长卷，人物百余，工细透逸，款题"仇珠临第二本"。《读画记略》谓："笔法固自家传，智慧良由天授，使龙眠复生，当为之首肯。"曾为王雅宜书《洛神赋》补图，清人钱大昕跋曰："杜陵内史濡染家学，写洛神飘忽若神，一扫脂粉之态，真女中伯时（李龙眠）也。"王穉登《吴郡丹青志》写仇珠道："能人物画，绰有父风。"赞曰："粉黛钟灵，翱翔画苑，寥乎罕矣。仇媛慧心内朗，窈窕之杰哉！必也律之女行，厥亦牝鸡之晨也。"王与仇为同时代人，"牝鸡"、"女行"之语是颇不寻常的。汪珂玉《珊瑚网》却做了答案："意以其善绘春宵秘戏，动盈千幅耶？然闻其孤洁独处，日惟黄香鼓琴，涤砚挥毫，不与夫偶。六如居士所谓'闲来写幅青山卖，不使人间造

仇珠《白衣大士像》

孽钱'者。"汪生于1587年,寄居嘉兴,与仇珠大致同时,两地也相距不远,说仇珠兼画春宫画,想来不会是无稽之语。如果确实,很多传为唐寅所画,可能是她所为了,存此备考。传世作品还有《女乐图》轴、《画唐人诗意图》轴,现藏故宫博物院;《琴棋书画图》卷(四段),图录于《二十四家仕女画存》。另《观音像》轴、《青鸟传音图》轴,著录于《式古堂书画汇考》。

文俶(1595—1634),明代女画家。字端容,文徵明玄孙女,从简女,著名的寒山隐士赵宦光(宦光妻陆卿子,富有文才,为陆师道女)子赵均(字灵筠)之妻。宦光喜文俶为媳,高兴地说:"寒山一片云,可以无羊矣。" 文俶也居寒山,常自署寒山兰闺画史。性聪颖,伉俪情深,夫妻偕隐。所见幽花异卉,小虫怪蝶,信笔点染,设色鲜艳。论者谓其"深得迎风挹露之态,溪花汀草,不可名状者,皆能缀其生趣"。曾图千种,名曰"寒山昆虫草木状"。又摹内府本草千种,千日而就。亦画松石,笔迹老劲,兼工仕女。《国朝画征录》称:"俶善画花鸟草虫,尝作寒山草木昆虫百种,曲肖物情,亦能写苍松怪石,笔颇老劲。吴中闺秀,工丹青者,三百年来,推文俶为独绝云。"据说灵筠埋头诗文金石,全赖文俶卖画授徒,其作品"远近购者填塞"。吴中传摹者伪笔很多,真迹罕见。画扇面必画前后,恐为人浪书。她的《萱石图》轴(金笺,设色。纵130厘米,横43厘米,现藏故宫博物院)用浓墨擦晕湖石,气势磅礴,衬萱花数枝,设色协调,纤秀有致,相映成趣。画法已出文门之外。款"庚午(1630)仲廿又九日,天水赵氏文俶画"。钤白文"赵文俶印"、"端容"、"寒山兰闺画史",朱文"端操有纵,幽闲有容"等印。文俶传世作品尚有《石榴花图》扇面,藏上海博物馆;《花蝶图》轴,藏辽宁省博物馆;《墨梅图》,著录于《爱日吟庐书画录》。澄江淑祜、淑

文俶《萱石图》

禧姐妹皆文俶女弟子,善画佛像。

薛素素,明代女画家。名薛五,以字行。又字润娘,一作润卿,号雪素。吴(今苏州)人。神宗万历(1573—1619)间寓居京师,后为李征蛮妻。姿容妍雅,能诗,头部收,谙音律,并喜驰马挟弹,自号女侠。尤善画墨竹,写水墨观世音亦精。李日华曾为其作《花里观音》题诗:"慧女春风手,百花指端吐,菩萨现花中,自结真实果。"董其昌"见而爱之,为作小楷《心经》,并题以跋"(《静志居诗画》)。她"尤工兰竹,下笔迅扫,各具意态。虽名画好手,不能过也"(胡应麟《甲乙剩言》)。《吹箫仕女图》(绢本,水墨。纵63.3厘米,横24.4厘米,南京博物院藏)画花苑一隅,曲栏围绕,坡间绣凳上,端坐一女子,吹箫自娱。前面点缀水仙数簇,后面布置湖石翠竹。人物衣纹用兰叶描,运劲流畅,笔墨清雅。自题"玉箫堪弄处,人在凤凰楼",署款"薛氏素君戏笔",钤"沈薛氏"、"第五之名"白文印二方。诗堂有清王文治题记,裱边有王文治及近人吴湖帆跋语。素素晚年归吴下富家翁,为房老以终。存世作品有《岸石丛篁图》扇面,图录于《明清书画扇面选集》;《墨兰图》轴,著录于《石渠宝笈》。另有《南游草》诗集。

薛素素《吹箫仕女图》

吴门画派究竟何时结束,是一个不容易一下就说清的问题,如果以文徵明及其门生一辈画家逝世,1590年前后为界,吴门画家仍然络绎不绝,而且主要画风也仍在延续。前面已有陈述,仅文徵明一门的传世画家之多,也达到举世无俦的地步:

徵明有子三人,文彭、文台和文嘉。文台早逝,文彭有二子:肇祉和从先,徵明有曾孙定。文嘉有子元善,元善有子从简,从简有子柟,柟有子掞;从简有女俶,俶有女静玉。文徵明有叔子台,从了伯仕,伯仁有子从昌、从忠、从龙,侄英;从昌有子承光、世光。文徵明还有曾孙震亨,震亨有子果、点,点有子二训(自称后点)和赤,点子九皋,赤子泰和永丰。另一曾孙震孟,有孙珀（即释本光）。以上共31人，另外秀水还有文氏，也和徵明有家族关系，也就不列了。总之，文氏家族中一直延续到明末，文震亨（1585—1645），文徵明曾孙，文震孟弟。可作为一个结尾的亮点。他于崇祯元年（1628）任中书舍人，给事武英殿。工诗，书画均有家风。山水兼宋元诸家，明亡，绝食死。文氏画家，入清后还不少。真如清初钱谦益所称："吴门前辈……遗风余韵，至今犹在人间，未可谓五世而斩也。"（《万历诗集小传》）

  吴门画派给中国美术史的影响是巨大的。它的最大功绩在于，将以官俸养生的道路转为以画养画的职业化的道路，文人画与世俗化结合起来。在尊重前人艺术前提下，淡化了绘画宫廷艺术的影响，对现实社会生活予以更多的关注。尽管后来我国资本主义经济没有得到发展，但对后来画家的职业化仍有较多的开拓。尔后出现的"四僧"、"四王"、宣城画派、黄山画派中的不少人以卖画为生，后来的扬州画派、海派等出现，更形成初步的现代绘画机制，出现了由民间职业画家代替宫廷画家而成为全国的艺术主流。在绘画技法方面，吴门画派的山水画对后来出现的松江派、"四王"等都有所借鉴，因而形成"吴派"之称，特别对一些注意摹写自然的画家更有影响。蓝瑛、龚贤、渐江、梅清等人都对沈周、文徵明等人甚为敬佩，唐寅、仇英的仕女画，也开创了后世仕女画的新画路，沈周、文徵明、唐寅的雅逸秀朴的风格启迪了后世画家，陈白阳的大写意、周之冕的勾花点叶法，也成为后来花鸟画家的主要画法，连现代绘画大师齐白石也要"犹喜逢人说沈周"呢！

第七节　版画与年画

  苏州在北宋时代，刻书水平已经发达，瑞光塔中发现的刻经，已有很高水平。由于经济日益繁荣，从明代开始，苏州已成为全国刻书业中心之一。明胡应麟《少室山房笔丛》记载，当时国内"凡刻之地有三：吴也，越也，闽也。蜀本宋最称善，近世甚希，燕、越、秦、楚今皆有刻，类自可观不若三方之盛，其精吴为最"。郑振铎《中国版画史图录》自序也说，苏州当时已刻有《吴骚》、《吴歈》，在武林、金陵、徽州版画之后，苏州已逐步成为全国著名刻书中心之一，在我国版画史上有着特殊的表现。弘治年间，已有

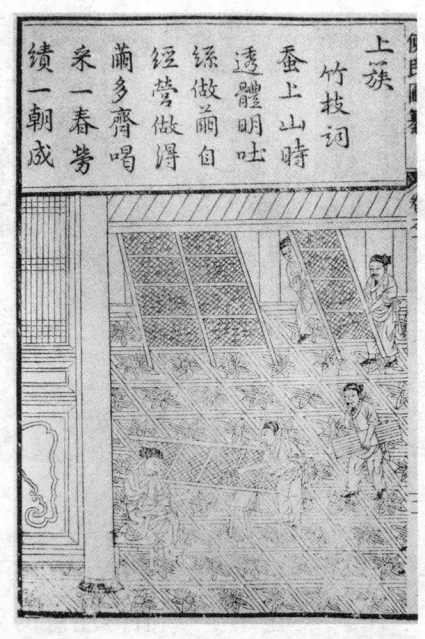 

《便民图纂》　　　　　　　　　　　《西厢记杂录》

《便民图纂》问世。著名木刻家黄德宠,字玉林,新安(今安徽歙县)人,德时之弟。刻有多种名本插图。他的《汝水巾谱》刻于崇祯六年(1633),时年67岁,署款题称刻于姑苏书肆,晚年更定居苏州。而这时正是中国版画的兴盛期。通俗小说、戏曲及一些小说插图蔚为成风,苏州当时市民阶层兴起,这方面自然名作很多,如隆庆三年(1569)何钤刻顾玄炜《西厢记杂录》,为该书的一页,为我国最早的《西厢记》版本,托为宋陈居中、明唐寅画。万历二十四年(1596),顾仲方《百咏图谱》(纵24厘米,横14厘米)、顾正谊《笔花楼新声》、夏缘宗刻钱毂画《西厢记》考。万历四十一年(1613),香雪居刊本《古本西厢记》插图(纵21厘米,横13厘米)为少有的珍本。吴兴本的《邯郸记》(闵光瑜刊本墨套印本),人瑞堂《隋炀帝艳史》,李青宇、刘君裕刻《列国志传》,叶敬池、叶敬溪兄弟刻本犹存古型,人瑞堂刻本富丽工巧而多变化。崇祯年间吴门殳氏眐眐斋刻本《北西厢记》中之插图,插图作者为殳君素,吴县人,字质夫,善山水。王世贞尝题其画曰:"质夫为叔宝(钱毂)、休承(文嘉)入室弟子,有出蓝之美。"(《弇州山人续稿》)万历年间尚有《西游记》插图明末清初出现的"月光型"插图,多数出自苏州。苏州画家王之千、王文衡、王赞、胡念翼等均善插图。由于存世版画年代无考,但

古本《西厢记》插图（万历四十一年香雪居刊本）

《北西厢记》插图

《西游记》插图（万历四十二年）

可以肯定苏州版画当时一定不少①。值得注意的另外还有更为工细的版画，即当时流行的春宫画。据清初人瓶园子《苏州竹枝词》中咏道："斋僧已毕半堂空，看戏听书西与东，有等不能空色相，画张店里看春宫。"诗下注曰："女子箱藏春宫，百有二三。"此类春宫画均木板套印，刻工印刷细致。现代人高罗佩已在东京觅得，美国也有收藏。据说原稿系唐寅、仇英所为，还须证实，但为苏州印制，却是极为肯定的。另外，还有更为普及的版画，即年画。早从范成大的《吴郡志》的记述，已知吴地已有除夕"夜分祭瘟神、易门神、桃符之属"之后，苏州的刻印水平已有提高，清初已经发现很成熟的表现玄妙观的年画，并且在玄妙观三清殿也早出现年画市场，可以肯定至少在明代后期，

---

① 据周芜《中国古代版画百图》（人民美术出版社1984年版）中就断定《批评西游记》插图、《西厢记》插图、《万壑清音》插图、《西游记补》插图、《说听图》、《盛明杂剧》插图等均为明代苏州所制。

这里年画已很发达,惜至今仍无那时实物出现,它本是不易保存之物,也只好留待以后发现了。又传这时苏州年画已东传至日本,在它的影响下出现了著名的浮世绘木版艺术,是否日本学者也有这样看法,也有待进一步考证和发现。

第八节 织造局 刺绣 缂丝

明初即在苏州沿袭设官营织造局(位于天心桥北局),同时民间织机也十分发达,嘉靖《吴邑志》载:"绫锦纻丝纱罗绸绢,皆出郡城机房,产兼两邑,而东城为盛,比屋皆工织作。""比户习织,专其业者不啻万家。"苏缎、宋锦、漳绒、缂丝等闻名海内外,号称"日出万绸,衣被天下"。当时人称苏州"以杼轴冠天下"。宋锦还是继续生产。据《姑苏志》载:"所织海马、云鹤、宝相花、方胜等锦,五色炫燿,技艺胜于古代。"《天水冰山录》记嘉靖末年,抄严嵩家即有宋锦117匹之多。为苏州博物馆藏的《大藏经》装裱的宋锦,朵云纹嵌八宝纹,色彩沉着,显示它的技艺和独特的艺术水平。《大藏经》木板刻印,刊印于永乐、正统、万历期间(1403—1620)。苏州也继南京、北京后成为缂丝产地,并负盛名。成化、弘治年间,吴中"缂丝螺漆之属,并皆精妙"(《寓圃杂记》)。故宫现藏苏州明代缂丝两件:一为《瑶池献寿图》,款"长洲吴良栋制";一为《沈周·蟠桃仙》,款为"吴门吴圻制"。苏州又有织染局,下设绣作。王鏊在《姑苏志》称"精、细、雅、洁,称苏州绣"。说明苏

宋锦装裱的《大藏经》

州刺绣这时已进一步形成自己的特点,并有"苏绣"之称。而其中专供欣赏的刺绣也具有闽阁绣的精工秀细的特色,著名的有薛素素、顾媚、徐灿人。《应庵和尚语录》中也有"平江吉彬老侄女吉二娘绣普贤像"的记载。

明代苏州雕刻工艺继续发展。玛瑙饰物雕刻(高9.2厘米,宽6.3厘米,1966年于苏州虎丘乡凤凰墩王锡爵墓中出土)为不规则形,质地为玛瑙。用镂雕、高浮雕、钻洞等技法,两面镂雕。雕者根据玛瑙不同的玉髓,雕一策杖的高士,神态清癯安详,身着宽袖长袍,一手拿书,似向跪着的门生宣讲。湖石上攀缘着一只猴子,悬吊树间,两眼圆睁,一点黄色恰用于眼珠。还有一只鹿立于崖上,昂首挺胸,鬃毛伸展,松针如轮,错落分布。左侧和上方还夹着灵芝,掩伏成趣。描金人物漆盒(木胎,高8.5厘米,腹径12厘米,底径9厘米)系1970年在江阴东典桥明代夏彝墓出土。盒作一对,皆为十五棱花瓣形,黑地描金。盖面阴刻庭院人物小景画。一只在庭院中放一书案,案上有书,女主人高髻靠椅,持笔似欲写书。左右有侍女二,手捧文房用具。庭院中芭蕉花卉掩映。其余部分遍布缠枝牡丹及阴刻曲纹及圆圈形图案。底部针刻"乙酉年工夫造"。另一只漆盒上则为棋盘,女主人手

玛瑙饰物雕刻

描金人物漆盒

持纨扇,作沉思状,侍女则手端果盘之类。二盒俱面清新,人物造型准确,在人物画中也堪称佳品。加上刻工和镶细致,允为漆器中的佳品。竹刻人物搁臂(高22.6厘米,宽7.6厘米)又称臂搁、秘搁、腕枕,是临书枕臂的文具。苏州素以竹上浅雕闻名,此器正是以留青薄雕手法。雕松树斜向耸立而起,枝叶茂盛,松下站立一倚杖老人,天上明月团圆,树根下两灵芝,依小山石而生,组成月下老人图案。粗犷统一,这样独特的浅雕手法实为我国民间艺术之瑰宝。山石上刻葫芦状阳文篆体"朱三松"印款,三松,名维征,嘉定人,为崇祯期间苏州竹雕红手。

竹刻人物搁臂

第九节 画论、画史

《艺苑卮言》,中国明代文论著作,王世贞(1526—1590)著。明代文学家、书画鉴赏家,太仓人。字元美,号凤州,又号弇州山人。嘉靖二十六年进士,断至刑部尚书。早年曾与李攀龙等提倡复古运动,称为"后七子"之一。在李身后主文坛二十年,声望盖海内。富收藏,精鉴赏,论述古今,每得其当。著录四卷,分论词曲、书画等。对书画则重视自然,不为成见所囿。于历代人物、山水、花鸟画之变迁,宋元明诸家绘艺之渊源均有精密认证。特别对于吴门画家,亦有公正之评述,为后代研究者所仰重。并编有《王氏画苑》等。世贞另有《弇州题跋》,清《四库全书》作七卷。其中画跋二卷,上卷四十一首,俱元以前画,下卷四十七首,为明人画。世贞不能画,但所阅既多,在探源寻流、评古品今方面很有见地。

《清河书画舫》,中国画著录书,张丑编著,十二卷,成书于万历四十四年(1616)。张丑(1577—1643)初名德谦,字叔益,改名后,字青父,号米庵。昆山人。藏书画,精鉴赏。以张氏清河郡为书名,记叙所见所藏书画。以莺、嘴、啄、花、红、溜、燕、尾、点、波、绿、皱十二字为目,所录从三国至明中期书画家一百四十人，先书后画。书四十九件，画一百一十五件，很多作品录款识、印记，并作评论考证。后附《米庵鉴古百一诗》一卷，题咏历代著名书、画、碑、帖。另有《真迹日录》初、二、三集，为《清河书画舫》续编。

《吴郡丹青志》，中国画论著录书，王穉登著，一卷。穉登（1535—1612），明代书法家、鉴赏家。字百谷，吴县（今苏州）人。嘉靖中布衣，以诗文、书法名于时。曾得侍文徵明并继之主吴中文坛三十余年。书前有嘉靖四十二年自序，云书为这年病中所作。取吴中近时画家二十一人分别品评，各有传赞。其中神品一人（沈周），附沈贞吉、恒吉、杜琼三人；妙品四人（宋克、唐寅、文徵明、张灵），附四人（文嘉、文伯仁、朱生、周官）；能品四人（夏㫤、夏昺、周臣、仇英）；逸品三人（刘珏、陈淳、陈栝）；闺秀一人（仇氏）。另遗耆三人（黄公望、赵原、陈惟允）；栖旅二人（徐贲、张羽）。因穉登长于辞赋，不切画理，品评未别有当，具体资料很少，只是文采夺人，而不失流于空泛。穉登善书法，富文辞，今日研究《金瓶梅》作者，有一派以为穉登所著，有待证实。

《皇明书画史》，中国画论著录书，陈璋著。璋，字圭甫，嘉定（当时属苏州，现属上海）人。书成于正德十年（1515），记洪武以来书画三百七十余人，末附画僧六人。另有元代名家九人，别为一卷。阐述帝王及文士书画，分家论次。末为童时（字尚中，同邑人）补正，补编中取元人史谱中所未载者。

《画麈》，中国画论著作，沈灏著，一卷。灏（1865—？），字朗清，号石天。苏州人，早岁为僧，后还俗。能诗及古文词，更精绘事，深究画理。此书论作画之法。分十三目：一、表原；二、分宗；三、定格；四、辨景；五、笔墨；六、位置；七、刷色；八、点苔；九、命题；十、落款；十一、临摹；十二、称性；十三、遇鉴。计三十七条。独抒心得。主张分南北二宗，同董其昌说，主张师自然而法古人。谓古人以真山水作稿本，作画宜自立，辨四时景有"山于春如庆，于夏如竞，于秋如病，于冬如定"，并最早提出"似而不似，不似而似"之说。

《画引》，中国画论著作，顾凝远著，一卷。凝远（约1582—1645），号青霞，吴（今苏州）人。博学广识，精于画理。善写山水，师法董（源）、巨（然），出入荆（浩）、关（仝）。所论颇有见地，如认为吴郡画风为"变宋化元"，实发他人之未发。是书不载诸家藏书志，而《佩文斋书画谱》颇用是书,如该书十六卷录凝远论画,计兴致、气韵、笔墨、生拙、枯润、取势、画水等七则。在"气韵"中,凝远认为"或在境内,或在境外,取之四时寒暑晴雨晦明,非徒释墨也"。关于"生拙",凝远谓之"若能自出新意,则虽拙亦工,虽工亦拙也。生与拙,唯元人得之"。余俱十数语,颇有见地。如该书十四卷录论写生一条,第十八卷录画评一条,第五十七卷录陈粲条,第五十八卷录董其昌条、陈元素条,并有顾凝远小传。

《珊瑚木难》,中国画著录书,朱存理编著,八卷。木难,宝珠名。存理(1444—1513)字性甫,长洲(今苏州)人。布衣,为沈周好友,博学好古,富于收藏,精于鉴赏,考证亦精。此编记其所见书画(以文徵明、文嘉、王穉登、王腾程四家为多),诗文题跋一道备录,有世所罕睹者一一附录。随见随录,不分先后,聚而成册。每种有自评,并加跋语。在这以前,著录书画之书,多不录原文及题跋,朱氏之举,实为首创。惜因辗转抄写,讹脱颇多。有清雍正六年希尧刊本、《四库全书》本、《适园丛书》本。

《赵氏铁珊瑚网》,中国画著录书。旧题朱存理编著,实为赵琦美所编著。十六卷(书品十卷,画品六卷)。琦美,字元度,号清常道人。长洲(今苏州)人。以荫官刑部郎中。此书系得秦、焦两家藏本,以无名氏采辑之宋元明名人跋语,并为一本,并以其所见真迹补缀而成。本书书画分卷,每种末无自写跋语,搜辑繁富,所载书画题跋印记,颇足以辨析异同,考究真伪,后世赏鉴家多以此参证。卷末有万历二十八年琦美跋。有万历原刊本。

《寓意编》,中国画著录书。都穆著,为其《金薤琳琅录》中之一篇。《明史》记载。穆(1459—1525)字元敬,一作玄敬。吴县(今苏州)人,居阊门外南濠里,自号南濠居士。官礼部郎中,加太仆少卿。博览群书,精于鉴赏,曾奉使秦中,搜访金石遗文,摹拓缮写。家藏碑文甚丰,甲于东南。悉录其文,并加品题。本编专记所见画之真伪及当时之人,凡六十条,鉴别颇详。

《钤山堂书画记》,中国画著录书。文嘉编,一卷。乃是嘉靖四十四年(1565)奉命查阅严嵩旧宅、新宅所查的被抄书画目录。于隆庆二年重录,以严嵩斋名钤山堂命名付印。自跋共历时三月,其中珍贵名迹极多。文按时代为序,法书名画分列。除记录数目外,间有附注,鉴别甚精。另《知不足斋丛书》中《冰山录》一卷,也记严嵩籍没之物,内石刻书法帖墨迹类凡三百五十八轴册,古今名画手卷册页类凡三千二百零一轴卷册,其数较《钤山堂书画记》为多，但此编所记也为《冰山录》所无，所论精要之处甚多。

《南阳名画表》，张丑编著，一卷。张丑应世能子朝廷之请，继《南阳法书表》而作，记长洲韩世能家藏名画，因韩氏郡名南阳而得名。表计分五格，第一格时代，自魏迄今凡四十七人；第二格道释人物，自三国吴曹不兴至元代钱选凡四十二图；第三格山水界画，自隋代展子虔至元代倪瓒凡三十八图；第四格花果鸟兽，自唐代陈闳到元代钱选凡十三图；第五格虫鱼墨戏，仅北宋米芾、龚开二图。也略载题跋人名和收藏印记。此外，朝廷另请茅维记他家所藏，亦称《南阳名画表》，一卷。所记画家四十七人，图九十有九。地表可互为补充。

第五章
清代美术

第一节 概 述

因朝代更易,清初的苏州一度凋敝不堪,但也有好几位遗民画家,画坛也颇不寂寞。大致到康熙中期,经济才得到恢复和初步发展,从阊门到枫桥,"列市二十里",乾隆年间呈现了前所未有的繁荣。这时,清统治者对革新和反封建礼法的思想采取禁绝的态度,文网极严,继续科举制度,并没有开设画院,但宫廷的绘画活动却比较频繁,因而形成了以宫廷为中心的画家群(后来还出现了一批西方人的国画家)。尽管在安徽黄山、宣城一带,艺术兴盛,西邻的常州,也显露不凡,而在苏城的艺术,似乎出现了盛极而衰的状态,但苏州画家并没有江郎才尽,城东北的太仓和常熟一带,出现了画史所罕见的山水画家群:"四王"和其他画家。他们既有职业画家,又有人和朝廷有着联系,他们的作品着意继承前人,进一步将传统山水画加以定型化和程式化,正好适合清廷尊重汉文化的需要,也就被奉为画坛正宗,这种定型化了的文人画,影响了整个清代。也可以说开创了一个山水画时代,尽管在经济繁荣的徽州和扬州地区,先后出现了一大批生机勃勃的山水画和花鸟画,点染和振兴了清代画坛,也并不影响"四王"山水画在画坛上的影响。苏州城中画家正是在这两方面的绘画的夹缝中走完了整个清代。他们以继承正宗画派自居,人数空前众多[①],但能够蜚声画坛的大师却寥寥可数。苏州美术就是这样结束了封建时代,步入了半封建半殖民地的时代。

第二节 "四王"及"小四王"的影响

清初太仓出现了王时敏、王鉴、王原祁,常熟也出现了王翚,共四位山水画家,后人称为"四王",他们又和常熟的吴历和常州的恽南田合称"清六家"。他们和清初的"四僧",即渐江(弘仁)、石豁(髡残)、石涛(兼花鸟)、朱耷(八大山人,主画花鸟)同为清初山水画承前启后的画家。但"四王"(连带继他们而起的"小四王",即康乾年间王昱、王愫、王玖、王宸)和"后四王"(王三锡、王廷元、王廷周、王鸣韶),被后人视为复古派、临古派,宫廷画甚至王时敏还是降清"顺臣",这些看法其实是和实际相悖的。我国传统绘画一向须从临摹入手,并以某家为宗,然后画家在此基础上显出自己面目。我国艺术历史证明,这是使民族艺术得以继承与发展的可靠途径。因而古人(特别在元明以后)在题跋中从不讳言临抚前人,还由于那时很难看到名作,又无现代的印刷品和博物馆、展览会之设,所谓临古之作,其实大多是以意貌之。这样既不减少自己的艺术空间,又能显示当时很推崇的尊古之风。因此,除了有意仿制古人作品之外,那些署名仿摹的,通常并不是和前人同样作品,这样做,也起到学习古人和普及古人绘画的作用。"四王"的临摹情况大体如此,不过做得更为突出而已。还有一点重要的是,王时敏、王鉴都是前朝旧臣,心怀故国,而清初文网极严,他们强调临摹古人,也并不排除含有故国之思的成分。至于说他们"顺臣",王时敏、王鉴在入清都隐居不仕,其他人都是入清后成人的,自然更说不上。他们有的贤吏;有的不恋富贵,潜心艺术。至于说是宫廷画,就"四王"整体画风说来,他们还是在继承吴门绘画基础上发展和变异而成的,王时敏说:"唐宋以后,画家正脉,自元季四大家、赵承旨外,吾吴沈、文、唐、仇以及董文敏,虽用笔各殊,皆刻意师古,实同鼻孔出气。"(《西庐画跋》)当然,这段话是忽

[①] 据《姑苏画史》记载,清代仅苏州城中画家共达777人之多(内僧29人,道13人,女103人)。这多半是时代较近,可见的存世作品和资料较多的原因。

略了彼此之不同。"四王"绘画倾向保守,也是不容否认的。但他们对整理古人山水技法及程式,在艺术上也有所创造,才能在后世画家中历久不衰,至今仍可见其艺术余绪。他们的艺术作品,也是祖国艺术宝库中一朵不容忽视的奇葩。

王时敏(1592—1680),清代画家。字逊之,号烟客、西庐老人,江苏太仓人。祖父王锡爵,为明万历年间内阁首辅,父王衡为翰林院编修,家境优裕而收藏极丰。时敏又"姿性颖异,淹雅博物,工诗文,善书法,尤长于八分,而于画有特慧"(《国朝画征录》)。他自幼就"游娱绘事,乃祖父文肃公属董文敏随意作树石以为临摹粉本,凡辋川、洪谷、北苑、南宫、华原,营丘树法、石骨、皴擦、勾染,皆有一二语拈提,根极理要"。(《瓯香馆画跋》)董其昌、陈继儒对幼年的时敏极为欣赏,将他作为入室弟子。明万历四十三年(1615),时敏以"恩荫"出任尚宝丞,天启四年(1624)升为"尚宝卿",后又升为太常寺少卿。但他"淡于仕途,优游笔墨,于崇祯五年(1632),因病辞官返乡。从此一直隐居不仕。清军近临太仓时,为免于百姓杀戮,他遂与诸父老出城迎降"。(见汪曾武《外家纪闻》)这时他已辞官十余年,只是平民身份,说"迎降"似不确切。他的内心极为悲苦,在《王烟客先生集·自述》中写道:"甲申初,抱病里居,忽闻天崩地坼之变,五内摧毁,自无生意。""甲申"系崇祯十七年(1644)明亡之时。后来还常吟"忝离悲故国,风景泣新亭","偷生称隐逸,惭愧北山民"(《王烟客集》)。恽南田的《哭王奉常烟客先生》中写道:"只眼乾坤遗老尽,至今东海竟无人。"时敏这样怀念故国,我们如果将他提倡临摹古人绘画和这方面联系起来,倒也并不牵强。他虽是江南望族,但子女众多,赋税又重,家计也日见窘甚。他在给王石谷信上说:"比来窘悴益甚,质贷路绝。计惟旧迹可借变易……昨膠州清河氏不远篝至娄,浼焰翁为介于弟所,藏北苑、大痴中欲拔其尤者二帧,赖焰翁竭力周旋,幸不折阅。精华既去,画苑无光。晚景更无聊赖,自念采集良苦,宝爱不啻性命,今以势迫割弄,阿堵用之,则尽性命,一去不可复得。巡回心腑,能不怆然。"(《清晖阁赠贻尺牍》)

时敏晚年就这样奋力作画,一生致力于黄公望,山水得宋元标格。笔墨苍润松秀,唯丘壑少变化,力求"一树一石,皆有原本"。题跋喜作摹拟之语,如说"于古人同鼻孔出气,下笔自然契合"。其实他的作品仍有自己的特

王时敏《山水》

色。早年作品更为规矩严谨,笔触交织,干湿融洽的墨色和雅淡的设色相混,回避明确的轮廓线和山石的体面,用大量的墨点来显出山的质感、量感,因而更见苍浑。中年的山水画,似乎全不介意画的空间感和山水的气势,摈弃了人为斧凿之气和廉价的娱人耳目的效果。晚年以黄公望为宗,但更为繁复,取黄的画山头之法而显出程式化。《山水》(纸本,墨笔。纵172.2厘米,横82.8厘米,藏苏州博物馆)描绘层岭溪涧、山居村落,俨然苏州城西南石湖胜景。全幅笔墨浑厚华滋,秀润飘逸,尤其满山苍翠,林木繁茂,云雾出没,尽现江南欲雨天气。画上端画家自署:"辛卯中秋后三日画于石湖舟次,王时敏。"此为顺治八年(1651),画家时届花甲之年。此幅画表现了画家既师法古人而又吸收自然胜景。传世作品还有康熙四年作《仿山樵水墨图》轴,藏上海博物馆;《层峦叠嶂图》轴,藏南京博物院;《杜甫诗意图》册,藏故宫博物院;《秋山图》轴,藏广州美术馆;《雅宜山斋图》册,图录于《中国绘画史图录》。著有《西田集》、《西庐画跋》。

王鉴(1598—1677),清代画家。字玄照,后改字元照、圆照、元炤,号湘碧,自称染香庵主。江苏太仓人,王世贞孙。崇祯六年(1633)举人,后以祖父之荫任廉州(大致相当广西合浦)太守,因此人称他"王廉州"。当时明廷摇坠,官宦勾结,横征暴敛,王鉴毅然上书陈述,反而获罪。幸王锡爵相助,才改为罢官,幸免一死。以后就一直归隐家乡,"顾盼林泉,尽力画苑"。接着明廷倾覆,王鉴至此隐退一生。本来他的曾祖父因受严嵩谗害,被斩首弃市,父也削职而郁郁致死,但他仍决不仕清,晚年是"萧然一身","日坐蒲田,焚柏子一炉而已"(《虚斋名画录》)。王自幼就受文风熏陶,家藏名迹亦多，临名画，取资既广，优裕甚深。古文受董其昌影响，但他的作品以借鉴王蒙为多，顾其运笔出峰，用墨浓润，树木葱郁而不繁，也不碎杂。气韵得烘染之法，自谓擦染无自撰之笔，足与王时敏并驾齐驱。存世的《梦境图》轴（纸本，墨笔，设色。纵162.8厘米，横68厘米，故宫博物院藏）是他的中年代表作，画于顺治三年（1646），当时48岁，这时清廷登位不久。画上有作者长跋，自言是年六月，去半塘避暑，白日无聊，坐在椅上午睡。梦中见到一处山水，中有草屋一间，庭院中花木扶疏。屋前清波浩湖中一老者驾舟垂钓，悠然自得。草屋墙上悬董其昌山水一帧，幽淡深远。酣梦至此，王鉴被惊醒，梦中情景还历历在目，连忙铺纸研墨运笔，将梦中情景画出，成为是图。如画家云，画的乃是他的梦境。山水清幽，墨色圆润，气象华润，山头峰峰透迤，在清淡和缥缈中似如人们心头的盘郁。更点出董其昌的画，点明正是所崇拜的艺术大师之笔和前朝之物。当时清鼎方立，明代不远，文网正严，王以此委婉之笔表达出故国之思，并不是全无可能的。王设色山水，或作浅绛，或作青蓝，当时极有时誉。人们称他和王时敏对清代绘画有"开继之功"，为"清六家"之一。存世作品有《虞山十景图》册，藏苏州博物馆；《仿黄公望山水》轴，藏天津市艺术博物馆；《夏日山居图》轴，藏南京博物院；《仿古山水图》册，藏上海博物馆；1923年有正书局出版《王廉州山水册》影印本。著有《染香庵集》、《染香庵画跋》。

王原祁（1642—1715），清代画家。字茂京，号麓台、石师道人。太仓人，王时敏孙。明亡时仅3岁，可说是在清代长大，康熙九年（1670）进士，这时清代已立国三十多年。在"四王"中应属第三代人。由知县擢知司中，改翰林供奉内廷，人称"王司农"。在宫廷作画，为《佩文斋书画谱》篡

王鉴《梦境图》

王原祁《仿赵大年江乡春晓图》

辑官,后升吏部侍郎。他是一个贤吏,在任知县时,"奏减税赋三千余两";户部任职时,"豫省灾,折征漕米,力请分年买补。又直省钱粮,先奉恩旨三年输蠲一周,旧欠并予豁免。江南以奏销稍后,不入蠲数,原祁请如诏旨,不以桑梓引嫌"(《太仓州志》)。这就是所谓"奏销案"。原来清廷对"江南赋役,百倍他省,而苏松尤重",当时士绅13000余人因抗税尽遭褫革。经原祁努力,才得改观。而他自己"性廉洁,不治生产,通籍后,家居十年,犹萧然如寒素"。在中年以前,主要忙于政事,晚年由康熙赏识,才进入他的作画旺盛期。早年深得家学,依黄公望之法,笔墨圆润,但多因袭古人规范,鲜有己意,中年以后渐为独立,干湿并用,层层皴染。承袭王时敏以石块堆成山的画法,而原祁更仿佛将山体分解,按自己的意向组合,组成特有的走势、虚实、平衡,有着独特的韵致。他的代表作《仿赵大年江乡春晓图》轴(纸本,设色。纵35.1厘米,横58.6厘米,苏州博物馆藏),题为仿赵大年,其实画的却是江南仲春之景。万木葱苍,杨柳依依,桃花盛开,田中幼苗茁壮,山石有序叠起,水网纵横,茅屋掩映,远山处云雾缭绕,云水相互呈现,显示正是江南三月。画面缜密宏大而无壅塞之感。款署"臣王原祁恭画",应为康熙四十三年(1704)后入值南书房后应诏之作。有乾隆内府六玺、嘉庆一玺及"臣庞元济恭藏"、"虚斋审定"二印。《虚斋名画录》卷九著录。传世作品还有《溪山别意图》轴,藏南京博物院;《设色山水图》轴,藏南京博物院;《仿梅道人秋山图》轴,藏苏州博物馆;《仿大痴夏山图》,藏天津市艺术博物馆;《仿宋元山水》册,藏辽宁省博物馆。著有《罨画集》、《雨窗漫笔》、《麓台题画稿》。

王翚（1632—1717），清代画家。字石谷，号耕烟散人、乌月山人、清晖老人、剑门樵客等。常熟人。祖辈四代皆善画，沈周就称赞过他四世祖王伯臣的画。后为王鉴弟子，又专师王时敏。悉心临摹古代名作，遂熟喑诸家技法。入清时他已13岁，目睹清军入关的行为。和恽寿平友善，共怀抗清之志。后入康熙朝，情况有了改变。经江南硕儒徐乾学等人的渠道，为康熙所知，60岁时，奉诏画《康熙南巡图》。画成深得康熙识赏，赐题"山水清晖"四字，王翚引以为号。一时公卿以结识王翚为荣，但他早年本存反清之志，这时更留恋丹青，毅然引退。自吟诗云："丹青不知老将至，富贵于我如浮云。"之后在家作画前后达四十年，"应酬尝焚膏以继日"。画名日盛，人视其为"虞山派"之祖。他36岁至60岁时虽以临摹为主，但广采博长，冶各家技法为一炉。其能在元四家的基础上掺杂宋人皴法，"不复为流派所惑"。故而《读画辑略》有"画分二宗至石谷合而为一"之说。总之，他师古而不泥古，精妙而有生气。其写生能力在《康熙南巡图》中表现最为出色。山水画代表作为《芳洲图》（纸本，纵184.5厘米，横84.5厘米，常熟博物馆藏），此图系康熙四十六年（1707），王时敏年76岁时为友许芳洲而作。全幅结构平稳，气势宏大，色彩明丽，浑厚华滋。前景为一江南岸，显得平稳开阔；中景以桥梁、山道为线索，时隐时现，直抵深山；上部左侧一股清流款款而下，气贯全图。山中村落于大树和幽竹丛中，书斋明净，人鼓琴其中，鸡犬嬉戏于外，渔舟水凫在水上漂浮，更加深之感。此图为常熟瞿氏铁琴铜剑楼藏，1982年由瞿凤起捐献。王翚偶写花卉，也俊

王翚《芳洲图》

逸有致。自谓"以元人的笔墨，运宋人之丘壑，而泽以唐人气韵，乃大成"。弟子众多，称虞山派，其影响一直到近现代的山水画。他是"四王"和"清六家"之一。传世作品有《岩栖高士图》轴，藏南京博物院；《断崖云气图》轴，藏上海博物馆；《仿王蒙作秋山草堂图》轴，藏故宫博物院；《霜河远岫图》，著录于《虚斋名画录》。

在"四王"后，继他们而起的，则是在康熙、乾隆年间出现被称为"小四王"的四位画家：

王昱（1714—1748），清代画家。字日初，号东庄，云槎山人，江苏太仓人。原祁族弟，从其学画，观摩宋元诸家。所作山水，以仿黄公望为多。笔墨于古浑中有秀润气，为原祁所称道。代表作为《山水图》轴。传世作品还有雍正五年（1727）作《浮峦暖翠图》轴，藏首都博物馆；乾隆四年（1739）为程阜山作《山水图》轴，藏上海博物馆；乾隆十五年作《春山满山图》轴，藏天津市艺术博物馆；《枫林秋色图》轴，藏北京美术馆；《烟霭沙丘图》轴，藏四川省博物馆。1929年天绘阁出版《王东庄山水十帧》影印本。著有《东庄论画》。

王愫，清代画家。字存素，号朴庐，自号林屋山人。江苏太仓人。时敏曾孙，原祁侄，居苏州。工诗文，善画，山水用干笔擦皴，不加渲染，有元人简淡之趣。间作青绿山水设色，近原祁格调。偶作朱笔竹石，人称佳构。秦祖永评曰："笔力薄弱，

王昱《山水图》轴

王愫《洞庭秋月图》

未能浑厚,故秀润中无苍古之趣。"《洞庭秋月图》为其代表作。传世作品还有乾隆二十五年(1760)在枫江客次作《树石图》,著录于《瓯钵罗室书画过目考》;乾隆十四年作《天香染袖图》扇,现故宫博物院藏。著有《林屋诗余》、《朴庐存稿》(附

王宸《仿古山水图册》之四

论画一卷)。妻毛秀惠,字山辉,明画理。子宝林,字镜塘,能承家学。

王宸(1720—1797),清代画家。字子凝,一作子冰,号蓬樵、柳东居士、玉虎山樵、退官衲子等。他是王原祁曾孙,乾隆二十五年举人,官永州太守,工诗,山水承家学,多用枯笔,气味荒古,晚年枯中带秀。干皴中富有润泽之趣,间作浅绛设色,近似麓台。居浯溪(今属湖南)时,尝作《浯溪图》及《永朴景色图》,前为墨色横幅,后为八开浅绛册页。其传世作品有《仿古山水图册》;《双松并茂图》轴,图录于《晋唐五代宋元明清名家书画集》。著有《绘林伐材》十卷、《蓬心诗钞》等。

王玖,清代画家。字次峰,号二痴。常熟人,晚年移居苏州。山水一变家法,胸有丘壑,别饶佳趣。

其后又有王三锡(字怀邦,号竹岭,昱侄,嘉定人)、王廷元(字赞明,玖长子)、王廷周(字恺如,玖次子)、王鸣韶(字夔律,号鹤溪),被称为"后四王",他们大体上都遵循四王画法,延长了四王山水画的影响,一直到整个清代及近代。

第三节 "四王"之外的山水画家

吴令,明末清初画家。字信之、幼沤、韭溪老人,吴(苏州)人。善画,工人物山水,亦善木石花鸟,风格近似元人。其作品有顺治六年(1649)作的

吴令《棠上白头图》

《棠上白头图》，图录于《中国历代名画集》。此图古松直贯画面，树下有一石块，图上二鸟并立，一引颈回盼，一低头下俯，鸟虽不大，但却为全幅之松针虬劲中增添了妩媚。画上画家自署为振玉先生而作。传世作品还有顺治四年（1647）作《古木高士图》扇面；康熙九年作《枫江醉渔图》轴，藏南京博物院；康熙十年（1671）作《秋江独钓图》扇面，现藏故宫博物院。

吴历（1632—1718），清代画家。字渔山，号墨井道人、桃溪居士，常熟人。年幼时，从陈确庵学文，随钱谦益学诗，随陈珉学琴，从王鉴、王原祁学画，都很精道。但因父早死，家道衰落，乃以卖画养母。21岁时，母亲和妻子相继去世，思想空幻，于是相信佛教，与兴福寺僧为友，过的是与世无争独往还的贫窘生活。在绘画上主张得古人之精神要路，要不取形似，不落窠臼，还要见山见水，触物生趣。他的山水画皴染工细，清丽秀润，摹古能融诸家之长，自创新意，使得丘壑灵奇，皴染浑穆，笔墨也深沉朴茂。40岁后与西方教士往还，后又入教修道，接触了一些传教的西画，吸收了一些西方画法。可是他仍坚持传统笔墨情趣和文人画情调，并没有吸收光影和透视等法，只是在明暗、黑白、虚实对比方面受到启发，也就使得他的山水画出现了新的情趣。他可说是苏州古代画家中最早受西方画影响（尽管很少）的人。《松壑鸣琴图》轴（纸本，设色。纵102.8厘米，横50.6厘米，台北"故宫博物院"藏），作于康熙十三年（1674），画家时年42岁。据画家自跋"忆予与天球学琴于山民陈先生，不觉廿余年矣"，可见这是怀旧之作。大山耸立，布局深远。像王蒙那样，以长披麻皴勾出高山大壑，再用干笔积墨加以短披皴和解索皴，细密而严实地画出山峦的苍莽郁结之景，显得整体大块非常协调。而与王蒙乃至一般山水画不同的是，此图中高山顶峰却出现了大块深的矾头，显得十分突出，和大面积的淡而平的山峦形成对比,将整个山峡显得简洁和空灵,再以细笔勾出近处的树丛、茅亭和其间弹琴的高人,他们在散步、闲谈,松涛似和琴声齐鸣,这就形成如诗之境。也正是画家着意回忆之处了。吴历和四王及恽南田合称清六家,或称"四王吴恽"。传世画迹有《湖天春色图》轴,藏上海博物馆;《竹石图》,藏天津市艺术博物馆;《仿云林山水图》,藏辽宁省博物馆;《春山仙馆图》册页,藏于日本大阪市立美术馆。著有《墨井诗钞》、《三巴集》、《墨井画跋》。

吴历《松壑鸣琴图》

吴伟业(1609—1671),清代诗人、画家。字骏公,号梅村、大云居士,太仓人。崇祯四年进士,复社成员。崇祯十二年为南京国子监司业,南都弘光朝补少詹事。入清后,顺治十三年(1657)授国子监祭酒。四年后辞官南归。早期诗作风流华绮,明亡后多苍凉之音。尤以讽刺吴三桂的《圆圆曲》中"恸哭六军皆缟素,冲冠一怒为红颜"之句流传海内。他也善画。山水得元人法,而运以己意,笔墨清疏秀雅,无作家习气。与董其昌、李流芳、杨文骢、程嘉燧、张学曾、卞文瑜、邵弥、王鉴友善,作画中九友歌以纪之。论者谓其画风在董其昌、王时敏之间。传世作品有《南湖春雨图》轴(纸本,墨笔。纵113厘米,横42.4厘米,上海博物馆藏),此图集诗、书、画于一体。上方作者自题图名,并书自诗鸳湖曲(鸳湖即嘉兴南湖),赞美南湖繁华及战乱后的荒凉。以行楷书写,字体秀美。山水画是作为曲补图。笔墨得黄公望、董其昌意,山石用长披麻皴,线条流畅,皴意醇厚,树木挺立,枝干处皴擦不多,树叶及修竹以不同墨色点染,层次分明,生意盎然。远处水面洲渚,中景水流蜿蜒不绝,表现出南湖景色的烟雨茫茫之感。款:"右《鸳湖

吴伟业《南湖春雨图》

曲》，壬辰三月下浣补此图，吴伟业。"钤"骏公"朱文印、"吴伟业印"白文印。"壬辰"为顺治九年（1652）。传世作品还有《山水》扇面，故宫博物院藏；《疏林寒寺图》扇面，上海博物馆藏；《秋山书屋图》卷，图录于《晋唐五代宋元明清名家书画集》；《桃园图》卷，图录于《中国绘画史图录》下册；《为舜工写山水图》，著录于《虚斋名画录》等。

龚贤（1618—1689），清代画家。一名岂贤，字半千，号野遗、柴丈人。昆山人，幼年迁居南京，少读文经诸史，主张穷经致用，早年有抗清之志，均失败。后流寓外地，年近五十又定居南京，在清凉山上筑半亩园，卖文卖画为生。工画山水，重视写生，用墨层层渍染，浓郁苍润，别具一格。画路很宽，以董源画法为基础，也参另外大家画路。因常居金陵，人称他为金陵八家之首，沈周画法对他极有影响，他极为推崇沈周，称他为"画苑尼山"。在一幅《仿沈石田》轴中，说沈周画墨丰笔健。他师法沈周主要是粗笔一路，浓墨健笔，阔线大点。在画法和神韵上，龚、沈最为接近，在龚贤晚年所画《春泉图》上表现得尤为明显。他的另一代表作《山水图》卷（纸本，墨笔。纵35厘米，横283.3厘米，苏州博物馆藏），写太湖万顷碧波与72峰交相辉融的妙

龚贤《山水图》

景。敢是画家不忘故乡之情的表露罢。秋山嵯峨，巨峰突兀，树木苍郁，气势雄伟壮观，笔墨简练柔劲，有干裂秋风、润含春雨的明快清丽之美。构图经营若具匠心，大开大合，大险大夷，疏密相映，黑白互衬，奇峰怪石，山迥水曲，使人有烟波与险峻并存之感。此卷乃所谓"白龚"面目，与他另一风格的"黑龚"适为对照，不能不为画家的神技所服。尾钤"龚贤"、"半千"两印。传世作品有《茂林青泉图》轴，辽宁省博物馆藏；《千岩万壑图》轴，南京博物院藏；《千峰苍翠图》轴，日本东京国立博物馆藏；1939年商务印书馆出版《龚半千山水精品册》影印本真迹，藏上海博物馆。著有《香草堂集》、《画诀》、《龚半千课徒画稿》等。

黄向坚（1609—1673），明末清初画家。字端木，吴（今苏州）人。父孔昭，明末时官云南，入清后因战乱不得返。向坚遂于顺治八年（1651）徒步云贵寻亲，历时两年，行程万里，目睹黔滇奇山异川，至盐井始遇二亲，终偕父母归乡，世称完孝。沿途所见也得到启发，他本师王蒙，结构严密，下笔苍秀，现更能以吴派之笔墨描写山川。《万里寻亲图》轴（纸本，设色，纵128.5厘米，横42.5厘米，苏州博物馆藏）画黔桂之崇山峻岭，怪石叠起直冲天际，使人恐怖顿生。树木随山石攀缘而生，瀑布在崎岖的山崖间曲折而下，一条山间小道时隐时现，有一人艰难前进，殆即为画家本人了。向坚亲身经历了奇山异川，借传统笔墨图之，真实的景色与传统笔墨、皴法，达到完美的统一，于艺林独标千秋。传世作品有《巉崖陡壁图》轴，图录于《中国绘画史图录》下册；顺治十二年（1655）为徐枋作《秋山听瀑图》轴，图录于《晋唐五代宋元明清名家书画集》；顺治十三年（1656）《万里寻亲图册》（12页），1934年商务印书馆出版影印本。

超揆（1620—1700），清代画家。僧人，俗姓文，名果，字轮庵，长洲（今苏州）人。文徵明玄

黄向坚《万里寻亲图》

超揆《携琴访友图》

孙，父震亨绝食死后，家道败落，流落京师，参与云南戎事，得官不仕。旋削发为僧。善诗文、工书画，山水多写平生游历之名山异境，故能别开生面，不落时蹊。康熙南巡至苏州时，迎驾，召入京，恩赏优渥，年八十示寂，赐塔玉泉山。谥文觉禅师。存世有《携琴访友图》（纸本，故宫博物院藏），此图绘远山迷茫，近处大树数株，幽篁一丛，中有茅屋亭数椽，一人在静坐，室外二人正过小桥。整个画面充满幽静气韵。作者署诗："蟠曲枯藤覆石幢，烟波汀沚似湘江；天香阵阵秋风紧，野容携琴访竹窗。臣僧超揆。"钤"超揆"印章。还有《杜牧之诗意图》轴，故宫博物院藏。著有《寒溪诗稿》。

顾见龙（1606—1687），明末清初画家。字云臣，一作云程，号金门画史，太仓人，一作吴江人，寓居虎丘。康熙初与顾铭同以工绘肖像供奉内廷，名重京师。陈庚云："余所见《汤文正公（斌）像》，其子侄皆云酷肖。"画佛像极庄严华美，其工细之作与仇英共席。亦如仇善临摹古迹，令人难辨真伪。亦善画翎毛。《山水图》轴（纸本，设色）乃祝寿之作，画上首书"康熙乙卯夏写祝母郭太夫人大寿，七十叟顾见龙"。屋后青山高耸，山下翠竹环生。中间屋、楼、走廊俱清洁非常，正中一老翁在太师椅上摇扇闲坐，小童侍立，院中一丹顶鹤昂首而鸣，门外潺潺，孤舟闲泊，真是一幅幽静庭院和清凉世界。画面用笔工整，山势峥嵘而柔和。画迹尚有康熙十七年（1678）作《溪山深秀图》轴，著录于《十百斋书画录》。传世作品还有康熙二十六年作《竹雀图》轴,图录于《名人花卉集锦》。

徐枋(1622—1694),清代书画家、诗人。字阳法,号俟斋、秦余山人,吴县(今苏州)人。崇祯十五年(1642)举人。明亡,隐于天平山上沙村卖画自给。与沈寿民、巢民盛友善。书善行草,宗孙过庭及王羲之《十七帖》,为世所重。山水师董、荆、关,亦学倪、黄,用笔工整,墨气明净,不设色,亦善写芝兰。其作品《仿北苑山水图》轴(纸本,设色。纵141.9厘米,横47.9厘米,苏州博物馆藏)大得董、巨笔法风度,崇山峻岭,林壑萦纡。山间大片溪流,临水树木连绵,茅舍连缀其间。小桥上一老者、小童携琴行走。山岭用披麻皴,墨色点苔,浑然清廓秀润。画右上方自署"乙丑长至节得董北苑笔意于漕上学堂"。存世尚有康熙四年(1665)为王鉴作《山水》岫页,图录于《中国绘画史》下册;康熙二十四年作《仿关仝山水》轴,图录于《晋唐五代宋元明清名家书画集》。著有《居易堂集》、《俟斋集》等。

宋骏业(?—1713),清代画家。字声求,号坚斋、坚甫,常熟人,一作长

顾见龙《山水图轴》

徐枋《仿北苑山水图》

宋骏业《林亭烟岫图》

洲（今苏州）人。官兵部左侍郎。山水受业于王翚。作宋元小品，笔意秀灵，清韵可挹。作品《林亭烟岫》轴（纸本，墨笔。纵116.2厘米，横50.8厘米，故宫博物院藏），似受倪云林影响，但比倪画更为复杂。景中树木山石，笔墨也较繁多。而布局与气势更为不同，此画河岸和坡石都左高右低，有着微微的动感。画家除受王石谷影响外，还受董其昌及米家山水的影响。画上只有一行小字："臣宋骏业恭画。"康熙南巡时，随王翚至京师，曾为纂修《佩文斋书画谱》总裁（其为我国一部书学、画学的类书巨著，康熙十七年王原祁为总裁）。康熙四十七年（1708）尝作《晓烟积雪图》轴，著录于《宋元明清书画家年表》。传世作品还有《康熙南巡图》卷，故宫博物院藏。

高简（1634—1707），清代画家。字澹游，号旅云、一云山人，吴县（今苏州）人。工山水，精于小品，摹法元人，布局深稳，笔墨清癯，秀洁妍雅，颇有风趣，甚为简淡，无纵横习气。兼善墨梅。《江乡初夏图》轴（绢本，大青山绿水）绘青山白云，红霞烟树，远山高耸，近山嶙峋。山间溪流曲折蜿蜒，注入平湖。绿柳丛林之中掩映数间精舍，一人策杖立于桥头。以青绿设色，画面环境清幽，甚为难得。传世作品还有康熙六年（1667）作《寒林诗意图》轴，图录于《肥腯庐藏名人山水集》。另有康熙三十三年作《探梅图》卷，著录于《石渠宝笈》。

高简《江乡初夏图》

宋荦（1634—1713），清代画家。字牧仲，号漫堂，又号西陂，商丘（今河南商丘）人。康熙间以荫入官，先官江西，后累擢江苏巡抚。居苏达14年之久，在官识大体，以清节著称，其最者如救荒赈贷，及免坍地之粮，以苏民困，宾礼文彦，奖励后进。官至吏部尚书，加太子少师。淹通经典，练习掌故。能诗，与王士贞齐名。善鉴赏，收藏甚为丰富，亦善画，见名画家,悉延至于家,其艺大进。他还延请当时苏州驰名画家柳遇,临摹其所藏五代顾闳中的《韩熙载夜宴图》卷。他山水笔墨苍秀,疏松有致;水墨兰竹,潇洒清逸。汤右曾(西庵)题其画曰:"竹箭美必采,泽兰香宜纫,公子镇东南,空谷无幽人。"可见其推重之情。康熙三十三年(1694)他重葺唐寅墓,尤侗为撰《重修桃花坞唐解元祠堂记》。是年举行公祭,宋荦祭文曰:"筑其墙垣,间以台榭,春水草堂,桃花兰若,先生居中,可消长夜。"宋荦对苏州古代画家评价甚为恰切,他在《论画绝句》写仇英道:"辛苦仇生学大李,画时鼓吹不闻喧;怪他小册临摹好,风致超超又宋元。"嘉庆六年(1801),吴县知县唐仲冕复拓建唐解元祠,以祝允明、文徵明配,咸丰十年圮,同治中重修,复以宋荦、

黄鼎《山水图轴》

唐仲冕为配。传世作品有顺治十八年(1661)作《夏日山居图》,图录于《唐宋元明名家大观》,康熙三十三年(1694)为高士奇作《松壑流泉图》轴,图录于《神州国光集》。著有《西陂类稿》、《緜津诗钞》、《枫香词》。

黄鼎(1660—1730),清代画家。字尊古,号旷亭、间浦、独往客,晚号净垢老人、邱园弟子。常熟人。布衣。山水受业于王原祁,兼师王翚。后游遍名山,得其体貌。尝客宋荦第所作画,笔墨苍劲、秀逸,曾言:"画品超逸,不可过于沉着,然不沉着,亦不超逸也。"性亢爽,不受缠缚。年羹尧开府秦中,具币招往,遂至。闻其忠度失节,遂蹬马还。途中绘终南云气、武功太白诸图,以壮行色。他十分重视观察自然,足迹至半天下,杖履所至,凡遇诡奇殊绝之景,一一奇之于画,为前人粉本所无也。《秋山萧寺图》为其存世作品之一,山峦叠起,景色萧森,沉着超逸。沈德潜《归愚文钞》把王翚与黄鼎加以比较,评道:"石谷看尽古今名画,下笔俱有成处;尊古看尽天下山水,下笔俱有生气,并称大家。"后顾鹤逸深感"负郭名山,圣湖烟月……今欲为

文点《罂粟图》册页

图纪胜,世无黄净垢,谁足语乎"。传世作品有《夏日山居图》、《溪山行旅图》、《渔父图》卷等,现均藏故宫博物院;康熙四十九年(1710)作《倚石援云图》,图录于《神州大观》;康熙五十一年作《远树涵秋图》,图录于《中国名画集》。

文点(1633—1704),清代画家。字与也,号南云山樵。吴县(今苏州)人,文徵明玄孙,震亨子,隐居竹坞,善书,工古文词,冲淡清介,不求闻誉。在京师时,人以国子监荐之不就。父殁,依父墓而居,卖画自给。工山水,能传家法,用笔细秀。点染墨润,尤以墨胜。善画人物小品,小石树木,多以攒点,盖寓意点簇法。时人戏曰:"文点松,文也文,点也点。"亦善花鸟。传世有《罂粟图》册页(纸本,纵20.5厘米,横28.5厘米,常熟市文管会藏),图绘花朵枝叶滋润柔嫩,有迎风承露娴静婀娜之韵。承恽南田没骨写生法,以细笔勾筋,更见风采,清雅喜人。画上题"分畦灌地都名种,一片开来蜀锦新;偶折一枝闲自赏,不叫勾引路旁人"。款署南云山人,钤"文点"白文方印,右下角有"洁公真赏"收藏印。当时巡抚汤斌,甚为赏识,多所采择。及卒,朱彝尊志其墓。传世作品还有《秋林过雨图》轴,藏上海博物馆,另有康熙二十六年(1687)作品《为于蕃作山水》轴,著录于《虚斋名画录》。著有《南云集》。

上睿(1634—?),清代画家、僧人,字静睿、浔微,号目存、蒲室子,吴县(今苏州)人。少居瑞光寺,后居东禅寺,与惠士奇、张大受结社吟诗,著有《余习吟》。工山水,布局深稳,气韵冲和。尝以路荐入京师,得王翚传授,旋以疾告归。事母孝,淡于世味。画称能品,花鸟酷似恽寿平。亦善写人物,长于摹古,其仿唐寅之作尤见功力。代表作《为友梅作行乐图》册(纸本,设色。纵29.4厘米,横39.1厘米,苏州博物馆藏,顾公硕捐赠),共十二开,乃为友梅作四季行乐图,或云山游春,或荷塘消夏,或秋郊围猎,或雪山访友。一年十二月,月月皆有寓意,尽具高情逸致。各开画法亦各有异,或"仿李营丘",或"仿赵千里",或"临唐子畏"等,出宋入元。山水、人物、花鸟、走兽无不精工入微,形态各异,情景宛然。其中一开,绘山谷幽深处,一楼临流独立,楼畔树木葱茏,屋中寂然无人,一老者似外游归来。画上自题"仿赵千里笔法,卧云人睿"。上睿诗亦工秀,尝题张忆孃《簪花图》:"笑摘秋香压鬓鸦,懒将时势斗铅华;他年得入维摩室,不许簪花许散花。"传世作品有康熙三十二年(1693)作《桐荫书屋图》、康熙三十八年(1699)作《绣谷送春图》,现藏故宫博物院;雍正二年(1724)作《溪山密雪图》,藏日本大阪市立美术馆。1940年故宫博物院出版《清释目存仿宋元山水册》影印本。

柳遇,清代画家。字仙期,吴县(今苏州)人。善人物写真,山水树石、

上睿《为友梅作行乐图》之三、之四　　　　　柳遇《罂粟花》

界画楼台，精密巧瞻，无不佳妙，亦工花鸟。宋荦抚吴时，曾延请其临摹顾闳中《韩熙载夜宴图》卷，为艺林称赏。与邑人徐玫齐名。传世作品有《罂粟花》，图中罂粟数朵，数花盛开，一朵下垂。绿叶掩映有致，纹理叶状清晰。用工笔画就，但花叶繁茂，密而有清简效果。画上无署名。传世作品尚有康熙三十五年（1696）作《兰雪堂图》卷，画明王必一故居，卷后有宋荦、尤侗等题诗，康熙四十年作《微雨锄瓜图》卷，为宋荦子宋至写像，现均藏南京博物院；《罂粟图》轴，图录于《中国历代名画集》；另有雍正二年（1724）作《花卉册》（十二幅），著录于《十百斋书画集》。

杨晋（1644—1728），清代画家。字子和、子鹤，号西亭、二雪、谷林樵客、鹤道人、野鹤，常熟人。王翚弟子，善山水，所作烟林清旷，锋毫精整，尤工村庄景物，亦写人物、花鸟，尤工画牛，蹄角生动。王翚出游，杨晋必随行。王作图凡有人物、舆桥、驼、马、牛、羊等点景之物，皆由杨补绘。尝与王翚征入宫廷绘制《康熙南巡图》。晚年每多率笔，有亏神气。《空山独往图》卷构图宏大，山峦在云雾中隐现，极代表他的艺术特色。传世作品还有康熙十三年（1674）与王翚合写《王时敏小像》，现藏故宫博物院；康熙二十二年与王翚合作的《艳雪亭看梅图》轴，藏南京博物院；雍正二年（1724）作《柳塘春牧图》轴，图录于《中国历代名画集》等。另有康熙二十二年与王翚、恽寿平、王蓍、笪重光、王概合作《岁寒图》，著录于《宋元明清书画家年表》。

徐釚（1636—1708），清代画家。字电发，号虹亭、拙存。吴江人。康熙

杨晋《浮岚暖翠》手卷

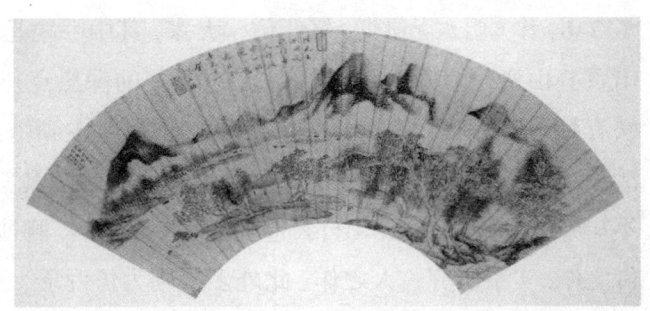

徐釚 《山水图》扇面

张宗苍 《仿黄子久山水图》

十八年（1679）试博学鸿词科，授检讨。康熙南巡时诏以原官起用，不就。工诗文，善画山水，笔致风秀，用墨简淡清逸。善干笔擦皴，有黄公望、王蒙遗志。《山水图》扇面绘小桥茅亭，平溪汀渚，色彩简淡。用笔工雅。扇上自题"往见王荆州元照仿古人没骨山水，遂以意为之。呈老夫人一粲，门人釚"。"王荆州元照"即指"四王"之一王翚。传世作品有康熙二十一年（1682）作《移居图》卷及康熙三十年作《闽中溪山图》卷，均著录于《古代书画过目汇考》；《仿黄鹤山樵山水》册页，图录于《中国绘画史图录》下册。著有《词苑丛谈》《南州草堂稿》《菊庄词》等。

张宗苍（1686—1756），清代诗人、画家。字默存、墨岑，号篁村、晚号瘦竹，世居天池山之篁村，因又号太湖渔人。吴县（今苏州）人。黄鼎弟子，始以主簿理河工事。乾隆南巡江南时，献上《吴中十六景》画册，供奉内廷，授户部主事。善画山水，笔墨沉着，山石用干笔积皴，再以焦墨醒之，并专于渴染，林木葱蔚，尽去画院甜熟之习。尝与姚文瀚合作《岁朝图》卷，姚画界画人物，张为补景。代表作品有《仿黄子久山水图》册，还有于乾隆十三年

(1748)作《山水》册页。每开仿一大家,其中一幅是仿巨然的,全用淡墨点出重叠山峦,施以简旷的披麻皴,以不多的深黑点苔,古树一丛也是画得疏松有致。他在画上题道:"白石翁云,梅花庵主画由荒率中转求之致,神态活泼,岂任意挥洒,诩诩自得耶?凡以庵主者俱以乱头粗服,谓入其门径,而不知庵主之苦心用意,出自天造。此帧参以巨然,聊博高明一笑。"可见其摹古之作,实系研究古人之作。此外多幅则为仿倪瓒、王蒙、黄子久、赵大年、赵孟頫、李成等人笔意,可见其学习古人之广之深。画迹在《石渠宝笈》中著录有116件。传世作品有雍正九年(1731)作《雪景山水》轴,著录于《虚斋名画录》;乾隆八年(1743)作《仿董北苑山水》,图录于《中国名画宝鉴》;乾隆十年(1745)作《雨洗秋山》,图录于《神州国光集》。

张鹏翀(1688—1745),清代画家。字天扉,号柳斋、南华山人,崇明人,居嘉定(当时属苏州)。雍正五年(1727)进士。善山水,师法"元四家",尤长倪云林、黄公望法,云峰高厚,沙水幽深,笔墨清润,设色雅淡,兼有王原祁、王翚之风。尝曰:"近来画道,非庸即俗,日就凌澌矣!不极力振刷,安继前徽?"尝与人论画,谓:"右丞、董、巨,萧散闲逸,全以韵胜,后代精工严整,无一笔无成见。"作品《翠巘高秋图》轴(纸本,墨色。纵101.1厘米,横49.9厘米,故宫博物院藏)作于乾隆九年(1744),前景为几株大树下的草亭,隔岸是连绵高山,有石阶直通上顶,飞瀑依山下坠,体现其"高",几株枫叶,体现其"秋"。笔墨清秀,设色以赭石花青为主。传世作品尚有雍正十三年(1735)作《松竹溪亭图》,现藏嘉定博物馆。

张问陶(1764—1814),清代诗人、画家。字仲冶,号船山,亦称老船、豸冠仙史、宝莲亭主、蜀山老猿、群仙之

张鹏翀《翠巘高秋图》

张问陶《兰桂齐芳》扇面

不欲升天者,四川遂宁人,鹏翮(1649—1725)曾孙。乾隆五十五年(1790)进士,计累官莱州知府,以病辞,年未及五十。爱吴门山水之胜,侨居白堤齐门桥下,距白乐天祠甚近,有诗云:"香山居士抽簪处,甫里先生斗鸭时。驿使无须打金弹,醉乡尤喜听《杨枝》。凭栏早醒繁华梦,点笔难删讽喻诗。且作生公台下石,惊波飞燕任差池。"时阳湖孙渊如亦居虎丘,望衡对宇,称两寓公侨居吴门。颜所居曰乐天天随邻屋。诗名重于海内,主张诗歌应抒发性情,反对模拟,所作多表现生活。曾得袁枚赞赏。有不少写景题画之诗,情调流于感伤。人但知其诗,而不知其书画俱佳,山水具秀逸之趣。写生近徐渭,思致潇涵。花鸟、人物,皆随意为之,风趣潇远;画马、鹰、鸟,亦见生动。传世作品有《嘶马图》轴,还有嘉庆四年(1799)作《芍药》扇,藏故宫博物院;嘉庆十年作《鹤汀画马》轴,著录于《古缘萃录》。

王学浩(1754—1832),清代书画家。字孟养,号椒畦。昆山人。乾隆五十一年(1786)举人。曾馆吴门刘氏寒碧山庄十余年,尽观所藏,画笔益臻苍健。曾游遍燕、秦、楚、粤。性冲淡,山居奉母,莳花种竹,以娱其亲。山水得王原祁正传,结构整密,笔力苍劲。中年兼涉写生,赋色清雅。自谓得元人逸趣。家藏法书名画亦夥,对画理娓娓不倦。尝自题元人画册云:"六法一道只一'写'字尽之一。'写'者,意在笔先,直追所见,虽乱头粗服,而意趣自足。或极工艳,而气味古雅。"论者谓他"深得画禅意蕴,所嫌用力太猛,未免失之霸悍"。代表作有《浦城春色》、《云壑鸣泉》。传世作品还有嘉庆七年(1802)作《溪山野屋图》轴,南京博物院藏;嘉庆十三年作《文选楼图》卷,藏中国美术馆;道光六年(1826)作《山南老屋图》册页,图录于《中国名画宝鉴》。1923年商务印书馆出版《王椒畦诗画册》影印本。著有《山南论画》。

王学浩《云壑鸣泉》

朱昂之（1764—1840），清代画家。字青立、津里，原籍武进，居苏州。文嵘子，画承家学，善山水，出入宋元，并得王原祁、恽寿平遗韵，尤深得董其昌堂奥。笔意尖峭，清逸超纵。中年多临古作，晚岁纵笔潇洒，失之尖薄，无浑融沉郁之气。尝自谓："我画每一运腕，辄被三王、吴、恽所缚，不能脱其范围，一艺之成，固非易事。"于画山水之余，写花卉、梅兰竹，亦称清逸，草书精妙，得者珍之。有贫者丐其画，售以度日，不吝。日饮炒米汤，从游者如市。卒之日，仅残帙一堆而已。代表作为《疏林远岫图》。传世作品还有嘉庆十五年（1810）作《仿子久山水图》，图录于《中国名画》；道光六年（1826）作《仿黄鹤山樵山水图》，图录于《神州国光集》；道光七年作《仿赵千里层峦萧寺图》，现藏故宫博物院。

　　沈复（1763—约1838），清代文学家、画家。字三白，号梅逸。长洲（今苏州）人。出生于"衣冠之家，居沧浪亭畔"。能文善画，在苏州、扬州都卖过画，能山水、花鸟，后移居仓米巷（后门大石头巷36号）。嘉庆十三年（1808），

朱昂之《疏林远岫图》

清廷应琉球世子之请,派殿撰翰林齐鲲、给柬费锡章为正副使,东渡册封。恰好沈复随同乡好友石蕴玉去京,石和齐同在翰林院供奉,沈由石荐为"从容",出使琉球。回国后又去如皋充当幕友,刚60岁不久,即返乡薄蓄回屋,颐养天年,大约在道光中叶后卒,享年70余岁。归葬跨塘之福寿山。曾著《浮生六记》一书,含闺房记乐、闲情记趣、坎坷记愁、浪游记快、中山记历、养身记道六记。后两记已佚,四记中记述妻芸娘之蕙心兰质、通达洒脱及夫妻恩爱生活,后记妻死子亡的坎坷遭遇,特别是"笔墨间缠绵哀感,一往情深,于伉俪情尤笃"(王韬跋)名噪一时。后林语堂为其译成英文,俞平伯校注和写出《浮生六记》年表。《浮生六记》中也述及他从善画山水的袁少于、王星澜"学画,写草篆,刻图章","设一书画铺于家门之内,三日所进,不敷一日所出","有西人赁屋于予画铺之后,以放利贷为业,时债予作画,因识之"。妻死后,"又复至扬州,卖画度日"等,还述他作画十二幅《嶙山风木图》册页情况。其《山水》轴一幅,因辗转印制,看来比较模糊,但也不难看出,沈的山水画还是很规范的。他的好友石韫玉《独学庐全集·晚香楼集》中有《题陈莲夫进士仿王石谷山水为杨补凡(时杭州名画家)作》中写道"我与沈三白,六法有所受,两人述杨子,脍炙不离口",也可作为佐证。但石并不以画名世,此处描述三白似无过他之处,可见沈画很可能只是稍高于一般水平。

清代苏州山水画家很多,较为著称于世的还有劳澂(善山水,小品最佳)、薛宣(善山水,亦作嘉善人)、张珂(1635—?,善山水、小品最佳)、虞沅(王翚弟子,工山水)、陈玫(善山水)、周鲲(工山水、人物)、许从龙(善山水)、翟大坤(善山水)、黄均(1775—1850,善山水)、薛宝龄(1781—1841,善山水)等人。

沈复《山水》轴

张崟《临顿新居第三图》卷局部

这一时代，苏州有一幅园林画，不能不记，即是《临顿新居第三图》卷（纸本，设色。23.9厘米，横200厘米，苏州博物馆藏），作者张崟（1761—1829），字宝厓，号夕庵，晚号且翁。丹徒（今江苏镇江）人，贡生。善画山水、花卉和佛像，尤长画松，与顾鹤庆有"张松顾柳"之誉。世称"丹徒派"。道光五年（1825），张65岁，受故尚书潘世恩之子曾沂（功甫）之请画了这幅画。石韫玉在画上跋道："苏城东北隅，有临顿里。里中人鸾驾巷，今人呼之为钮家巷，即古之凤池乡也，有凤池园在焉。国初为顾氏别业。康熙间，故宗人府丞顾湄葺而新之，尝记其山池屋宇之盛。……今归于潘芝轩先生。尚书令子功甫舍人，绘为临顿路新居图，徵予为之记。"是图确描写了潘世恩故宅园林，世恩为道光朝首辅，其孙祖荫为光绪朝军机大臣，一门宦政可考者十数人。其宅有燕居室、梅花楼、凤池亭、虬翠居、莲壶小隐、先得月处、烟波画船、绿荫榭诸景。张以吴派笔法，参以金陵派平涂积墨之法，墨点色点密布，而画面却清朗明秀、平淡天真。潘宅本苏城名宅，今已物换星移，旧景不在，此图独可留下这故园胜景。此图首有潘曾沂引首，除石韫玉外，尚有吴云、屠倬、潘遵祁等15人跋。

第四节　苏州花鸟画家

清代苏州的花鸟画家不少，但著名的仅如下数人（女画家中的花鸟画家见第六节）：

周蕃，明末清初画家。字自根，因发黄，人称"周黄头"。长洲（今苏州）人。善画水墨花鸟。师法沈周、陈道复，笔墨飘逸，具萧远疏简之致。传世作品极少，仅有清顺治十一年（1654）作《秋葵双鸡图》轴（纸本，故宫博物院藏），图中有两鸡并立，系用淡墨加浓墨勾就，一昂首下视，一低头他顾，神态毕现。上面在一枝秋葵插入，葵叶展放，花朵盛开，极尽清秀之致。画家自署"甲午新夏写。周蕃"。

金俊明（1602—1675），明末清初画家。初姓朱，名衮，字九章，后复姓改今名，字孝章，号耿庵、不寐道人。吴（今苏州）人。明诸生，少随父官宁夏，往来燕、赵之间。博学有才气，入复社，明亡后隐居不仕，以卖画自给。天性孝友，修行纯洁，经史子传、天文水利，靡不精研。善书，工诗文古文词。擅写山水竹石，潇洒有致，以梅最工，斟酌于华光、补之间，别成雅构。疏影细蕊，风姿翩翩，晚年老笔纷披，又具一格。画兰，论者比之南宋寓居苏州的郑思肖。他的《花卉图》册之一，首开上画家自

周蕃《秋葵双鸡图》

题："庚子喜平月戏写梅枝于春草闲房，耿庵金俊明。"画中系画两枝梅花穿插：一枝施彩，娇艳欲滴；一枝则墨笔勾就，清纯无瑕。两枝相互争艳，梅之高洁之风、暗香之气，跃然纸上。彩梅直接施朱点染，干以秃笔点染；另一枝则以细笔勾出花瓣，干以墨画出，这样手法确系少见，但系冬春并存，掩映成趣。存世作品有康熙元年（1662）作《梅花图》册（十帧），有单行本；康熙十三年作《岁寒三友图》轴，藏南京博物院；1931年文明书局出版《金耿庵墨梅册》影印本。著有《春草闲堂集》、《推量稿》、《阐幽录》、《康济谱》。

王武（1632—1690），清代画家，鉴赏家。字勤中，晚号忘庵，又号雪颠道人，吴县（今苏州）人。王鏊六世孙，兄名会。以诸生入太学。自少风流倜

金俊明《花卉图》册之一

王武《松竹白头图》

俛,不屑为举子业,读书赋诗外,若投壶蹴鞠弹棋马射技节之术,与夫艺花种树攀鱼笼禽之方,无不通究。精鉴赏,富收藏,先世所遗及平时购获,多宋元诸大家名迹,心追手摹,务得其法。善画花鸟,位置安贴,赋色精巧名丽,深具功力。他和恽寿平是同时代著名画家,画风也颇近,都以写生为基础,有清丽雅研之趣。恽多用没骨法画花卉,王武虽有时也作,但多为勾花点叶法画花卉。多取周之冕、陆治画法,在点笔方面有所发展。王时敏曾说:"近代写生家多画院气,独吾勤中所作,神韵生动,应列妙品。"尝作画以济贫,族中有父老无力嫁孙女,王武以画助之。代表作《松竹白头图》轴(纸本,设色。纵102厘米,横49.2厘米,故宫博物院藏),绘巨石倚立,桦竹交错,穿插有致。下伸的松枝上一只白头翁鸟,回首相望,似有所思。松针用细笔勾出,并用花青和赭黄反复勾出,竹用勾线填色,石头和苇草有勾有皴、有点有染,技法多样,功力非凡,形成雅淡清逸的风韵。上有画家自题:"雪尽亭皋松影寒,忽闻春信到阑干;胭脂冻蕊垂垂发,白头人须仔细看。"署名时为"己巳腊月立春前三日",当时康熙二十八年(1689)画家年57岁。传世作品还有顺治十八年(1661)作《为紫谷画花卉册》,图录于《中国名画集》;康熙九年

蒋廷锡《幽兰丛竹图》　　　　余省《牡丹双鹨图》

（1670）作《红杏白鸽图》轴，藏天津市艺术博物馆；康熙十八年作《水仙湖石图》，藏苏州市博物馆。

蒋廷锡（1669—1732），清代画家。字扬孙，号西谷，一号南沙，常熟（今张家港）人。伊子。康熙四十二年进士，入翰林，官至大学士兼吏部尚书。秉公执政，严别弊端，吏无由为奸，参赞机务，缜密周详，人不能探其崖略。卒谥文肃。少工诗，善画花卉，以逸笔写生，敷色墨晕，二者兼于一幅之中。点缀坡石，莫不超绝。作品自然融洽，风神生动，气度不凡，得恽南田之余韵。还承黄筌之勾勒法，兼收宋元明清各家画法，勾花点叶，略加变通，自成格调，世称"蒋派"。他的代表作《幽兰丛竹图》（绢本，水墨。纵97厘米，横51厘米，藏南京博物院），作于康熙六十一年（1722），为廷锡兰竹代表作。画上坡石一角，以淡墨潇洒写就，飘逸不凡，上缀少量深墨点苔，数丛兰草迎空飘逸。其下则用深墨画出竹叶，清影婆娑，构成整个画幅清逸雅致之气。传世作品有康熙四十年（1701）《竹石图》轴，藏中国美术馆；康熙四十七年作《花卉图》卷，藏南京博物院；康熙四十四年作《野菊图》、雍正元年作

《四瑞庆登图》轴,均图录于《故宫书画集》。1919年中华书局版《蒋南沙花鸟草虫册》影印本。

余省(?—约1757),清代画家。字曾三,号鲁亭。常熟人。珣子,蒋廷锡弟子。善花鸟虫鱼,尤善画蝶,兼工兰竹、水仙,参用西法写生,赋色妍丽。乾隆元年(1736)与徐璋、张廷彦供奉内廷。乾隆六年作《牡丹双鹨图》轴(纸本,故宫博物院藏),画中古树参天,枝叶虬劲。下幅湖石在牡丹花丛中屹立,地下野花幽兰盛开,二鸟系工笔勾就,相互顾盼。树上还有二鸟互为照应。看来此图是供"御览",极具富贵祥瑞之气。传世作品还有《东篱秀色图》轴,图录于《故宫书画集》;乾隆十七年作《仿王冕梅花图》卷,藏中央美术学院。另有乾隆十年作《百蝶图》卷,著录于《国朝院画录》;乾隆二十二年作《海西杂卉》,著录于《石渠宝笈续编》。

马元驭(1669—1722),清代画家。字扶羲,一作扶曦,号栖霞,天虞山人,常熟人。父眉,字子白,号雪渔,擅画花卉,尤工芦雁。元驭得家学,善花鸟写生,得恽寿平亲传,逸笔尤佳,水墨居多。又与蒋廷锡商讨六法,故没骨画亦工。王翚曾这样评他:"扶羲神韵生动,不泥陈迹。"代表作品《南溪春晓图》轴(绢本,设色。纵57.2厘米,横28.6厘米,南京博物院藏),描绘南溪暮春之景。一条柳干昂首向上,垂下一组柳枝。图中又伸进一枝桃花,正在争妍盛开,桃红柳绿,形成一派三春美景。柳枝上一只八哥,正悠闲俯首梳羽,陶醉在春暖花香之中。画迹还有康熙三十二年(1693)作《古林春燕图》轴、康熙三十九年作《群仙拱寿图》轴,著录于《石渠宝笈三编》;传世作品有《花溪好鸟图》轴,藏中国美术馆;《秋塘春兴图》卷,藏南京博物院。

马元驭《花溪春晓图》

徐玫，清代画家。字彩若，一字采若，号华坞，吴县（今苏州）人。工花鸟、人物，勾染工整，色泽妍雅。尝与王翚作合景扇面，彩若画秋槐一株，枝干苍润，点叶茂密，有深沉之致。与邑人柳遇（仙期）并名一时。画迹有康熙元年（1662）为王时敏作《凉瀑图》卷，康熙四十一年作《江南春雨图》卷，著录于《石渠宝笈》。

　　余稚，清代画家。常熟人，擅长花鸟画。《鸟雀争春图》轴，是其代表作品。画下部为巨石灵泉，虬枝横出，枝头白梅绽开，清雅怡人。一对鸠鸟脉脉相向，麻雀凌空飞起，打破这静谧，萌生无限生机，与春泉共奏春之乐章。本图笔墨工整简洁，构图严谨，设色典雅。

第五节　人物画家和徐扬《盛世滋生图》

余稚《鸟雀争春图》

　　清代苏州人物画家不多，已有的多兼工山水，如顾见龙，他就画过《汤文正公像》；大多只是在山水中缀以人物，如杨晋就经常为王翚画中补上人物和驼马之类。专攻人物的有以下数人（女画家另述），现存苏州最宏大的人物画卷的当推徐扬之《盛世滋生图》。

　　许从龙，清代画家。字佐王，号虎头，嘉善人，后迁居常熟。以荐入南薰殿，康熙四十五年（1706）充誊录官。卒年八十二。擅山水、花鸟，取法宋元，尤工道释神仙，开相谲奇，不资粉本，悉出匠心。尝受江苏布政使金世扬布施，绘制《五百罗汉图》，历时六年，绘成于康熙五十一年（1712）。此图轴分置在二百纸画面上，纵274厘米，横125厘米，笔力遒劲，栩栩如生，运至江西南昌，展于佑清寺，轰动一时。后归庐山栖贤寺收藏。因迭经兵燹外盗，只存112幅，现藏江西省庐山博物馆。

　　徐扬，清代画家。字云亭，吴（今苏州）人。家住城西专诸巷。擅长人物、界画，花鸟草虫，亦生动有致。画梅既苍劲又秀雅。并能绘制地图。乾隆十六年（1751）皇帝南巡至苏州，他因献画称旨，被召入内廷供奉，赐举人，

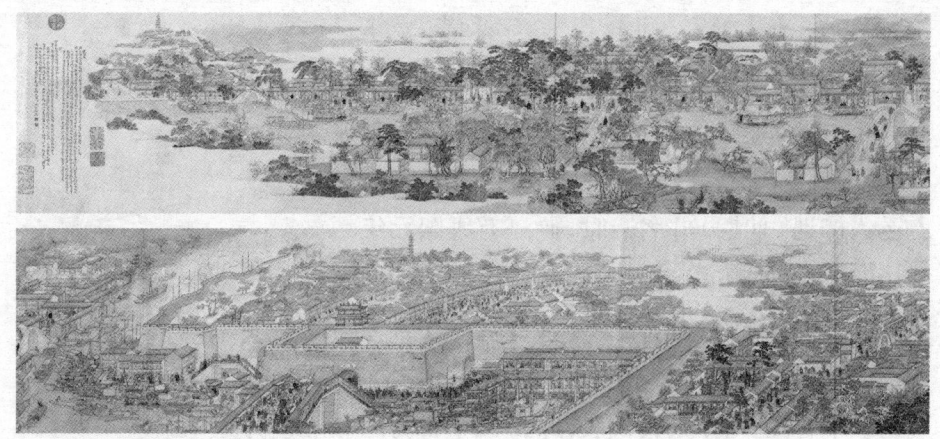

徐扬《盛世滋生图》

官内阁中书。受西洋传教士、画家艾启蒙（Jgnatius Sickeltart,1708—1780）等影响，写实功力益深。乾隆二十四年作《盛世滋生图》卷（一名《姑苏繁华图》）（纸本，设色。长12.33米，宽0.358米），这是全面表现当时苏州繁盛景况的长卷。一直深藏宫内，民国后，溥仪盗出宫外，辗转天津、长春等地，后为东北博物馆（现为辽宁省博物馆）接收。画上徐扬自跋云："此图自灵岩山起，由木渎镇东行，过横山，渡石湖，历上方山，从太湖北岸介狮、何两山间，入姑苏郡城，自蓒、盘、胥三门出阊门外，转山塘街，至虎丘山止。"以上均为苏州长期形成的经济繁华、人文荟萃、古迹众多、景物秀丽之地，也是康熙、乾隆南巡屡过之处（康熙6次，乾隆12次）。画卷正是按此顺序描绘，融山水、人物、界画于一炉。举凡城楼雉堞，通衢街坊、宅第园林、寺院坛庙、官署仓廪、市肆店铺、津梁古渡、舟筏桥舆乃至山游雅集、婚礼寿庆、耕织渔樵、工商百业，应有尽有，豆人寸马，神态毕现。数十里湖光山色、水乡田园、通衢闹市、吴地风情都跃然纸上。据统计，图中画12000人之多，舟楫排筏近400只，桥梁50余座，可辨认的市招260余家，中有丝绸4家，棉布、染坊26家，典当钱庄14家，医药14家，日用杂货25家，珠宝首饰、鞋帽、凉席、乐器、盆景等共50多个行业，所售商品除众多土特产外，还有山东茧绸、川广药材、云贵杂货、胶州腌猪、南京板鸭、金华火腿、宁波淡鲞、河南腌肉、蒲城建烟以及东北人参、江西瓷器等等，可谓商贾千里，八方来汇。甚至出现结组的渔船，有规模的织布作坊，五开间的店铺等等，都是当时苏州城市繁华的真实写照。而将如此庞大繁复的"人间风流之地"

再现于咫尺之间，其描写的规模和反映现实的艺术技巧和深刻程度，实是北宋张择端的《清明上河图》后的又一幅传世之作。图卷上有乾隆、嘉庆、宣统三帝十六方玺印，卷末有徐扬跋文。徐扬传世作品还有《京师生春诗意图》轴，藏故宫博物院；乾隆二十三年作《王羲之写经换鹅图》轴，著录于《石渠宝笈三编》；乾隆十六年（1751）作《乾隆南巡图》，12卷，著录于《石渠宝笈续编》。

第六节　清代女画家

清代苏州女画家很多，据《姑苏画史》载，仅苏州城中即有92人，是苏州美术史上各代较多者。这里只记述代表性的数家。

柳如是（1618—1664），明末清初女画家、诗人。姓杨，名爱，改姓柳，名隐，字如是，号影怜。吴江人。本住嘉兴，幼年为盛泽名妓徐佛养女，被卖为妓。崇祯五年（1632），14岁被吴江故相周道登鬻于勾栏，强索为妾。四年，周卒，往松江，与陈子龙相恋，二人感情甚笃。后不得已分开，如是在《别赋》中写道："虽知己而必别，纵暂别其必深，冀白首而同归，愿心志之固贞。"陈与清兵战死。后与钱谦益一见倾心，嫁钱为妻妾，称河东夫人、河东君、蘼芜君等，二人多次来苏，于拙政园中暂住（现苏州博物馆的"耳房"，已作为历史人物故居保护）。钱降清，如是曾加以劝阻。后如是与海上郑成功有联系，竭力助其事。钱死，族人逼柳，自尽死。如是博览群笈，能诗文，

柳如是《山水人物图》之四

书宗虞世南、褚遂良。善书画,白描花卉,清新可爱,间作山水竹石,亦称秀雅。曾为沈周《梅花册》中《题画梅》:"媚如睡时欠伸时,不忍多看费所思。在底笔端含造化,点睛惟乐梦中知。"其作《山水人物图》之四(吴中蒋化旧藏,现藏于美国弗利尔美术馆),半为江面,水波不兴。水上小山数座,均以淡墨勾就,雅淡而不失雄伟之态。山下有浅滩,上有小草,以深墨写出。山后梧桐两株,小亭一座,而远山如黛。大片水面上有小舟一叶,一人独坐,边有水草若有若无,画面十分雅逸,但妩媚中又有劲遒之气。传世作品有崇祯十六年(1643)作《月堤烟柳图》卷,为红豆山庄八景之一,现藏天津市艺术博物馆。著有《戊寅草》、《柳如是诗》等。

蔡含(1647—1686),清代女画家。字女萝,号圆玉。吴县(今苏州)人。孟昭女,冒襄(字辟疆,明末清初文学家、书画家,如皋人,以才闻名,入清不仕)姬。善画山水、花卉、禽鱼,好临摹,功夫甚深,能于擘纸泼墨,尝作《竹松图》巨幛。

金玥,清代女画家。也为冒姬。字晓珠,昆山人。亦工绘事,画花鸟,画技娴熟,恣意挥洒。与蔡含常合作,被称"冒氏二画史"。传世作品有康熙十四年(1675)与蔡含合作《午端图》轴,藏南京博物院;康熙二十年作《茅亭秋色图》轴,图录于《神州大观》。金玥存世作品《花鸟虫鱼》册中之《秋葵图》,一花正在绽放,一朵半开,或向或背,枝叶飘逸张开,下面石块苍浑有致,花刻画细腻,石则皴、点、染并用,结构严谨,画得迅疾流畅,但不失婉约清新。

金玥《秋葵图》

范雪仪《吮笔敲诗图》　　　　　吴应贞《荷花图》

范雪仪，清代女画家。号古吴女史，吴县（今苏州）人。康熙年间（1662—1720）与傅德容同为著名的仕女画家。《吮笔敲诗图》轴，画一端庄仕女临案而坐，高挽云髻，二目轻垂，凝目而视。手捏笔吮之，思索之态跃然纸上。画案上的盆景、水果、砚等器物均极小巧典雅，与人物浑然一体。着墨不多，线条清柔流畅，设色艳而不俗，整幅画洋溢着秀雅之气。作者在左下处题曰："古吴女史范氏雪仪写。"

吴应贞，清代女画家。字含玉，吴江人。工花卉，精于写生。《荷花图》轴（纸本，设色）绘荷塘之间，荷花盛开，摇曳生姿。不论绽放、含苞均娇艳高洁。莲蓬高立其中，荷叶招展于下，水中鱼嬉游，水藻隐现，蜜蜂花上飞来，一派阳春之景，充分表现了"江南可采莲，莲叶何田田，鱼戏莲叶东，鱼戏莲叶西……"之画境。本图用没骨法画就，其淡如洗，唯有蜜蜂其黑如豆，设色清丽，令人如历其境。

在清代众多苏州女画家中尚有沈淑孙（善花卉，未婚卒，临终画一兰，题曰："独坐写幽兰，图成只自看；怜渠空谷里，风雨不胜寒。"）、吴琪、吴绡（善花卉、兰竹）、金淑修（善山水）、席佩兰（袁枚女弟子，善画兰）、徐灿（当时拙政园园主陈之遴妻，工诗善画，尤擅水月观音，间作花卉）、张学典（善花卉）、傅德容（与范雪仪齐名）、赵昭（文淑女，善兰竹）、张允兹（善墨梅，"吴中十才子"之一）、顾蕙（善写生）等人。秦淮名妓卞玉京（卞赛，自号玉京道人）工小楷，善画兰。后嫁良医郑保御，居于山塘。

第七节　泥塑、木雕、砖雕和五百罗汉

苏州泥塑艺术历史久远，据《吴门补乘》记载，明清两代虎丘山塘一带云集了泥塑名工巧匠，善捏像，多为传神之妙手。捏像，又称塑真。曹雪芹曾居过苏州，他在《红楼梦》中写道"虎丘山泥捏的薛蟠小像，与薛蟠毫无相差"，"薛宝钗拿出细细看了一看，又看他哥哥，不禁笑了起来"。清末，虎丘一带尚有老荣兴、老荣泰、金合成、汪春记（专营绢人）四家店铺。现存的泥人《少妇哺婴》（高18厘米，藏苏州博物馆）是为表现少妇喂乳时之母子情态的泥塑小品。母亲脸型清秀，神态安详，婴儿吮饱乳汁，双腿翘起，手拉母亲衣襟。静中有动，母子欢乐之情，表现无遗，实为民间艺术瑰宝，可想见当时苏州之捏像水平。

泥人《少妇哺婴》

西园寺初建于元代至元年间，初名归元寺，崇祯八年任持和尚茂林为弘扬律宗，改为戒幢律寺。清咸丰十年毁于战乱，现存的五百罗汉堂，系于同治八年至光绪二十九年之间建成。进入罗汉堂前过道，两侧有木雕金身大悲咒化身像八十四尊。正堂则为三进四十八间，中间成"田"字形，四通八达，两面循回。以四大名山雕塑座为中心，沿四壁对面排列着五百尊罗汉像（按序排列，右为单号，左为双号）。罗汉，梵文Arhat，意即修行得道者，地位仅次于菩萨。佛经中只

西园五百罗汉像

有五百罗汉事迹,宋初杭州净慈寺首塑五百罗汉,有像无名,嘉靖年间常州天宁寺石刻罗汉首用佛经中名号得出五百之数。西园罗汉堂即以此为蓝本而改为泥塑。在"灵山一会"的匾额下,从第一尊罗汉阿若齐陈如到第五百尊般利罗,共五百尊大过人高的罗汉,整齐有序排列,济济一堂,形神并茂,金色充斥殿宇,佛国气氛洋溢。众多塑像各有其动作和表情,衣裙褶纹飘飘欲动。有的合目静坐,似早已入定;有的祖胸露背,露出一身肌肉;有的老态龙钟,静坐枯禅;有的微微扬起头部,凝视上空,似有所思;有的双目圆睁,所谓怒目金刚,使人无法正视;有的低首微笑,似欲与人共语……除五百尊罗汉外,还塑有大肚弥勒像、寒山像、拾得像、千手观音像、四大名山佛像、关公、韦驮、三方佛等,尤其是疯僧和济公像,据说为当年制作这些罗汉的两位带班的老师傅比美之

济公塑像

作。疯僧是四大名山的主像,是根据传说中"疯僧扫秦"传说。"疯僧",一手拿吹火筒,一手拿扫帚,揄揶秦桧的形象,使人忍俊不禁。而济公塑像则在"名山"南面,歪戴破僧帽,肩披破袈裟,手持芭蕉扇。塑造者突出了济公右侧眉梢的皱纹,看上去是满脸笑容;而左侧则加深了嘴角皱纹,又是满脸愁容。而从正面看去,则是似笑非笑,似哭非哭,哭笑不得,成为吸收游人、引人止步并发出会心微笑的形象。总之,五百罗汉像是将印度佛教艺术和我国民间艺术加以融合起来,不仅高大完整,在江南寺观显得突出,而且融入民间神话,制作上也别具巧思,值得人们的重视。

　　清代苏州民间建筑中砖雕是具有独特的艺术特点的民间艺术。一般有相当建筑的会馆之类的墙面、照壁,尤以门楼的砖雕,更为完整、丰富。它由质地细密的方砖组成,加以浮雕和立体的手法,少数只有文字或花卉图案,多数则为图案、戏文,或传说的人物故事,形成一个或数个画面。由于它深进有一定空间,比之木雕则更细致,更具有表现力。清代苏州的砖雕比之明代更为精巧,这样的砖雕门楼在苏州有近百处,墙沿其他部位砖雕也很多,可见其绚丽多姿。清代苏州的木雕也十分丰富,室内的桌椅、床箱、门窗、屏风等处,都有它用武之地,面积不大而能发挥木板特质,形成独特的艺术。具有代表性的是乾隆时期一处门板上的木雕,内容不是通常雕刻的戏文或吉祥图案,而是表现系列农耕情景。这里仅存六扇画面(原物可能为八

砖雕门楼

砖雕　　　　　　　　　　　　　木雕

扇），分别为：1.砻米；2.登场；3.收稻；4.灌水；5.入仓；6.耘田。对场景都有细致地刻画，人物都在熟练操作，四周点缀着不同的景物，简练和谐，朴实浑厚，充分运用了浅刻木雕的艺术语言，表现了江南民间艺术之美。

第八节　苏州版画和年画

入清后，各地版画日见式微，著名的徽派版画于乾隆年后已湮没无闻，唯苏州版画方兴未艾。《红楼梦》的研究者们瞩目的《程甲本》，即苏州人程伟元所刊刻。清初苏州还出了一个木刻家朱圭（约1644—1717），字止如，别署桂笏堂。刻有康熙八年（1669）刘源绘图本《石濂和尚集》。康熙三十年前后入内府供职，康熙三十五年与梅裕凤共刻焦秉贞绘图本《耕织图》，康熙三十五年与冷枚、宋骏业等绘内府本《万寿盛典图》，写自午门至西直门为康熙祝寿场景，规模宏大，人物众多，皆掩映自如，远近合度。刻本以《耕织图》最闻名。《凌烟阁功臣图》为朱氏入内府前的自刻本，刀法流利，活泼异常。收入《中国古代版画丛刊》影印本。顾云臣刻《秦楼月传奇》、顾士琦刻《扬州梦传奇》。戏剧家李玉，字玄玉（元玉），其书舍曰"一笠庵"，人称一笠庵主人，吴县人，他的《一笠庵新编占花魁传奇》均有插图。顾沅（1799—1851），字澧兰，编刻《五百名贤图传赞》，张应馨传。孔继尧（峰）

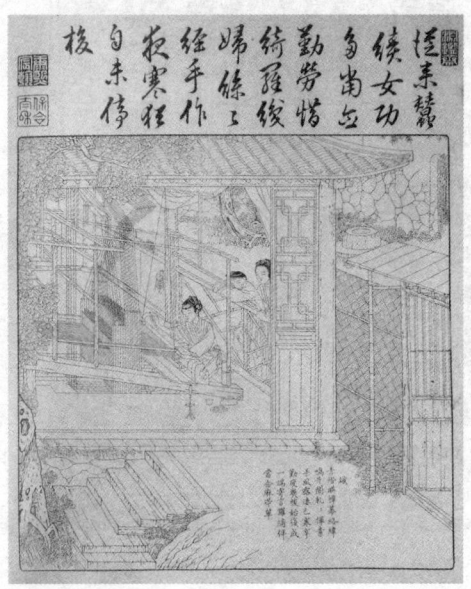

《耕织图》

摹图，张锦章刻。二十卷，道光九年（1829）刊。"例言"称原为明王世贞辑至明中叶，后由钱榖增绘，清张蟾增得五百七十人。顾从中选出二百余人，考订于道光十年（1830）付梓，和其另一《历代古圣贤像传略》（孔莲卿绘）为姊妹篇。后人据前书于沧浪亭园中仰止亭北，勒石建五百名贤祠。同治十二年（1873）张树声《重建沧浪亭记》称："道光丁亥布政使梁公章钜重修，巡抚陶公树复得吴郡名贤画像五百余人，钩摹刻石，建名

《万寿盛典图》

贤祠于亭之隙地。每岁时以祭祀。"此祠至今保存完好，共存594幅苏州历史人物石刻像，五人合刻一石，共石119方。每人有像赞、职衔。为今人在沧浪亭中景仰前贤所在。

关于年画，清时已达极盛发展期，今日可见到雍正时期所制的苏州年画，刻板细致，色彩雅淡，有很高技术水平和艺术水平，无愧为盛期所作。由此上溯至它的草创时期，至少需一二百年时间，因此人们推定它至少出现于明代，是符合情理的。生于嘉靖年间的顾禄，在《清嘉录》中描绘当时卖画情况："一城中玄妙观，尤为游人所争集，卖画张者聚市于三清殿，乡人争买芒神春牛图。""门神，彩画五色，多写温、岳二神之像，远方客多贩去，今其市在北寺、桃花坞一带。"这是今日所见到的关于苏州年画的最早记载。

苏州桃花坞年画

后来郑振铎说"而桃花坞者，在苏郡城之北隅，独以刊印'年画'、'风俗画'有名于时。自雍正至清季，坞中诸肆，殆为江南各地刊画之总枢"（《中国版画图录》自序）。这些论述，看来说明了三个问题：一、《清嘉录》提出苏州远销外地的只是"门神"，乡人争购是《春牛图》，无"年画"这一概念。但三清殿已在卖"画张"，当然不可能都是《春牛图》，也自然不是国画，而苏人称之为"画张"的，只能是今称的"年画"。二、当时无"桃花坞年画"这概念，只是"市在北寺、桃花坞一带"。三、传说苏州年画原在城外山塘街，因太平军兵燹，始移至桃花坞，不确切。至少在清嘉庆时，桃花坞已是销售年画之处了。

第九节 织锦 刺绣 缂丝

清同治、道光年间，苏州丝绸达到全盛时期。称作"织机一万五（千台），产绸三十六万（匹），价银六百万（两）"。全城依丝织业为生者，逾十万人。朝廷在苏州设织造局，向宫廷定期织送大量丝织物。当时向朝廷进贡的三匹织锦缎中夹有票据："苏州织造臣崇启，光绪三十三年分办，官用长四丈木红，片金缎一匹，光绪三十三年分解。"这是以缎为地，以三种以上的彩色丝为纬，即一组经和三组纬交织的纬三重纹织物，是我国代表性的丝绸品种。它不仅对织造技艺要求很高，也要求富丽华贵。另藏于故宫博物院的云龙织锦妆花缎，为黄地团龙拥祥云纹。按清代服饰禁例，五爪龙锦缎为帝服专用，如特赐用此类龙缎，需挑去一爪后用。苏绣在清代又有发展，"刺绣之业吴中为盛"（同治《锦文公所顾公祠碑记》）。而欣赏绣则名手辈出，闺阁妇女中盛行"画绣"，作品以绘画为绣稿，绣工精细，几能夺真。著名的有钱蕙，"以发绣大士像及宫装美人，不减龙眠白描"（《女红传真略》）。还有杨卯君及其女沈关关绣佛像山水（南京博物院藏）；清中期吴县人曹墨琴绣的《萱花图》，均用"抢针绣"，色彩调和，风姿绰约，情调幽娴秀逸。他的存世作品《金带围图》，现藏上海博物馆。昆山赵慧君能"绣山水人物，色丝鲜艳，一如图画"，用擞和针绣，绣工精致，色彩高雅，花枝柔和挺秀，表现了折枝芍药的天然风韵。绣面上有吴大澂、张愿令等三十五人边款题跋，赞其"画韵针神，可称双绝"。这里介绍刺绣

向朝廷朝贡的织锦缎

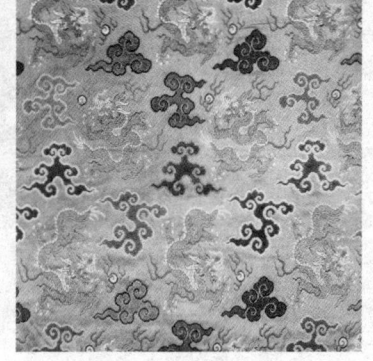

云龙织锦妆花缎

《罗汉像》册页（高26.6厘米，横21.7厘米），系清初残本，仅存十一页。每页上绣罗汉一至两尊，其中一幅殆为伏虎罗汉，秃顶颔须，身骑老虎向前，后侍者举一锡杖，上缚一桃。另一面绣竹草题赞，无款识，题词为"其文炳蔚，其性驯扰，降伏何心，是道非道"。下押"澹岩"、"群玉山樵"朱文印。针法平服多样，配色和谐、古朴，脸部和衣褶部分均用晕色表现。罗汉形象生动，二人一虎均处于"伏"与"驯"状态中，色彩清雅文秀。

清代苏州缂丝仍昌盛不衰。苏州织造局从乾隆二十年（1755）起，至光绪十二年（1886），办解缂丝品二十六批，每批多则一二百件，小则三五件，织物主要是蟒袍、马褂、补子等。现藏故宫博物院的缂丝金龙袍，用金线缂出满地"卍"字，龙纹居中，四周散布如意云、蝙蝠、火焰珠、"寿"字、海水汇涯等。其中龙形双角如刃，双目圆睁，獠牙

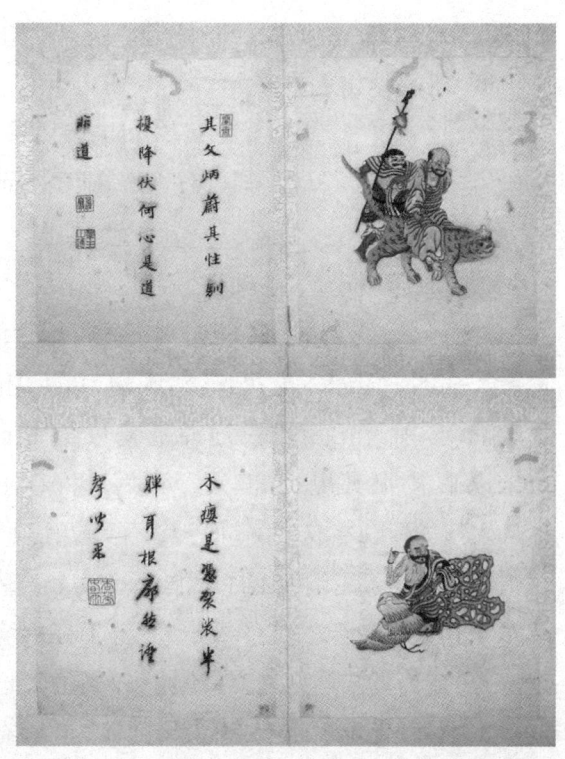

刺绣《罗汉像》册页之一、之二

缂丝金龙袍

四露,四足挥舞,依据龙的姿势,此龙可称"正龙"或坐龙,似在显示皇权横空出世、雄霸一切之势。

第十节 画论、画史

《过云庐画论》,范玑著。一卷。玑,字引泉,常熟人。擅画,有神韵。布衣,以卖画养生。善鉴别,能辨别书画古玩真伪。诗亦冷峭可喜。《过云庐画论》含三论:论山水、论花卉、论人物。以论山水最详,共三十二则,花卉、人物较简,分别为五、六则。通篇不袭陈言,自己所得之言。论山水中,论及自唐宋以来,"循其规,蹈其矩,寝馈日深",他认为"画论理不论体,理明而体从之","画以笔成,用笔既误,不及议其画矣","形随笔立,笔寓于形","用墨之法在于用笔"。再如"画有虚实处,虚处明,实处无不明矣","作画莫难于丘壑,丘壑之难在于夺势,势不夺则境无夷险也"。还论及收藏、品评等等,皆为真知灼见之言。论花卉,则主张画家同时应工坡石,认为花鸟画"除工细外,尤必开展";论人物则认为"画有形至忘形为极",亦是明再之言。《过云庐画论》有龙游《余氏寒柯堂藏钞本》,今依此本。

《山南论画》,王学浩著。一卷。学浩字孟养,号椒畦,昆山人。此书共八条。多论笔墨,他认为"作画第一论笔墨。古人云:'干湿互用,粗细折中,笔之谓也。'"。他最欣赏王翚的话:"有人问如何是士大夫画?曰:只一'写'字尽之。"他又推荐张庚之说,"论画须毛"。毛字从来论画所未见。他加以阐发:"画石之法,方者为折,圆者用勾,顺其势也。"他又论及点苔、青绿、没骨等画法,虽多为阐发前人诸说,但也是自己心得之所言。《山南论画》有《四铜鼓斋论画集》刻本,今从其本。

《溪山卧游录》,盛大士著。四卷。盛(1771—1843)字子履,号逸云、兰簃外史、兰畦道人。镇洋(今太仓)人。嘉庆五年(1800)举人,山阳教谕。学问渊雅,诗画俱佳。夙好六法,壮年始习皴染,山水宗王原祁。而加脱略,落落有大家风格。《溪山卧游录》前两卷多论画法,其中有抄录前人之处;三、四卷则记其同时代画家和友人交游及题赠诸事,其中有对绘画的真知灼见。如"士大夫之画所以异于画工者,全在气韵间求之而已","画有七忌:用笔忌滑,忌软,忌硬,忌重而滞,忌率而溷,忌从密而乱","画有三到:理也,气也,趣也;非是三者不能入精、妙、神、逸之品"。他又纵论画之"勾勒工细","意在笔先",对元人、吴门及虞山、太仓及吴门诸家皴法做了比较全面的论述,也有论及树、石、水、云、房屋、桥、船诸法。总之,他强调画家主观情感的抒发,反对"沉溺于利欲名场"。《溪山卧游录》有北京图书馆藏钞本。

《海虞画苑略》,鱼翼编著。一卷,补遗一卷。翼(1675—约1747)字振南,号天池山人、乌目山樵、樗叟。常熟人。平生喜绘事,收藏古今画迹颇多。海虞为晋代县名,隋代归入常熟,翼即以此为书名。书前有许行健、王应奎、孙翼飞等题识及乾隆十年(1745)自序。收辑自元以后本邑及流寓、方外、闺秀等善画者四百零八人小传。包括擅长、师承,略作品评。所记近人事迹,足可征信。

《墨林今话》,蒋宝龄著。十八卷,子茝生继撰一卷。宝龄,字子延,号霞竹,又号琴东逸史。昭文(今常熟)人,布衣。画山水高逸古隽,名重江南。茝生,字仲篱,亦善画。此书记载乾隆到咸丰间(1736—1861)画家一千二百八十六人。多属江苏、浙江两省人氏,各立小传。由董其昌开始直至元和闺秀,记录各家姓名、里居韵事、画艺,并涉书法、金石、诗词及收藏等事,不以时代先后为序。孙其湘跋曰:"国朝自桑芋翁《画征录》外,唯此作不滥不遗,论亦洞彻宗旨;同载题画小诗,具见手眼,是不能兼其诗画也。"张鉴则谓:"此书虽接《画征》,观其体例,实远在秀水张氏之上。"此书体例确近似诗话、词话,与一般画史体例有所不同。本书在作者生前未刊印,系在作者逝世后由生前友好集资刊行,时为同治十年(1871)。其他刊本有将戴震为本书作序时间咸丰二年(1852)改为同治十年,与戴卒于咸丰十年相悖,乃书贾之误。

《历代画史汇传》(简称《画史汇传》),彭蕴灿编。七十二卷,别录二卷。蕴灿(1780—1840),字朗峰,号振采,别号耕砚斋主。长洲(今苏州)人。本书由一千六百三十二种文献资料编辑而成,卷首有石韫玉序和编者自序,辑录自上古黄帝,至嘉庆、道光年间共七千五百多位画家。以诗韵编排姓氏,再按时代顺序,下列小传,采辑繁多,而缺漏谬误之处亦有之。后有吴心教另行编撰《历代画史汇传补编》四卷,由唐宋至近代,增补不少,1919年刊行,至1944年再版增广本一册。陆心源曾于《仪顾堂题跋》等书中,斥本书遗漏之处极多，但余绍宋在《书画书录解题》中认为"陆氏心源讥其未能完备，然一人之精力有限，即有所遗，亦不为病"。

《练水画征录》，程远鹭编著。正目、续目、补录、征余录各一卷。辑录嘉定（当时苏州府治）书画篆刻家传记资料。因县治有练祁塘，故名"练水"。书成于道光二十九年（1849），有同年钱杜序。不分卷，所收人物自宋至清，分原籍本邑、方外、流寓等共二百余人，后有《续录》补收七十五人。每人各有小传。记载艺事轶闻，材料多采自邑志、文集和画史，均注明出处。时有按语，记有关行实和所见书画迹，记载较为信实。正、续录外，尚有补录、附录及余录，增收九十余人。略述字号、擅长。1939年，其甥孙黄世祚又据光绪重修县志，增易资料，附校补二卷行世。

《绘事琐言》，中国画工具材料著作，迮朗著。八卷。朗字卍川，号辉庭，吴江人。善山水花卉及篆刻。本书共六十篇，对笔、墨、纸、绢、砚，详考其历史渊源、制作方法及各种种类。对矿物、粉质颜料和胶、矾等，细述其制练、使用及调和诸法；印章篇论述印式、印材、字体、刀法、章法及印泥，颇为详备；兼及画几、画橱、熨斗、垆、筛、画叉、画钩等有关器具，所涉甚广。书前有嘉庆二年（1797）自序及四年宋葆淳序。著者另撰有《三万六千顷湖中画船录》及《绘事雕虫》等著作。

《庚子销夏记》，中国书画碑帖著录书，八卷。孙承泽著。承泽（1592—1676），原名曙，以字行。改字扶桑、耳北，号北海、退谷，常熟人，一作山东益都人。世隶上林苑藉，故亦称北平。明崇祯四年（1631）进士，官给事中，四川防御史。入清仕至吏部左侍郎，晚年退居后著书讲学。本书成于顺治十七年（1660），即庚子年夏，故名。记述自藏及寓目的晋唐以来的书画墨迹、碑刻及法帖三百二十余种。前有乾隆二十六年（1761）卢文弨序，后有同年余集、张宾鹤跋。所载作品，叙述其流传始末；选录重要题跋印记；间评论作者书画造诣，并考辨作品真伪。于碑帖多与他本校核异同，引证广博，阐发己见，精到之处，亦偶有失误。

《王奉常书画题跋》，中国书画著录书。王时敏著，系后人辑集时敏书画题跋一百七十七则而成。其中时敏作最多，计四十六则，余则为时敏题同时代画家及前人画迹、书迹、帖本，题语中推崇文人画，尤服膺黄公望，对王鉴、王翚、吴历诸人赞誉甚隆，而对于己作深自谦抑。其中论及画理、画法，多有精到之语。书前有宣统二年（1910）李玉棻、倪坝壎两序。另有《西庐画跋》一卷，辑录时敏题王翚画跋十八则。

《平生壮观》，中国书画著录书。顾复（1628~1631—1695~1698）著，十卷。复，字来候，自号方泾上农。原籍湖南武陵，居常熟。精鉴赏，家藏法书、名画、古器物极丰，并延交东南诸收藏家，得见书画名迹，随笔录之，积三十五年之所见，著录成书。有康熙三十一年（1692）自序和徐乾学序。前五卷为法书，后五卷为名画。俱始自魏晋止于明末，依时代编次，略记纸绢尺寸，行款字数，布局位置，题跋人名及所钤印章，并简要评述作者师承渊源和艺术造诣。藏处不备，间注作品真赝，然考核不详。书为道光间蒋氏宋体钞本，杭州高野侯藏。

《墨井画跋》，中国书画著录书。吴历著。不分卷，凡六十三则。为作者随笔题跋及论画之作，记平生所见宋元名迹和递藏情况，以"元四家"画迹为多，剖析各家优长之见，颇为允当。并载自作临古之迹，兼述与友人游冶山川、挥毫作画之逸事。本书于山水画理多所阐发，如谓"山以树石为眉目，树石以苔藓为眉目"。"泼墨、惜墨，画手用墨之微妙。泼者气磅礴，惜者骨疏秀"，殆非泛泛之言。最后数则记澳门风俗人情。书前有杨复吉跋。

《清晖画跋》，中国书画著录书。王翚著。一卷。系后人辑集王翚题画跋及论画语录而成，本书共九十六则，其中有题古人名迹画者，有题恽寿平、吴历所作者。翚对前人画法研习深广，与恽、吴交谊笃厚，故所论颇为允惬精核。另有论画法、画理数则，多出自经验心得，言简意赅，如谓"凡作一图。用笔有粗有细，有浓有淡，有干有湿，方为好手；若出一律，则光矣"。"画有明暗，如鸟双翼，不可偏废，明暗兼到，神气乃生"。"以元人笔墨，运宋人丘壑，而泽以唐人气韵，乃大成"。其论古甚得要领。

《麓台题画稿》，中国书画著录书，王原祁著。一卷。辑集自画题跋五十三则。所画多仿宋元诸家之作，而仿黄公望有二十五幅之多，如其题大痴笔云："古人用笔，意在笔先，然妙处在藏峰不露。元之四家，化浑厚为潇洒，变刚劲为柔和，正藏峰之意也。子久尤得其要，可及可到处，正不可及不可到处，个中三昧，深参而自会之。"跋语中对前人画格及笔墨特长，评论精辟，有自己创作心得。如提出"淡中取浓"，"浓中取淡"，尤得用墨之秘，书末有沈懋德跋。王原祁另辑《雨窗漫笔》一卷，凡十则，系论画随笔，亦有卓见。如评倪瓒："云林纤尘不染，平易中有矜贵，简略中有精彩，又在章法笔法之外，为四家第一逸品。"而吴修嫌其语多率直，"意亦雷同"。

《大观录》，中国书画著录书。吴升（1631~1641—1713~1715）编著。二十卷。有康熙五十一年（1712）宋荦及翁方纲序。升，字子敏，吴县（今苏州）人。自少好古鼎彝法物，尤精鉴赏书画。前九卷著录法书，自三国魏起至明止；第十卷《元明贤诗翰姓氏》，为元明书家小传；后十卷著录名画，自东晋至明止，俱载纸绢尺度，对法书则记字数、行数及本文，对名画记录所绘情状及款识，并加以评论，详录题跋，惟印章不及备载。

《吴越所见书画录》，中国书画著录书。陆时化编著。六卷。时化（1714—1779），字润之，号听松，太仓人。好收藏，精鉴赏，三十余年间历游江、浙各地，凡见书法、尺牍、诰敕、画迹，悉随记录，汇编成书。乾隆四十一年（1776）付梓，次年竣事，收录唐至清初画作品六百二十八件，以明代为多，每卷依时代为序，详载纸绢尺寸、印章、题跋及收藏处所，清代作家另撰小传，偶载自跋，略有评论。自谓谨于考核，然不免仍有赝品混入。前附《书画说铃》二十九则，杂记书画鉴赏、收藏、装裱诸事及作伪巧作伎俩，末附《书画作伪晰论》一篇。

《红豆树馆书画记》，中国书画著录书。清代陶樑编著。八卷。梁（1772—1857），字凫芗，一字凫香。江苏长洲（今苏州）人。官至内阁学士。书前有吴云等序及著者道光十六年（1836）自序。著录自藏书画三百余件，偶收友朋处寓目名迹若干种。所录作品从唐代到清代，以明清两代为多，分手卷、册页、立轴三类，按时代排次。详记纸绢、尺寸、印章、书法本文（习见之文不录）、画幅内容款识及题跋，间加评述，明清两代人择附小传。然于作品考核不甚谨严，如唐代周昉《仕女》团扇、五代后蜀黄筌《眉寿图》等，显属赝品，且史实也有失误之处。

第六章
近现代美术

第一节 概 述

  鸦片战争后,中国社会发生了极大的变化。人们开始意识到列强的欺压和清王朝的软弱和衰败,也开始接触西方文化带来的未知的但却新奇的世界。对于绘画来说,西洋绘画已不像康、乾时代只限在宫廷中和传统绘画融合,而是带着降纤尊贵神态大摇大摆地从开放口岸进来。近在咫尺的上海,是接触西方文化的桥头堡,那里逐步出现和产生了海派绘画,使得传统画面貌一新,显得那样生机勃勃,开始了中国美术史的新的时代。这一点当然容易为人们所觉察,但人们不容易注意到的是,苏州这时也有着美术的繁荣。虽然这里已降为吴县,但仍是传统国画的积沉深厚之地。画家们觉察到西方绘画的潮流袭来,从而也就有了新的觉醒。认识到应该保卫和发扬我国传统美术,并且将它提高到民族尊严的高度(尽管这点是不自觉的)。并以加速继承和宣扬"六法"为己任。于是,以拥有过云楼、怡园并山水出色的画家顾氏为首,团结周围的书画家,其中还包括甲午战争的参加者和受害者,兴起宣扬"六法"的义旗,兴起了旧时代结束和新时代开始的一次艺术繁荣。尽管和上海美术比较起来,苏州似乎有些暗淡,但却给上海美术的繁荣做出了不可代替的贡献。苏州还陆续出现了立志学习西方绘画的画家,也兴办了培养新型美术人才的学校。但立志于传统艺术画的人们仍然自强不息。特别在第一次世界大战期间,苏州的新式民族工业开始有了发展,社会有了生机,美术界"画会"、"研究会"和营业性的"画厅"也空前发展,从中也产生了一些功力深厚的画家。随着八年抗战,苏州沦陷,人民遭受空前劫难,艺术事业进入了黑暗时期。抗战胜利后,仍然民生凋敝,百业维艰,苏州画家仍含辛茹苦,以各种途径谋求生计,艺术之志不衰。在古城解放前夕,苏州仍然拥有一批山水画家、花鸟画家、人物画家,也有了一批西洋画家以及美术学校。

第二节　顾麟士和怡园画会

这一时期的苏州美术提挈人物当是顾鹤逸,以及吴昌硕、顾沄、吴大澂、倪田、任熊。

顾麟士(1865—1930),近现代画家、收藏家。字谔一、鹤逸,别署鹤庐、西津、筠邻,自号西津渔父。元和(今苏州)人。祖父文彬,字蔚如,号子山、艮庵。道光二十一年进士,官浙江宁绍道台。在铁瓶所居建庋藏书画之所,名过云楼。后于宅后筑怡园,以书画鉴赏自娱。父承,初名廷烈,字承之,号骏叔,又字乐全。诸生,与次兄廷熙共好书画。后助父编订《过云楼书画记》和构建怡园。麟士初赴县学应试,目睹一老童生跪下求换考卷,及试官厉声呵斥之状,不再应试。早丧父,事母至孝。除谙营造、种莳、雕刻及医道外,六十年致力书画诗文和鉴赏收藏之道。过云楼收藏之富,甲于吴中。共藏元、明、清书画一百三十件,皆甚精美。麟士寝馈其中,于卧室顶上,筑台看云,以增胸中丘壑,而师造化之妙,乐此不疲。时和画友雅集其中,有元代倪瓒清闷阁之遗风。鹤逸与画友交往很多,有吴大澂、杨岘、任薰、顾沄、陆恢、任预、倪田、金心兰、吴榖祥、沙馥、吴俊卿、王同愈等人。其中吴大澂、杨岘、任薰、顾沄年辈较长,鹤逸最小。吴俊卿虽长他21岁,但学画较晚。光绪二十一年(1895),于自家园中发起创立了"怡园画集",这是我国第一个有纲领的近代美术画会。吴大澂因年长,被推为会长,他虽然年纪最小,却以近似秘书职务主其事。大澂这时有一首《画中七友歌》:"若波潇洒度汪汪,百岳归来诗满囊,烟云落纸师香光,名满江南老不狂。子振橐笔游南荒,古松劲节饱风霜,琴书一棹归故乡,倪黄余事兼岐黄。茶村古道尤热肠,家有玉山旧草堂,挥毫尺幅酒十觞,我醉欲眠须眉苍。廉夫德性比玉良,穷年雕琢成圭璋，精心密契娄东王，踵门索画多不偿。心兰豪气常轩昂，如剑出匣森寒芒，纵笔直追两元章，肘后时系千金方。墨耕画佛人争藏，老莲新罗相颉颃，脩然闭阁且焚香，月下梅花影满墙。鹤一翩如一鹤翔，耽思六法神苍茫。图书四壁皆琳琅，怡园主人今文唐。"其中"若波"即顾沄，"廉夫"即陆恢，"墨耕"即倪田，"鹤一"也就是鹤逸本人了。当然这不是"怡园画集"的全部好友，其实他们也不止于友，鹤逸还利用过云楼和怡园提供传授艺术。陆恢、任预、吴俊卿等人还曾寄宿在过云楼和怡园，临摹鹤逸所藏名画。顾沄住园长达数年，由主人供饮食和贴补之用。这些人中有不少是形成海派艺术的中坚人物，因此，顾鹤逸实系苏州近现代美术的提挈人物，有人誉他及其园楼为"一代艺苑传人之殿"。其所藏书画于1959年由其后人全部捐献给国家。鹤逸也名传国外，和日本友人山本由定、白须直交往。鹤逸故后日本人还举行追悼会纪念。鹤逸五子：则明早觞，三子则扬（公雄），四子则坚（公柔）均善山水，幼子则奂（公硕），善白描山水，兼善摄影，新中国成立后发掘民间工艺甚力，"文革"中被迫害致死。长孙笃瑾、侄孙笃宪后来也在怡园画社活动过。鹤逸善画山水，取经明贤，上规宋元，又兼综清初大家，寝馈以之，自成高格。曾云："力追董、巨，乃得米意。学问之道，贵取法乎上也。"（《鹤庐画赘》卷上）传世作品有为张诗舫作《山水册》二幅，1931年西泠印社出影印本。其中一幅画满江春水，近处芦叶，对岸远山高耸，云气在山腰间飘忽。笔调飘逸淋漓，和近处萧疏之景形成有趣对照，使

顾鹤逸《山水册》

人意犹未尽。画家题款为"江行遇雨,鹤逸偶忆旧游"。足可见其艺术成就很高,非一般墨守成规所可比拟者。存世作品还有《溪山佳趣图》轴,图录于《穆青邈斋陆氏藏画集》;《仿黄子久楚山欲晓图》轴,图录于《望云轩名画集》。著有《过云楼续书画记》四卷。

吴昌硕(1844—1927),近代书画家、篆刻家。初名俊,后改俊卿,初字香朴,中年后更字昌硕,一作仓硕、仓石。号击缶、老缶、苦铁、大聋、石尊者、破荷亭长、芜青亭岳、五湖印等。70岁以后以字行,生于浙江孝丰(原属安吉)。曾祖芳,南国学生,祖渊,举人,父辛甲,举人。幼家境贫困,自幼除学习经史,好训诂外,尤喜篆刻,清末诸生。经太平天国战乱,沿途逃难,家人多死于途中,后剩父子二人,住安吉,生活稍安定。从29岁起,即和苏州有不解之缘。同治十一年(1872),在苏州结识艺坛诸名流,同年秋天,拜俞樾(曲园)为师。以后,经常携印登曲园之门求教。这时生活很不稳定,在朋友帮助下,捐了一个"佐式"的小官,没有固定收入,遇有临时差遣就匆匆上路。任伯年为他画一幅《酸寒尉像》。光绪六年(1880),昌硕迁居苏州,寄居吴云(平斋)的两罍轩(现金太史巷听枫园内),又二年(1882)将继母杨氏、夫人施氏及子接来苏州,定居于寒山寺附近四间楼。一说先住赐莲桥,一作桂和坊,后又迁西晦巷。金俯将(杰)赠以古缶,昌硕即以击缶为号。据说次年离苏,往来于京、津、沪与苏州之间。中日甲午战起,苏州人吴大澂时为湖南巡抚,上书自愿御敌,他们本系故友同好,昌硕遂投效为幕僚。旋即失败,吴被黜回苏。不久,昌硕被举暂代江苏安东(今涟水)县令,仅一月新官到任,即去,因此他治印"一月安东令"。这时顾鹤逸成立怡园画社,昌硕也在其中。1904年,昌硕再次迁居苏州,寓桂和坊19号,名其斋曰"癖斯堂",他还在"蒻溪"居住过。直至1911年,昌硕年67岁,才始离苏定居上海。继任颐后海上画派的首领和代表画家。昌硕工书法,善写石鼓文,用笔结体,朴茂雄健,古气盘旋,能破陈规,自成一家。精篆刻,遒峻古拙,雄伟苍劲。西泠印社成立后,被同道推为社长,因篆事良苦,自号苦铁。其画虽开始于50岁左右,据说是在任伯年鼓励下开始的。后博取徐渭、朱耷、石涛、李鱓、赵子谦之长,兼融篆、隶、狂草笔意入画,色酣墨饱,雄伟古拙而饶有生意,自创新貌。其作品重整体,创气势,有金石气。认为"山水饶精神,画岂在貌似","奔放处不离法度,精微处照顾气魄"。对用笔、施墨、敷彩、题款、钤印等轻重疏密，配合得宜，匠心独运。其艺术风尚在我国和日本均有较大的影响。特别喜画梅，曾吟："苦铁道人梅知己，对花写照是长技。"(《缶庐别存》)他的《双梅图》轴（苏州博物馆藏），是82岁时作。其梅一破传统的疏影横斜之法，而是两株梅树，相互交叉，花枝缠绕婆娑，梅花错落有致，一气呵成，豪放中可见婀娜，韵致中不失妩媚，充满人间高洁之意。传世作品还有《花卉图》轴，藏故宫博物院；《墨荷图》，藏上海博物馆；《杏花图》轴，藏中国美术馆；1929年，生生美术公司出版《吴昌硕赵子云合册》二集。1962年上海人民美术出版社出版《吴昌硕画集》影印本。能诗，有《缶庐集》，另有《缶庐印存》。子东迈，画有父风。

吴昌硕《梅花图》轴

顾沄（1835—1896），清代画家。字若波，号云壶。苏州人。自幼从父椒园学画，精书善画，又深谙历法数学，同治四年（1865）朝廷设舆图局，沄与焉。十余年间，游历大江南北，访诸名胜，得山水真趣，故作画时，下笔苍劲浑厚，秀逸绝伦。间绘花卉人物，亦天趣横生。网师园、耦园主人，皆以所藏向沄请教，他参与评定。后从顾鹤逸游，曾生活在过云楼数年，潜力临摹古画，并与画友密切切磋，艺亦精进。参与怡园画社活动，后流寓上海。光绪十四年（1888）冬，应遵义黎庶昌之招东游日本，得遍游东西诸胜，彼邦人士，见沄笔下一水一石，无不倾倒，持缣素求请者无虚日，得资尽购古币古印古籍以归。后寓上海。代表作《山水》（之一）可见其艺术风貌。传世的还有《仿倪瓒平林远岫图》及为高邕作《仿石涛山水图》，均流入日本。1926年有正书局出版《顾若波山水集册》影印本。

顾沄《山水》之一

吴大澂(1835—1902),清代学者、书画家、金石学家。字清卿,号恒轩。吴县(今苏州)人。同治七年(1868)进士,官至湖南巡抚。入词林,光绪二十年(1894)甲午中日战争,大澂参与战事(吴昌硕为其幕僚),因督师失利,被遣回原籍。为龙门书院院长。精鉴赏,从陈奂学篆书,并参以古籀文,喜收藏玉石文物,得《宋微子鼎》,铭文客字作窓字,因又号窓斋。光绪十七年(1891)与顾鹤逸、顾沄、吴昌硕、黄念慈等结画社怡园。因大澂名高年长,被推为社长。大澂还作《画中七友歌》,以咏其事。善画山水、花卉,用笔清逸,饶有雅韵,得力于金石书法。书法精于篆书,工稳严谨,平时书札往往以篆书为之。向桑称他"工小篆,酷似李阳冰,又以其法作钟鼎文,为世所推重"。兼善刻印,风格古朴。后定居上海,入萍花会画会。传世作品有《山

吴大澂《山水》扇面

水》扇面，还有同治八年作《梅花图》，故宫博物院藏；同治十三年作《匡庐瀑布图》轴，图录于《晋唐五代宋元明清名家书画集》。1915年神州国光社出版《吴清卿临黄小松访碑图册》。著有《愙斋集古录》、《说文古籀补》、《愙斋砖瓦录》、《恒轩所见所藏吉金录》、《愙斋诗存》。

  陆恢（1851—1920），近代画家。原名友恢，又名友奎，字廉夫，号狷庵、破佛盦主人。吴江同里人，定居于苏州东中市河沿街。自幼好学上进，进学时发榜为"案前"（第一名），有人举其父曾参与太平军，因而被黜。从同乡画师刘德六（子和）学画，遂称今名。又从陶诒孙、任立凡学画，在苏州三清殿卖画。吴大澂见之，留府使之临摹所藏历代名迹，并作幕僚随吴军旅南北，得游三湘、辽东名山大川，愈为艺林所重。光绪二十二年（1896），张之洞集海内画师，补绘元王恽所进《承华》事略，以恢为总干事。中年后，定居苏州河沿街之更楼弄。山水愈苍秀隽雅，为娄东嫡传；花卉清逸可喜，得恽南田遗韵。吴大澂《画中七友歌》云："廉夫德性比玉良，穷年雕琢成圭璋；精心密契娄东王，踵门索画多不偿。"他和吴大澂、吴昌硕同为怡园座上客，并参与组织"怡园画社"。顾鹤逸曾题陆恢画曰："余识廉夫在丙戌之夏日。廉夫画此画时，在辛亥之秋日，此二十六年间，几无日不以画理研求，互出所写，印证古人，廉夫中有京湘之游，亦恒以邮筒代晤言，未尝稍减意兴。"（《鹤逸题画录》上卷）他们经常合作，陆恢有一小印"顾陆丹青"，殆以顾恺之、陆探微以自况。陆又善鉴别，先后为庞莱臣（虚斋）及盛宣怀鉴定古书画。恢的苏州传人众多，弟子有沈雪庐、沈蕴石、顾墨畦、陈迦庵、樊少云、黄筑岩、宗士福等。樊少云则传余彤甫、徐沄秋、蒋金如等；顾墨畦则传王子振、陶申甫等；陈迦庵则传张辛稼、柳君然、陆

陆恢《玉堂富贵图》

抑非、严沛仁、程小青、王己千、吴作人、沈彬如等。代表作为其《玉堂富贵图》。传世作品还有《花卉图》通条屏十六幅，现藏南京博物院；《雪霁飞泉图》，图录于《古今名人书画大观》；《雨歇云归图》，图录于《近代名人墨妙》。1924年有中华书局出版《陆廉夫山水八景影印本》；1930年中华书局出版《陆廉夫冷香居记事图册》影印本。

倪田（1855—1919），近代画家。初名宝田，字墨耕，号墨道人、壁月盦主。江苏江都人。初学画于王小梅（素），人物仕女及佛像皆取景高远，线条流畅。尤善画马及走兽，能随手挥洒，不用朽笔起稿。光绪中行商到沪，爱任颐画，即参用任法。水墨巨石，设色花卉，腴润遒劲，擅胜一时。兼工山水，但画得不多。曾寓居苏州，与吴大澂、顾鹤逸友善，参加"怡园画社"，得临摹过云楼藏画，艺尤精进。和顾沄、陆恢、金心兰、胡公寿、钱慧安等称"萍花九友"，吴大澂因作《画中九友歌》，其中有"墨耕画佛人争藏，老莲新罗相颉颃；脩然闭阁且焚香，月下梅花影满墙"。后在上海卖画30年。代表作有《四红图》，南京博物院藏。传世作品还有《写昌硕六十六岁肖像》轴，藏上海博物馆；《松荫高士图》轴，图录于《中国近百年名画集》；《仿新罗山人金谷园图》轴，图录于《历代书画集》；《钟馗仕女图》，藏徐悲鸿纪念馆；1901年作《风尘三侠图》轴，藏中国美术馆；1911年作《牧牛图》轴，藏北京画院。

任薰（1835—1893），字阜长，又字舜卿。任熊弟。工人物、花鸟。不到20岁即鬻画为生，因兄寓苏，他也不时来苏，和鹤逸父子很为密切。在建怡园时，鹤逸父顾承与任薰商量，他推荐当时名家虚谷为其设计。承写信告其父。文彬得知后，认为请和尚设计家园不

倪田《四红图》轴

 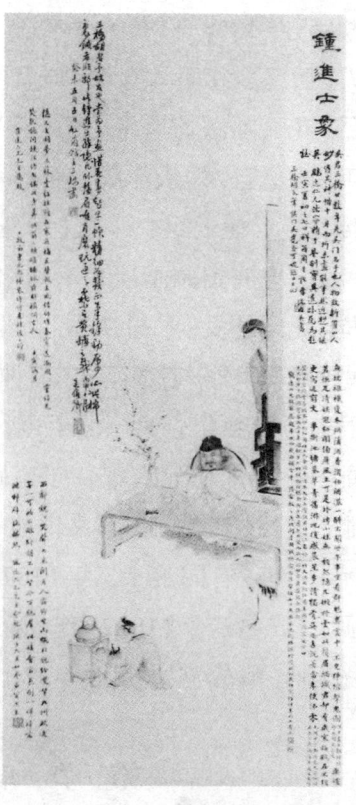

任薰《羲之题扇图》　　　胡锡珪《钟馗图》

合适。承便请薰设计。薰吸收了苏州诸园的优点,将园内辟为东西两部分,中间隔一道复廊,壁间饰以漏窗,窗有圆式、方式,沟通两面景色,使园景更显幽深。东部小院主要建筑坡仙琴馆等,廊阁围绕,玲珑小巧。西部以水为主,环以假山,石峰林立,花木相映。北面平台临池,明洁清幽。南面花台相接,景色优美。画舫斋、面壁亭建筑精巧。在回廊上,任薰独运匠心地用图案花形铺地。怡园是苏州占地最小,而布局最为精致的园林,可见薰的巧妙构思。他用借景法,将园内的山与园外的水联成一起,结构紧凑,以幽深曲折取胜。与元代画家倪云林参加设计的狮子林,成为我国园林史上的美谈。怡园廊壁还镶嵌历代名家书法石刻,人称"怡园法帖"。《羲之题扇图》轴,画的是晋代大书法家王羲之为沿街卖扇的老婆婆题扇的情景。画家在画上自题:"阜长任薰写于吴门属斋。"表明此画是在苏州所作,可能还是在自己寓所中画的。传世作品还有同治十二年(1873)作《四季花卉图》十二屏,现藏中国美术馆。

胡锡珪（1858—1890，一作卒于1885），原名文，字三桥，号红茵馆主。苏州人，居三多巷驸马府堂（原有旱船即其画室）。工画人物、花卉。人物师法华喦，花鸟师法恽寿平，画风秀逸。他与过云楼关系密切，据说他在怡园"每于月夕星旦，短衣赤脚，独立峰阴篱落间……犹徘徊不忍去"（汪芑《胡三桥传赞》）。他于24岁即去上海鬻画，与徐婉淑结婚。一说他年33即病逝，殁后两载，方有怡园画社之举。他传世作品不多，但已奠定了早期海派画家的地位。尤工仕女，水墨白描，精雅别致。善临碑帖，笔锋劲厉，不让改琦。其作《钟馗图》轴，着墨不多，而神韵宛然。吴昌硕在画上两长跋，其一云："吴君三桥廿数年先吴门名手也，效新罗山人，尽得其法，惜中年而折，未尽其能……鹤逸仁兄道家精于鉴别，宝其遗迹，属为题。"后人评其《爱石图》雅秀虚灵，风韵独具。又说他"论名声不如钱慧安，但论品格却在钱之上"。传世作还有同治十三年（1874）作《元宵儿戏图》轴，图录于《中国现代名画》；光绪八年（1882）作《新装图》轴，图录于《名人书画集》；《元日钟馗图》轴，藏故宫博物院。

第三节　来去苏州的画家群

上述画家中，吴大澂、顾若波、陆恢后来均去上海定居，吴昌硕、倪田也是如此，但他们是先进苏州，后去上海的。任熊和任薰后来还成为"海上三任"。吴昌硕还成为"海派"首领人物。后来上海流行的"三吴一冯"，也和苏州有很大关联。有不少苏州画家定居上海，这是因为，苏州经济滞后，艺术上处于封闭状态，而上海则巍然崛起，已成为开放的国际大都市，对于画家说来，那里自然有更多艺术发展和个人生活的空间。但外地包括上海也有来苏州的。这是因为，苏州曾是经济发展较快且具有传统美术底蕴的城市，又是风物优美幽静的地方，和上海近在咫尺。因此，两地画家来来往往，是特殊的时期、特殊的地点所形成的特殊历史现象。

任熊（1823—1857），清代画家，字湘浦、渭长。浙江萧山人。父椿，善画，早卒。幼年从民间画师学习"行画"，26岁时交富商周闲，闲字存伯，秀水（嘉兴）人。能诗画，家居范蠡湖，任熊在他家临画三年，喜陈洪绶画。又观吴道子和贯休画，他也就"自后无宋以后笔矣"。有时去镇江、上海、宁波,也回萧山。28岁时在苏州住下来,与画友黄秋士等结成画社,在阊门外安家,经黄介绍与刘磐女结婚。此时画名远著,吴人怀白金、丐绢素者接踵,居家鬻画,"以供高堂,蓄妻孥,绘事日益工"。在吴中已名噪阛里。越二年又在苏州生子。他长鹤逸42岁,据记载也有往来。任熊凡人物、山水、花鸟、虫鱼、走兽,俱擅胜场,尤工神仙道佛,还擅作木刻画稿。远绍唐宋,近取明清诸大家,师法陈洪绶,又有民间艺术的根底。画人物则"胡貌梦相,曲尽其态","结构奇古,画神仙道佛别具匠心","衣褶如银钩铁画"。他的人像,还在一定程度上反映了现实生活,实开近代绘画的先声。他还善骑马、能射箭、能演戏、能刻金石、能斫桐为琴、能自制箫笛,并能谱曲。惜因肺病多发,回家乡后逝世,年仅35岁。《自画像图》

任熊《自画像图》

轴(纸本,设色)中任熊自著宽袍,袒胸露肩,神情庄重,有似能为人抱不平的侠士,宽大的衣裤,使得人更加沉雄伟岸。秀笔对比明确,面部及肩都用淡墨晕染,衣褶则用铁线银钩描法,显得人物气概及其愤世嫉俗之情跃然纸上。传世作品有咸丰五年(1855)作《四红图》轴,藏中国美术馆;《为姚梅伯作人物册》(二十页),藏上海博物馆;有《列仙酒牌》、《于越先贤传》、《剑侠传》等画谱,刻印行世。

任预(1853—1901),字立凡,熊子,生于苏州,也曾在苏州作画和卖画,能传家学。落拓不羁,遇囊空时,虽数百钱购其画,预索笔立应。否则先要付重金,始终不受迫促。胥口张氏邀至其家,为画长卷,经年得以完成。预不受古法羁绊,山水中加人物,树木位置,衣貌配全,皆能出新。花卉能为宋人勾勒法,根叶奇崛。画女子则秀媚天然,不事绚染,惟素面淡妆而已。《画猴图》轴画家自署"拟南京解元大略",即仿唐寅而作。山石桃树,确有唐晚年画风,两猴神态毕现,也有自己面目。由以上看出来,任熊父子特别是熊,

任预《画猴图》

他短促一生中，除家乡萧山之外，在苏州可说住得最久，娶妻生子，是他一生重要时期。

任颐（1840—1895），清代画家。初名润，字小楼，后改伯年。浙江山阴（今绍兴）人。寄寓萧山。父鹤声，字淞云，幼年时得父传授。少年时，曾参加太平军为旗手，后在笺扇庄做徒工，得识任熊，被收为弟子。方若《海上画语》和徐悲鸿《任伯年评传》都说，任颐在上海用任熊名画扇面出售，被后者识破，从而收为弟子云云，不确。任颐跟随任薰到苏州学画，确是真的。任颐24岁前在宁波卖画，同治七年（1868）随任薰来苏。画了《东津话别图》，并题道："客游甬上已阅四年……兹将随叔阜长橐笔游金阊。"这时任熊已去世21年了。伯年通过阜长认识了当时在苏画家胡公寿、沙馥等人（吴昌硕当时尚未来苏，顾鹤逸刚3岁），伯年在苏州画了《佩秋夫人三十八岁肖像》、《沙馥三十九岁小像》、《任薰像》、《胡公寿夫人像》、《榴生小像》等。他擅国画人物、花卉、翎毛、山水，尤工肖像。取法陈洪绶、华喦，重视写生、勾勒、点簇、泼墨交替互用，赋色鲜活明确，别具清新格调。年未及壮，已名重大江南北。后得朱耷画册，悟用笔之法，虽极细之笔，必悬腕中峰，自称"作画如颐，差足当一写字"。所画肖像，细部处可看到每一根须毛，曾为虚谷、吴昌硕、高邕等挚友画像。书法参用画意，亦奇警不凡。其画在江南一带，影响甚大，为海上画派之代表人物。由他的代表作之一《竹石狸猫图》（纸本，设色。纵92.5厘米，横48厘米，苏州博物馆藏）可见他的艺术风貌。此画为徐希博捐赠。伯年与吴昌硕关系密切。郑逸梅《小阳秋》谓："吴昌硕学画于伯年，时昌硕年已五十矣。伯年为写梅竹，寥寥数笔以示之。昌硕携回，日夕临摹，积若干纸，请伯年改定。视之，则竹差得形似，梅则臃肿大不类。伯年曰：'子工书，不妨以篆籀写花，草书作干，变化贯通，不难得其诀奥也。'昌硕从此作画甚勤，每日必至伯年处读画理。"吴昌硕虽小伯年4岁，但其金石书法在当时已有名声，后转志为画，向伯年请教。伯年对昌硕的诗文、书法、篆刻也极为敬佩，曾为他画过多幅肖像画，如《蕉荫纳凉图》、《鞠青亭长像》、《饥看天图》、《酸寒尉像》、《棕荫纳凉图》等，还为其子画过《苏儿小影》。吴昌硕在《存没口号十二首》中赞誉伯年："山阴行者真古狂，下笔力重金鼎扛，忍饥惯食东坡砚，画水直薄吴淞江。定把奇书闭户读，敢握寸莛洪钟撞，海风欲卷怒涛人，瑶琴壁上鸣琤瑽。"在伯年逝世前，昌硕住在苏州，当伯年逝世时，昌硕特地从

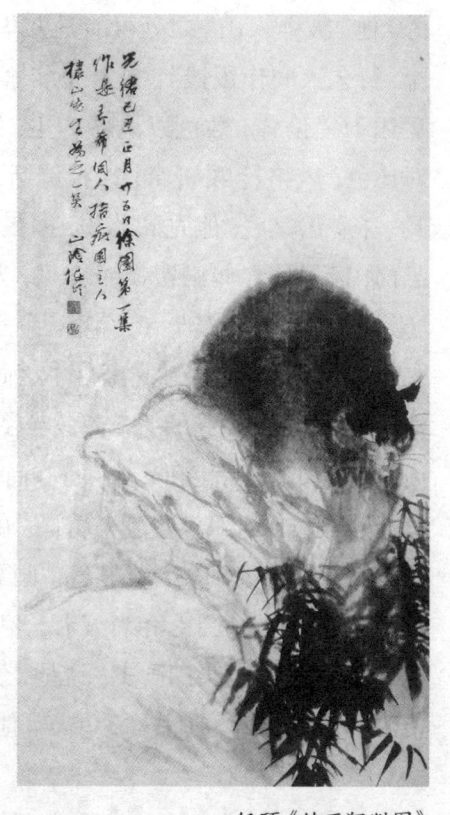

任颐《竹石狸猫图》

苏州到沪上奔丧，并挽之以诗："海上徵观等饱馀，日穷画理逐先生，武梁祠古增游历，金石声高出性情。脱剑今朝惭季子，读山何地起长衡，风流已矣应蜷舌，涕泗阑干对月明。"看来可能是吴来沪多，伯年也一定常来苏州，还在这里收弟子颜纯生（1859—1934），名元，以字行。晚年左耳失聪，号半聋居士。为油画家颜文樑之父。他先从伯年，复又从任薰学画。伯年曾为颜画了不少"课徒"画稿。后来张辛稼还从他处看到多幅这样的画稿。伯年传世作品有《高邕之小像图》轴，藏上海博物馆；《酸寒尉像图》轴，藏浙江博物馆；《任薰肖像图》轴，藏中国美术馆；《天竹雉鸡图》，藏苏州博物馆；《玩鸟图》轴，藏上海国画院。女霞，字雨华，善画；子堇，字堇叔，工诗文、书法，也善画。

虚谷（1823—1896），清代画家，僧人。俗姓朱，名怀仁，新安（今安徽歙县）人。初任清军参将，曾奉命镇压太平天国军，意有感触，遂出家，名虚白，字虚谷，号倦鹤。画上署名有紫阳山民、三十七峰草堂、觉非盫、解弢馆

等。他"披缁入山"之处可能是九华山,即以书画自娱。自谓"闲来写出三千幅,行乞人间作饭钱"。虚谷早年学界画,后以擅绘花果、禽鱼、山水著名,运用干笔偏锋,敷色以淡彩为主,但十分注重色彩效果,甚至偶尔用强烈对比色,风格冷峻妍奇,隽雅鲜活,无一笔滞相,匠心独运,有现代感,别具一格。出家后,他先到苏州,据张鸣珂《寒松阁谈艺琐录》载,虚谷"间游吴门,狮子林寺僧诺瞿邀予相见,为予写照一幅"。虚谷还与当时的瑞莲寺(苏州齐门外)、楞严寺、宝积寺、怊贤寺、北塔寺、沧浪大云庵……的住持来往频繁,并为各寺和尚画过不少画,如《大为和尚像》、慧源大和尚的《三清图》、赠鉴中和尚的《瑞莲放参图》和《花果轴》。还与本仁和尚、雪鸿和尚、大须和尚、际慧和尚、六舟和尚、铁舟和尚……常有往还。这些出家人,都有较高的文化修养,能书善画。虚谷常与他们同砚作画,并云游各地。衡公和尚与虚谷关系较深,虚谷曾画《衡公和尚肖像》(今藏苏州博物馆)。画上画家题曰:"衡公老和尚五十七岁小像,弟子虚谷写。"衡公禅师继六舟接踵住持沧浪亭。《吴门画史》说他"住宝积寺,善米家山水"。虚谷久住苏州,传为狮子林住持,故谦称为弟子。他还接受光福铜观音寺的委托,画《恢复寺院全图》,画上题云:"咸丰十年(1860)夏,粤匪自城中窜入本镇,此寺劫至,为贼所毁。而住持避于沪上,同治二年(1863)秋,贼退归来,募建……同治十一年壬申秋十月释虚谷识并写图。"此图今藏南京博物院。他与任阜长、顾承父子都有往来(建造怡园时,顾曾考虑请他设计),自称"虚谷老友"。任伯年来苏时,常到狮林寺找虚谷,两人步行到吴家。昌硕爱昆曲,乐极时,边唱边舞。虚谷性情孤僻,不多言谈,相对而坐,不久即离去。虚谷、任伯年、吴昌硕三人始终友善。任伯年住上海三牌楼时,为安心作画,一般人不

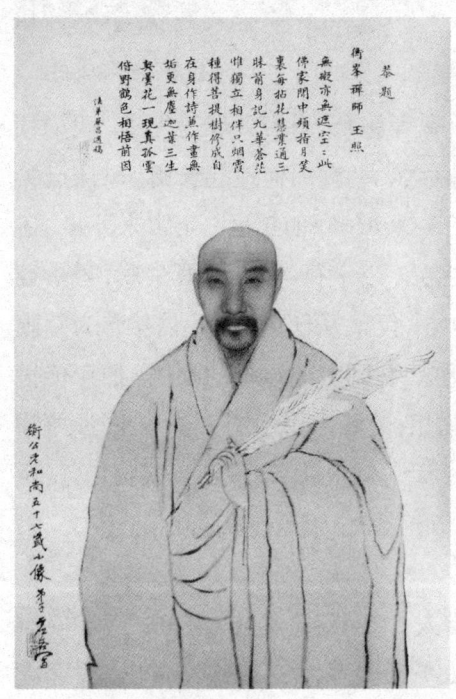

虚谷《衡公和尚肖像》

虚谷《松鹤图》轴　　　　张大千《设色荷花》图

得进入楼上，唯虚谷、吴昌硕、高邕三人例外。虚谷逝世于上海城西关庙，其徒弟狮林寺方丈恬盦，专程来上海扶柩回苏，葬于光福之石壁。他的《松鹤图》轴（纸本，设色。纵158.5厘米，横98.3厘米，苏州博物馆藏），作于光绪十三年（1887），时年46岁。此图绘斜坡满地黄菊，金甲璨烂，苍松参天，藤萝四垂；松下菊畔一丹顶鹤独立，一爪向前，安适有力。笔法奇峭隽雅，设色清秀明丽。造型厚重准确，有着勃勃生机，这是在传统花鸟画中很少见到的。吴昌硕赞他的画"一拳打破来去今"，实乃至精之语也。传世作品中有《梅花金鱼图》，藏中国美术馆；《葫芦图》轴，藏上海博物馆；《蕙兰灵芝图》纨扇，藏安徽省博物馆；光绪二十二年作《枇杷图》轴，藏南京博物院。著有《虚谷和尚诗录》。

张大千（1899—1983），现代画家。原名正权，后改名爰，又名季爰，四川内江人。曾与兄寄居苏州。9岁即在母指导下作画，青年时随兄到日本京都专工绘画，兼染织工艺。回国后又从李瑞清和曾熙习诗文书画，忽又耽于佛学，一度为僧，法号大千，又称大千居士。后还俗，以法号行。喜摹清初四僧（石涛、八大山人、髡残、渐江）画，得其精髓。1930年为中央大学美术系教授。擅山水、花卉、人物，尤擅荷花，独树一帜。工笔写意，俱臻妙境。三十年代即与齐白石齐名，四十年代归蜀，脱略石涛、八大之粗犷荒率，踪及陈洪绶、唐寅、沈周、戴进等细润华滋之路。又去敦煌临摹三年，画风一变，善用复笔重色，丰厚浓重。其代表作《设色荷花图》，可见其艺术丰姿。

  张善孖（1882—1940），名泽，字善，一作善之，号虎痴。张大千之兄，兄弟十二人，善孖排行第二，大千排行八。幼年从母学画，曾投李瑞清门下。1917年偕大千东渡日本，回国后寓上海，兼任上海美专教授。与黄宾虹、马吉、俞剑华等人组织烂漫社。擅画走兽、山水、花卉，山水取法张大风，花卉学陈淳，尤以画虎著称。1932年春，张大千兄弟和黄宾虹、谢玉岑由上海来游苏州，宿顾鹤逸家，合作画赠顾。谢玉岑在画上题曰："壬申三月八日同游顾氏红梵精舍写生，宾虹蒲公英、善孖梨、大千辛夷，以赠映芬女士供养，谢玉岑题记。"同年秋，大千兄弟与叶公绰、吴湖帆等来苏。在彭恭甫家议定成立正社画会，成员有叶公绰、张善孖、何亚农、吴湖帆、彭恭甫、张大千、于非闇等数十人。网师园这时为张作霖之师张锡銮所有，其子与大千兄弟过从甚密，他们自己也不住苏州。而这里正适合张氏兄弟蛰居作画之所，就在这年，又应叶公绰之邀，张氏兄弟住进了这园的花园部分，一住就是四年。张善孖为了画好虎，就在园中养了一只小小虎（是别人送的），名曰"虎儿"，

张善孖逗虎情景

所在名曰"大风堂"。善孖对之作画，画艺大进，大千为之补景。张氏兄弟对虎甚为钟爱。大千还和王秋斋挈虎至报国寺皈依，法名"格心"。1937年他们还将虎携至宫巷乐群社举办的"爱物展览会"上展出，并可中奖（最高为张善孖画的虎）。不久虎骨折而死。葬于园中殿春簃假山旁。善孖还在《十二荆钗图》，将十二佳丽画成一只只猛虎，一时传为佳话。1935年，上海还出版《张善孖张大千兄弟合作山君真相》画册，"山君"即虎，殆为在此园中所作。《美人与虎》为大千兄弟合作，虎为善孖作，美人为大千作。后善孖回苏又作《虎啸图》等多幅，直到抗战初张氏昆仲辗转他处，才诀别苏州。善孖在从香港返重庆后即逝世。大千在苏时，还留下这样逸事：20世纪20年代，他壮年嗜赌，将祖传的王羲之《曹娥碑》输

张善孖《十二金钗图》之一

给在上海孟德兰路兰里开设以"聚赌博戏"的江紫尘。10年后，大千母（女画家曾友贞）于安徽郎溪病危，亟欲视此传家之宝。大千急，只好说此宝放在苏州网师园，两周后即拿来。闻说江已将此宝出手，不知流落何处。大千回网师园，恰遇叶公绰、王秋斋来访，乃以实情相告。叶指着鼻子用京腔曰："这个么，在区区那里！"大千喜极而泣，愿高价相求，不愿出让，望借用也可。叶慨然曰："这是什么话！我一生爱好古人名迹，从不巧取豪夺！……这碑帖是大千祖传之物，而太夫人又在病笃之中，意欲一睹为快，这也是人之常情。我愿将原璧返赠给大千，再不要说偿还原值或物易物了。"大千叩首相谢，并从此戒赌。大千50年代栖身海外，卜居巴西"八德园"，又创泼墨、泼彩新作。1978年移居台北，但仍不忘苏州及网师园。题诗曰："谁将折柬远招呼，长短相思春日无；挈取酒瓢诗卷去，一帆风雨过姑苏。"曾以重金购得黄子久《天池石壁图》（画上有张善孖师傅增湘题"大风堂藏一峰道人天

网师园葬虎处

池石壁图,真迹无上神品"),晚年悬挂于室。还辗转寄回所题虎儿墓铭"先仲兄所豢虎儿之墓大千张爰题",现此已勒石于葬虎处。大千传世作品有1939年作《中郎授女图》轴,藏首都博物馆;1943年作《溪桥行舟图》轴,藏上海博物馆;《泼墨荷花图》通景屏,藏南京博物院;《临摹敦煌壁画初唐璎珞大士图》,藏四川省博物馆;1943年作《红叶白鸦图》、《翠竹幽禽图》,藏苏州博物馆;1983年作《庐山图》卷,乃绝笔之作。善孖传世作品甚多,《雄狮图》、《正气歌》为代表之作。《十二金钗图》,图录于《张善孖画虎集》;《握兰簃裁曲图》及《虎图》,现藏四川省博物馆。

  吴嘉猷(? —约1893),清代画家。字友如,元和(今苏州)人,后寓上海。《飞影阁画册》中友如自撰《小启》:"余幼承先人余荫,玩愒无成。弱冠后遭'赭寇'之乱,避难来沪。始习丹青,每观名家真迹,辄为目热心存。至废寝忘食,探索久之,似有会悟。于是出而问世,藉以资生……"可知他家庭尚富裕,过玩嬉("玩愒")生活,太平天国时来沪,才开始学画。原来传他幼丧父母,家庭贫困,习画于邻居画铺,云游无锡、常熟,为山塘画铺画年画稿,是画年画的"沙门弟子"等语,都属讹传。他在上海以卖画为生,"同治初,曾忠襄公(曾国藩)延绘克服《金陵功臣战绩图》,上闻于朝,遂著声誉"

(《吴门画史》)。在他返回上海之际,"索画者坌集,几于目不暇接"。他为曾国藩画了一幅肖像,很受赏识。1884年慈禧50寿辰,吴友如又画了《普天同庆》,亦很成功。正在这时,《申报》创办人美查创办《点石斋画报》,聘吴为主笔,历时十年之久。内容多为时事新闻插图和描绘市民生活,对清廷和官场的黑暗腐败有所揭露,对帝国主义的侵略行为也加以抨击,还歌颂了中国人民反对侵略的英勇气概。大量描绘了民间不同风物和民情习俗,对新出现的科学发明的事物做了介绍,也夹杂着宣扬封建道德和迷信。所作多参用西方绘画透视法,构图紧凑,线条流畅简练,主题明确突出,当时社会影响很大,对后来的年画、连环画、书籍插图都影响深远。《点石斋画报》中关于表绘事物不少,也不忘对他故里的描绘。如其中《借庙催租》一幅,原词为:"立冬以后,苏城各业户门贴开仓条,设初二、三限以收租。今冬追粮局,闻设在玄妙观之东岳庙中。仆于惩佃一事向有所不惬,何也?设有人借千金百金去,期满屡索不能归,讼之刑官为期限勒缴,而往往有展期,至再三所缴仍不满十之二三者,官无如之何,仍交中保清理,而二成三成亦可将就完结。佃欠租米极巨不过数元数十元不等,尚无事故,谁肯拼其血肉以与业主为难,而业主无论巨细,辄狃于粮从租办之一言,欠无不送,送无不准。每逢此期,堂上阶下,累累若囚徒,则千百金则无可如何而者,转于数元

吴嘉猷《借庙催租》

数十元之佃户而有搏兔之全力。"可见其对贫苦农民之同情,而对地主和官府之抨击。《点石斋画报》有十多位画家执笔,吴友如却是主角。在主绘"点石斋"后,又自办《飞影阁画报》,后由书局集其遗稿重印,名曰《吴友如画宝》。鲁迅曾赞扬吴友如编的《点石斋画报》是当时社会"时务"的"窗口":"吴友如画得最细巧,也最能引动人。也指出他画人物向壁虚构,甚至把人物画成一副流氓气。"(《上海文艺之一瞥》)徐悲鸿提及学画时临摹吴友如画时,说:"吴友如是我们共同的老师。"(《自述》)郑振铎说:"从来没有一个画家像他那样努力于绘写社会生活的形形色色的。他是一个新闻画家,且住在上海,故其生活画里也经常地出现着凶狠狠的帝国主义者们及其帮凶们的丑恶面目。《吴友如画宝》和他在《点石斋画报》和《飞影阁画报》里绘画许多生活画,乃是中国近百年的'画史'。"(《近百年来中国绘画的发展》)传世作品有《点石斋画报》原稿,藏上海博物馆;光绪六年(1880)作《豫园寓集图》,藏南京博物院;光绪九年作《五子图》轴,藏中国美术馆。

吴湖帆(见第七章)。

吴华源(1893—1975),现代画家。字源,名华源,以字行。又字子深,号渔村,别署桃坞居士,苏州人。其祖上于咸丰年间从安徽休宁迁居苏州城中之桃花坞,以酒业和漆业致富,为吴门望族,家藏宋元古画甚丰。兄弟六人:华炽(寿祉)、华源(子深)、华熙(皞如)、华德(秉彝)、华镛(振声)、华馨(似兰)。除华炽外,五人均以画名。华源6岁从表兄包天笑读四书五经、唐诗宋词,继而学医后致力书画,与当时画家李醉石、周乔年、顾彦平、刘临川过从甚密,并与顾鹤逸、吴大澂、吴昌硕等共组怡园画集。因四弟从颜元学画,华源得与其子颜文樑成为莫逆之交,以巨资创建沧浪亭畔的苏

吴华源《秋山雨霁》

州工艺美术专科学校。1928年9月，颜文樑《重修沧浪亭记》谓，他"提议捐修（沧浪亭），事不果行。子深吴君，尽焉伤之。既立美术专科学校于其中，以主其事，复独力输银四千庀材鸠工"。1929年，子深又赴日本考查，归国后又斥资三万元扩建校舍，1932年落成，子深自任校董及教授。我国早期美术学府之一的苏州美专，能屹立于苏城，子深盖有其功焉。子深擅画山水、兰竹。师顾沄，山水从董源，近师董其昌，笔墨清秀。竹石师文同，偃仰疏密，合乎法度。抗战后寓居上海，行医卖画，画名四播，很得时誉，时海上流行"三吴（湖帆、待秋及子深）一冯（超然）"之说。新中国成立后，居香港，卒于印度尼西亚。作品多数流散国外。《梅竹双清图》轴，图录于1947年《中国美术年鉴》。著有《客窗残影》。

吴徵（1878—1949），现代画家。字待秋，号鹭鸶湾人、春晖外史、栝苍亭长、袌鋗居士（因得文后山旧藏汉三斗鋗），浙江石门（今桐乡）人，后寓上海，1931年定居苏州。次子滔（1840—1895），字伯滔，号铁夫，布衣，为光绪间名家之一。徵天资聪颖，18岁中秀才。悉心作画，得吴昌硕指导，追踪奚铁生及四王技法，其艺精进。后至杭州进求是书院就读，开始卖画，得识陈叔通及诸书画好友。1906年，去京谋职，为荣宝斋画笺谱六张，后为鲁迅、郑振铎编入《北平笺谱》。鲁迅序称："齐白石、吴待秋、陈半丁、王梦白诸君，皆画笺高手……"后在上海商务印书馆任职，负责《古今名人书画集》编审。山水初传家学，后专学四王，攻王原祁一路，用笔凝重，工力深厚。惟论者谓其笔墨构图过于程式，缺乏变化。《仿黄大痴富春山居

吴徵《仿黄大痴富春山居图》

图》为其代表作。工花卉,苍劲浑朴,在山水之上。间作人物画有《赵子谦小像》。传世作品还有《秋山静远图》轴,图录于《望云轩名画集》;《松泉读易图》,图录于《吴待秋画集》;《破钵盦图》轴,图录于《当代名人画海》。子彭,见第七章。

冯迥(1882—1954),现代画家。字超然,号涤舸,别署嵩山居士,晚号慎得,原籍江苏常州,先流寓松江,后寓居苏州。和顾鹤逸、陆廉夫私谊甚密。辛亥革命后,随李平书至上海,居嵩山路,署其居为嵩山草堂,与吴湖帆对门而居。笔墨淳雅,山水、花木,骨力神韵兼具。早年以唐寅、仇英为法,精仕女。晚年专画山水,饶有文徵明秀逸之气。好吟咏,好工笔篆隶,偶一刻印,也具汉魏遗意。对己作颇自矜贵,以卖画为生,画名远播。其代表作为《山水图》轴。传世作品还有《仕女捧桃图》轴、《岁寒图》轴,现均藏上海博物馆;《柳江秋燕图》,图录于《中国现代名画》;1926年天绘阁出版《冯超然临严香府山水册》;1941年自印《冯涤舸画集》。

赵子云(1873—1955),现代画家,名起,以字行,别署云壑,自号铁汉、壑山樵子、山樵人、壑道人、泉梅村人;晚号云翁、老壑、壑叟、秃尊者、半秃道人、泉梅老人。吴县(今苏州)人。幼年家贫,就裱画店临画,先受业于秦子卿、李农如学花鸟,后从许子振(镛)学山水,又从任预(立凡)、顾若波。光绪二十九年(1903),拜吴昌硕为师,遂改名曰"铁汉"。尽弃前学,未及几年,深得缶师妙诣,以篆籀法作画,所绘竟一如昌硕。不久,即寓沪鬻画。善画花卉、山水,兼摹印,取法猎碣,草书类王孟津。褚德彝尝称:"云壑书画,得吴昌硕之真传。"吴昌硕说:

冯迥《山水图》轴

"子云作画信笔疾书,如素师作草,如公孙大娘舞剑器。一本性情,不加修饰。"1933年,在自刻"藏之名山"印旁边署:"癸酉春,作客海上时,遍地荆棘,人民欠安,余亦无心握管作画。"是年遂回苏州,仍作画自给。晚年之作,运笔洒脱,浑厚苍劲,出自吴昌硕而有所发展。新中国成立后,供职苏州文史馆。作品流传很多,1926年有正书局出版的《赵子云花卉册》的一幅《梅花图》,既可看到吴昌硕的影响,又呈现另一种苍拙妩媚、天然运笔之态。同时出版的还有《赵子云山水册》、1929年生生美术公司出版《吴昌硕赵子云合册》。

赵子云《梅花图》

樊少云(1885—1962),现代画家、音乐家。崇明(今属上海)人。幼先随父习肖像画及琵琶,后在苏州读长元吴小学,罗时敏授美术课,先后同学有颜文樑、吴湖帆、陶冷月等人。20岁后在苏州从陆恢学山水画。接着在苏州任教多年,余彤甫、朱士杰均为其弟子,后在苏州美专任教。新中国成立后任上海中国画院画师。画多取恽寿平、王翚笔意,旁及原济及华嵒,走秀丽轻灵一路。后纵观宋元明清诸家画迹日多,画路开豁,风格趋向朴茂。江南景色中之翠堤新柳、烟雨江村、月色归渔,为其常写之景。擅长画云,偶画人物,近费丹旭。建国前作《钟馗捉鬼图》以讽世。花卉亦妍雅,用古法写生,有自然朴质之趣。传世作品有《绣壁开云图》、《溪山雪霁图》等,现藏上海中国画院。

江寒汀(1903—1963),现代画家。名上渔,又名庚元、石谿、寒艇。以字行,常熟虞山镇人。16岁从同里陶松溪学习花鸟画,曾任教于上海美术专科学校。28岁时开始卖画为生,新中国成立后为上海国画院画师。因纵观宋元名迹,悟其谨严放纵之情,其艺益进。30年代赴上海,问业张石园,临

江寒汀《葵花鹦鹉图》

虚谷作品酷肖,人称"江虚谷"。临仿任颐、新罗山人也如此。尤善各种禽鸟,家中养过许多鸟兽。风格近似华嵒一路,笔墨老到,色彩明丽,形象生动,构图稳健,程十发称:"其画花鸟,形神俱得,呼之欲出。而作为禽鸟的背景,江氏的营造也是极为精心的,凡举石榴、梧桐、芭蕉、湖石、柳枝、池塘,点缀生动,意境遂生。而采用的技法,双钩、没骨、浅绛、青绿,各擅其能,这种本领在近代画坛也是不多见的。"其作品《枝头小鸟》轴,神态宛然,风格清新,可见其艺术风格之一斑。代表作品尚有《杜鹃鹦鹉》、《白鹭》等图,藏上海中国画院。1983年上海人民美术出版社出版《江寒汀百鸟图》画册。其女圣华也善画。

这一时期苏州国画家很多,尚有代表性的有胡石予(1865—1938)、蒋宝龄、黄均、刘临川(1859—1932)、蒋宜安(1864—1943)、陈子清(1895—1946)、管一得(1895—?)、朱铸禹(1899—1945)、徐季寅(1899—1945)、吴秉彝(1901—1945)、潘博山(1904—1943)、顾墨畦、赵眠云(1902—1948)、林介候(1887—1951)等人。

第四节　吸收西方画法之苏州画家

颜文樑、朱屺瞻(见第七章)

朱士杰(1900—1990),现代画家、美术教育家。苏州人。12岁开始学画,曾随颜纯生、樊少云学习国画山水、花鸟。1922年,与颜文樑、胡粹中一起创办苏州美专,人称"颜、胡、朱"。后曾任教于华东艺专,即今南京艺术学院。士杰热爱油画,当时我国油画还处在幼年,能见到的,只是少数外国印刷的复制品。画布、颜料等一切都无从得知,得自己摸索置办。士杰曾自制颜料,自做画布,他多才多艺,不仅精于油画,对音乐、雕塑和工艺美术亦有研究。他是苏州油画家中最早创作歌谱的人。油画以风景和静物为多,风景画富有浓郁的乡土气息。作品有《瑞光晨雾》、《撒网》、《初春》、《淡月》、《前程》等等,江南风光跃然纸上,情景并茂。新中国成立后,士杰多次到江、浙、陕等风景区写生。1985年于北京展出的《井冈山》、《洞庭小船埠》等为中国美术馆收藏,江苏美术馆也收藏了《撒网》。

江小鹣(1894—1939),近代雕塑家。吴县(今苏州)人。父标,光绪年间进士,翰林编修,参加戊戌变法,以收藏书画为乐。小鹣自幼熟读家中藏书,对甪直保圣寺罗汉也喜欢不已。接着留学法国,先学油画,后学雕塑。20年代回国,后移居上海。参加天马画会,并建造一所雕塑工作室,致力于雕塑创作活动。同时参加的有李金发、王静远等人。他曾任上海美专教导主任,对张玉良和画裸女风波均予以支持。江小鹣曾在上海市区制作孙中山铜像,并和滑田友对甪直保圣寺罗汉像进行修复工作。因以雕塑谋生极为不易,后和陆小曼合开上海时装公司。又在闸北附设工艺美术工场,创造仿古铜器。1927年,与张辰伯发起组织艺苑油画研究会,会址在上海西门林荫路。20世纪30年代先后完成《谭延闿像》,谭杀害湖南总督,篡夺都督之职,后又加入国民党,任湖南督军兼省长,国民政府主席、行政院长。这位纵横捭阖的老牌政客,雕塑将他踌躇满志、老谋深算的形象刻画无遗,实为我国现代雕塑史上的早期杰作。小鹣存世作品还有《李书平像》、《陈嘉庚像》、《画家陈师曾半身像》、《马相伯像》及建于杭州西湖旁的《陈英士烈士骑马像》纪念碑作品等。造型严谨,意境深邃,手法洗练,既有

朱士杰《瑞光晨雾》

江小鹣《谭延闿像》

程曼叔《少女头像》

西方艺术的扎实根基,又具有民族艺术特色。

  程曼叔(1903—1961),现代雕塑家。原名鸿寿,吴县(今苏州)人。1925年毕业于北京中法大学,1926—1929年肄业于法国里昂艺术学院,1929—1936在法国巴黎国立美术学院雕塑家布赛工作室学习。1944年为国立艺术专科学校雕塑系教授。1950年为中央美术学院华东分院继任教授。长于雕塑,作品细腻生动,造型典雅,此外还兼精法文,其作品《女人体》曾获法国春季沙龙奖。《少女头像》结构严谨,造型准确,较好地刻画了一位仪表大方、端庄姣美的东方女孩,实为我国第一件可供艺术练习的石膏作品。作品还有《方志敏胸像》及《志愿军纪念像》(与叶庆文合作)等。

  胡粹中(1900—1975),现代画家。吴县(今苏州)人。住豆粉园,早年留学日本,曾在日本大学艺术院从事研究。归国后即从事水彩画创作,他是苏州最早画水彩画的人。手法工致,造型准确,色彩朴素淡雅。使外来艺术和苏州特有的雅秀艺术传统结合起来。苏州的小桥流水,夕阳台榭,郊外青山绿水,太湖烟波浩渺,开始以外来艺术形式表现出来。如《苏州虎丘山》,绿树葳蕤,千人石惟妙惟肖,虎丘塔巍然矗立(当时尚未明显倾斜),此为历代苏州画人反复描绘,今得以新的艺术呈现。1922年任苏州美术会会长,组织苏州美术赛会。并支持颜文樑创建苏州美术专科学校,在建沧浪亭教学大楼时,他任总务主任,为此他推迟婚期,搬到工地。颜文樑出国后,任代理校长。后任苏南工业专科学校建筑科主任、江苏师范学院、西安建筑工程学院教授。1980年上海人民美术出版社出版《胡粹中水彩画》。

陆地（1917—1982），现代版画家。原名以诚，笔名田鞠、绿蒂、芦衣、XY。吴县（今苏州）人。家住城中曹胡徐巷，在黄埭乡师读书。这时鲁迅在上海提倡现代木刻，他也就自学木刻，从上海买来木刻刀试刻，效果很好。1935年，在住在对面温家岸的同好朋友尤玉琪家中，结合数友成立"苏州木刻社"。在《苏州明报》副刊上发表了他们的作品。陆地后入上海新华艺术专科学校学习，并参加木刻活动。1936年秋，和陈可默发起成立木刻研究会，主要成员有陈九、刘建庵、金闻韶、许冠华、孙风、杨可扬等，由马达担任技术指导。1937年在上海与陈九等组织刀力木刻研究会，1938年在武汉加入中国木刻界抗敌协会，他的十一幅《迎春小景》等作品，曾去延安展出。抗战胜利后至重庆，参加中国木刻研究会工作。李公朴、闻

胡粹中《苏州虎丘山》

陆地《卖唱》

陈涓隐《时代漫画》书影

一多遇害后,他发表了《永不熄灭的火焰》。1946年,人间画会在香港成立,黄新波、温涛、梁永泰是主要成员。陆地于1949年赴港后加入。陆地当时的作品《卖唱》,以有力的刀锋刻出一对贫穷的父女在卖唱的悲惨画面,这是当时街头常见的情景。新中国成立后,在南京师范学院美术系任教,并任江苏省版画协会理事、名誉理事长,曾多次举办个展。代表作品还有《雪地行军》、《掩护伤员》、《人像》、《母与子》、《抢救航运支前》、《怒向刀丛哭健儿》等。

陈涓隐(1897—1986),现代漫画家。吴县(今苏州)人,住观前承德里。早年求学于上海美专,1925年加入以"在绘画上探索和研究新的艺术和新的技法"为宗旨的"冷红画社"。从此步入艺坛,擅漫画,能摄影、书籍装帧,兼工国画。1926年起在上海跻身漫画界,专为《中国漫画》、《独立漫画》、《漫画界》、《上海漫画》、《时代漫画》等刊物的主要撰稿人,先后发表过不少切中时弊且幽默风趣的漫画作品。和鲁少飞、叶浅予友善。1937年七七事变后,上海漫画界成立了救亡协会,同年九月创刊《救亡漫画》,他与叶浅予、张光宇、汪子美、蔡若虹、张乐平、胡考、华君武、丁聪、陈烟桥等为该刊编委,我国老一辈著名漫画家济济一堂。抗战胜利后,颜文樑会同正在苏州的中央大学艺术系主任徐悲鸿恢复"冷红画社",他是画社恢复工作的主持人。他热情好动,朋辈戏称为"跳蚤"。新中国成立后,创作《太平天国在苏州》版画之一《民不能忘》,参加市美协工作,后在市园林局工作并兼任苏州市文物保管委员会委员,对文物保护和古典园林的保护很有劳绩,至今为人称道。晚年作国画花鸟扇面,并作《百花图》,配诗百首,其中一首《紫蝴蝶》云:"不随燕子故轻飞,风引蹁跹午紫衣;疑花疑蝶花似蝶,滕王粉本画依稀。"漫画存世作品有《打靶》、《看卖芝麻糖》、《小桃红》、《捉强盗》、《易地而处》、《直的进来,横的出去;活的进来,死的出去》、《甜的苦味,比较容易上当么?》、《晾》等。并有《雅如漫画集》。

季小波(1900—2000),现代漫画家。常熟西乡人。幼年离家赴沪,入上海艺术师范学校学习。后任电影制片厂美工师,主编《晨报》漫画版。1929年春,北伐军进上海时,和黄文农、叶浅予、鲁少飞、丁悚、王敦庆、张光宇、张正宇、张眉孙、王益三、蔡输丹等成立"漫画会",小波编辑出版《黄文农讽刺画集》和鲁少飞的《北游漫画》,他还和李金发、徐慰南在黄的画集上写了序文。在《大晚报》上作的长篇连环画《欢喜冤家》,描绘了当时市民众生相。80年代在《文汇报》上发表了多篇回忆与鲁迅、郭沫若、郁达夫、李公朴、闻一多、邵洵美、郎静山等人交往的文章。1985年被聘为上海文史馆馆员,为我国早期老一辈漫画家之一。

陶谋基(1912—1985),当代漫画家。苏州人。苏州美专毕业,一直从事漫画活动。"九一八"事变和"一·二八"淞沪战争后出版的上海《时代漫画》,谋基作品常以整版套色发表(华君武当时也是如此)。作品《孟姜女过关》画穿着和服的孟姜女,领着坦克进关,揭露汉奸投降派的丑恶嘴脸。

"八一三"上海战事爆发,叶浅予等人,在南京以最短时间筹办了一个水平很高、战斗性很强的漫画展览会,谋基也积极参与其中。1937年,抗战文化中心武汉,在郭沫若政治部第三厅领导下的漫画家队伍,同时有叶浅予、张汀、胡考、张乐平等人。他经常在《抗战漫画》(先在武汉、后在重庆)发表作品。1938年初,武汉成立漫画家工作委员会,委员计15人,谋基为其中之一。后又加入叶浅予为队长、张乐平为副队长的抗日漫画宣传队去港,

陶谋基《孟姜女过关》

因为战争关系,广州、越南很多漫画家在此汇合,致力于抗战宣传,谋基也作画多幅。1946—1949年间,他在上海和丰子恺、米谷、张文元等从事漫画活动。新中国成立后他经常为上海《解放日报》、《文汇报》等报刊供稿,和米谷、吴来云等进行抗美援朝及各种中心任务宣传,很受群众喜爱。他是中国美协上海分会理事。

苏州这时尚有为数不多的西画家,但都集中于学校单位,后面一并介绍。

第五节 太平天国的壁画

苏州温润潮湿,至今尚未发现古代壁画遗存,连建筑上的彩绘也很少见(这可能与建筑风尚有关)。只有近代太平天国时代的忠王府(现苏州博物馆),尚有当时留下的壁画及彩绘。太平天国要求艺术能"阐发乎新天地之大观",曾组织民间画工和极个别的专业画家进行绘制,在安徽溪濛寨河南曹氏支祠内绘有《太平军攻城图》,南京太平天国王府绘有《防江望楼》等。但总的说来,他们不喜欢知识分子,连带对于传统绘画似乎也采取疏远态度。因此,他们的壁画,很少有传统装饰,特别是受传统绘画的影响,而有很强的民间色彩,具有非专业的艺术特征。现存忠王府后殿计有九方壁画,都横嵌在后殿正中坐北面南的最高的壁上。按房屋的间隔分为三组:东西两侧六方俱长135厘米,宽145厘米;中间三方长194厘米,宽145厘米。其内容都是描绘花草和动物。由东向西第二幅,内容为"溪亭归犊",画中远山数峰,溪水流过,近处几株杨柳,下有水车,一头水牛向前行走。另图画的是"花鸟小猫",近处是湖石和几株花草,远处也是花

壁画《溪亭归犊图》

彩绘

织锦图案

枝隐约,旁有一只花猫,向花枝上的小鸟昂首摇尾。其中没有一个人出现,至于战斗场面,自然也就更谈不上了。彩绘都集中在大殿的柱子上。大殿共四进,为大门、仪门、正殿、后堂,顶上共有四百八十三方彩绘,其中包袱锦(即包住柱子的图案)二百八十一方,如意头(即装饰的梢头部分)二百零二个。四百八十三方中,现存三百四十方,已显露未复原的一百四十三方,其中包袱锦九十一方,如意头五十二个,以上都是很久前发现的。其图案多为凤穿牡丹、双鹤双桃、双狮、花果、卷草番莲、云蝠、暗八仙、花蝶等等,中间有时有织锦图案。画着房屋的彩绘只有一方,近似海边风景,有树木,还有按西洋透视画法画的大排房子,不仅在我国彩绘中所没有,也是在当代中国绘画中所不见的。和故宫、颐和园中的彩绘自然不同,和苏州民间柱头雕刻也不一样:没有任何戏文内容。壁画、彩绘上也无一个文字,也没有留下描绘者的名字,和外地的太平天国壁画也有所异。决无宫廷画的富贵之气,也无文人雅士的遗世独立之风,只具有朴素天真、乐观自然色彩,堪称是独树一帜的艺术。

第六节　桃花坞年画和刺绣

这一时期,现代印刷技术的出现,苏州邻近上海,自然最先受到影响。苏州版画本是继建安、金陵、徽州、武林四地版画而起,在他处已经衰退,苏州版画仍然不衰。清末逐步也告式微。这时才出现的年画、苏州年画或桃花坞年画这些名称,却进入了它的衰败期,也是它的艺术转型期。苏州销售大众绘画地址仍在传统的市场——位于城中心的玄妙观三清殿,这时除了

《卖鱼婆》

主要销售普及性的国画，上海来的新版年画、月份版画也逐步出现。而传统的木版年画画铺仍集中于城西的桃花坞大街（此处最早为此种年画销售点，并非因太平天国战事才由山塘街移此）。这时销售对象更为普及，要求成本降低，纸张已改为有光纸，颜料有些也用新出现的洋红、洋绿之类。这时也不用新版，只用日见粗放的旧版印制，印刷工艺也日见简易，反而出现一种与原来不同的面貌。尽管色彩多用原色，刺激感官。套印欠准，底版模糊粗糙，却形成独特的艺术风格，更具有民间美术的粗犷、豪放的韵味。如当时流行"画张"（兼带唱词）里的黑版《卖鱼婆》，富有木刻韵味，画上唱词写道："世上便宜是女人。三条鲈鱼称十斤，如此小秤天下少，苏州俗语说热晕昏。时在光绪孟夏，嵩山道人写。"此图在扬州被发现。但可以肯定的是，至少这是苏州画稿（版），可见当时苏州年画之盛。再举色彩套印的如当时很流行的《人间状元郎》，在这黑线的底版上，套上红、黄、绿、紫四色版，具有浓厚的装饰风格。这时，销路更为好的有纸马，印制更为粗放，却有另一种风味。当时可考的位于桃花坞大街上的年画铺有50余家。从

《人间状元郎》

鸦片战争时期到抗战前为止，前有张星聚、张文聚、魏鸿泰、吕云林、陆嘉顺等，后期则有王荣兴、陈同盛、陈同兴、吴锦增、吴太元、鸿云阁等。年画上署名的桃坞主人、桃溪主人、墨浪子、归来轩主人、宝绘轩主人、墨林居士、杏涛子、丁应宗、陈仁柔、筠如等；后期则有嵩山道人、吴友如、周梦蕉、金蟾香、符艮心、何俊元、鞠如等。其中金蟾香、周梦蕉等已于光绪初年转至上海旧校场，刻工也纷纷转业，年画铺主要靠印制灶君、纸马等维持，年画只是靠旧版偶尔印刷而已。

纸马

自中外开始交流频繁，西方美术传入，也给苏州刺绣艺术注入了新的活力。刺绣艺人沈寿（1874—1921），原名云芝，字香君，后改号雪宧，别号天香阁主。吴县（今苏州）人。7岁从姐沈立学绣。光绪十九年（1893），与流寓苏州之浙江孝廉、书画家余觉结婚。余能诗善画，夫妻画绣相辅，沈创"仿真绣"，光绪三十年（1904）慈禧70寿辰，沈寿夫妇献绣屏《八仙上寿图》，得慈禧和农工商部大臣载振奖励，慈禧并书"福"、"寿"二字分赠，沈遂改名寿。

沈寿《耶稣像》

次年，清政府派沈寿夫妇出国考察，回国后创女子绣工科，又称皇家绣工学校。苏州沈立、蔡群秀、沈英、朱心柏、徐慧珠、金静芬同去授艺。1910年，沈寿《意大利皇后像》获"南洋劝业会"一等奖。清廷覆亡后，沈寿赴天津绣工传设所。1914年，被张謇聘南通授绣8年。沈寿《耶稣像》获"太平洋万国巴拿马博览会"一等奖。1919年

刺绣小件

绣成美国名演员《培克像》。沈寿长期滞留南通,余觉在上方山下余庄厮守20年,痛斥张謇"生前软禁、死后霸葬",成为轰动一时的悲剧。另外,金静芬及苏州武陵女塾、万裕绣庄、乾泰祥福记的手工刺绣也先后在国际上获奖。当时民间流行的刺绣花边,又称"绦子"或"阑干",部分作为帷幕、桌围、椅披或床沿等饰边,更用作衣领、袖端、镶边及下摆。清代中晚期苏州极为盛行。虽面积不大,位置不显,但结构严密,别具巧思,实用性和艺术性很好结合,使高度工艺和浓郁的民族风格融为一体。具有很高的图案设计水平,是人们爱不释手并无穷回味的艺术珍品。(刺绣小件为苏州刺绣研究所藏)

第七节　美术团体、院校

怡园画集，清光绪二十一年（1895）由吴大澂、顾鹤逸发起成立。吴大澂被推为社长，鹤逸类似秘书，主持实际事务。宗旨为"研讨六法，切磋艺事"。并订有规约，每月聚会一次，有类似西方沙龙意味。主要参加者为吴大澂、顾沄、任薰、金心兰、吴昌硕、陆廉夫、任预、王同愈、费念慈、倪墨耕、沙馥、吴秋农。其中吴大澂、杨岘、任薰、顾沄四人最为年长，鹤逸年龄最小，吴昌硕虽长21岁，但学画最晚。画集中心在苏州怡园，外地书画参加者不少。影响很大，至1911年结束。此为苏州也为我国现代第一个有纲领的画会组织。

苏州美术画赛会，1919年1月于怡园（后迁铁瓶巷）成立。由颜文樑、杨左匋为发起和负责人。议定"提倡艺术，相互策励，仅供游览，不加评判"。主要是征集绘画作品，进行展出。展出期为每年元旦起至当月十五日，每年举行，先后达21年之久，影响很大，也是我市现代第一个画展组织。该会还有常设机构——苏州美术会，刊《美术半月刊》。参加人有胡粹中、朱士杰、陈韶虞、颜纯生、陶冷月、顾彦平、陈迦盦、吴子深、吴湖帆、黄觉寺、陈涓隐、吴秉彝、张仲仁、李根源等一百余人。这可说是我国最早出现的画家展出组织。

冷红画会，1925年于南石子街50号成立。发起人为陈迦盦、管一得、余彤甫。以枫叶为会徽，宗旨为探索新艺术和新技法。在西画上，反对学院派，追求新的意境；国画方面则是在传统技法上，进行新的创作发展。每半月集会一次，春秋各举行一次画展。先后举行13次画展。参加者有余觉、徐纬士、陈克明、樊少云、金挹清、赵眠云、徐康民、顾墨畦、程小青、柳君然、胡逸氏、范际云、胡笛声、陈涓隐等二十余人。尚有上海的汪亚尘、刘海粟、王济远，杭州的吴法鼎等加入。抗战期间停止活动，1945年，徐悲鸿与颜文樑协助恢复，1946年正式解散。

桃坞画社，1930年在桃花坞成立，由吴子深发起。宗旨为联络吴中画家情谊，相互观摩作品和研究艺事。半月聚会一次，会必举觞，现场作画。是年冬举办书画展一次，出品80余件全部售出，所得用于赈济。参加人为陈迦盦、张星阶、刘临川、张宜生、蒋宜安、朱竹云、蔡震渊、吴秉彝、吴似兰等十余人。1932年春解散。

婆罗画社，1932年春于西百花巷百花弄成立。组织人为吴似兰。宗旨为切磋艺事和观赏字画，或当场挥毫，作品出售所得作救济灾民之用。画社还经销书画笔砚兼营广告业务。历时十五年之久。参加人为王韶九、王选青、王子振、朱竹云、朱守一、余觉、吴待秋、沈寿鹏、周乔年、张星阶、柳君然、张仲仁、蒋吟秋、蒋企范等38人。

云社，1933年冬，由赵子云发起。为联合艺术之友，研究金石书画。每月聚会两次，于1935、1936年间举行画展两次。吴昌硕由沪来苏祝贺。参加人为蒋敬甫、林雪岩、施静波、汪宗华、吴清望、张寒月、曹贯之、梁肖友、朱士奇、沈进项、时云泉、蒋毓琪、黄廮南。于1937年结束。

正社书画会，1933年冬，由吴湖帆、陈子清、潘博山、余彤甫、彭恭甫发起，会址于凤凰街。会旨为"专从唐宋元明清诸大家中求其艺术之奥妙，以中兴吴门画派"。参加者为邓邦述、王同愈、叶公绰、吴瞿安、张紫东、冯超然、张大千、吴诗初、蒋吟秋、王季迁、邹百耐等人。正社举办会展四次，还去北京展出，何克之、溥心畬、汤尔和联袂加入。1936年初解散。

平社画会，1934年于乔司空巷成立。发起人为徐季寅、朱梅邨。其宗旨同正社书画会。参加人为吴砚士、胡润荪、王子振、杨介溪、张碧庵等。每周聚会一次，曾去无锡展出，出《画册》一本。

苏州木刻社，1936年春于温家岸尤玉琪住所成立。由尤玉琪发起。系在鲁迅倡导新木刻精神影响下出现的。由在读的学生组成，黄埭乡师离城不远，而读乡师的多为家庭贫困的学生。尤家与作家范烟桥近在咫尺，当时他正编《苏州明报》副刊，他乐于襄助发表，前后发表该社成员陆地、王兴铨五幅作品。参加的人为陆地、王兴鑫、鲁鱼及黄埭乡师几个学生。尤当时也善木刻，为向鲁迅求教，他写信给上海内山书店转交，不料被当时警方发现，尤被关押了两天。木刻社于1937年结束。

此外，尚有以教授国画为主的国画学社（1926年顾仲华主办）、冠云艺术研究会（1931年12月，由徐沄秋主办）、诗画研究会（1934年3月，由华酌亭、柳君然主办）、国画研究社（1936年2月，由蔡震渊、张宜生、柳君然主办）、新国画研究社（1936年2月，由朱竹云、张星阶主办）。还有东吴大学学生组织的飞飞画会、苏州美专组织的茉莉书画会（1930年）、南国画会（1935年）等。苏州沦陷期间，还出现了江苏美术协会，由周卓人、马振麟组织，有徐沄秋和日本画人参加。

苏州美术专科学校（简称"苏州美专"），始建于1922年7月海红坊律师分会会所，名苏州美术暑期学校，系颜文樑创建。教师为胡粹中、朱士杰、顾仲华、程少川。学生一百余人，分中西画组。同年9月，改称苏州美术学校。学制二年，学生十四人，增顾公柔教授国画。1923年始迁沧浪亭外之平房，学生逐渐增多。1927年始迁进沧浪亭。增黄觉寺、张紫玙为西画教师。成立以张一麐、叶楚伧、朱梁任、朱文鑫、金松岑、吴子深等十四人为董事会，吴子深为董事长，同年冬天，吴子深出资修缮校舍，学生人数激增。1928年9月，在徐悲鸿鼓励下，颜文樑赴法国留学，由胡粹中代理校长。次年9月，吴子深赴日本考察，10月返回。1932年12月，新校舍落成，共耗资五万四千银圆（为吴子深斥资）。罗马式建筑，列柱拱廊，宏伟宽敞，布局合理，采光科学，加上颜文樑从法国购回大小石膏雕塑四百六十余座，美术图书一万余册，其规模为当时全国美术学校之冠。同年十月，经教育部批准定名为苏州美术专科学校。学校设中、西画科，1934增设实用美术科，并自辟印刷、铸字、制版、摄影工厂，出版校刊《艺浪》。1937年抗日战争爆发，学校迁至上海租界，1944年又设宜兴分校，1945年复校。沪校改为研究科。至1948年，在校学生280余人，分别就学于专科（国画系与西画系）、高中艺术师范科、实用美术科。新中国成立后，颜文樑继任校长，1950年春，创办动画科，由钱家骏、范敬祥负责创建。历届毕业生累计达1300余人，先后聘请教师还有郑午昌、吕斯百、余觉、顾寅、高元宰、陆寰生、毕颐生、顾仲华、程光华、吴似兰、张星阶、钱宜斋、朱竹云、孙文林、黄养辉、徐近慧、陆国英、吴钟英、张宜生等人。1952年秋，全国高等学校院系调整，苏州美专并入华东艺术专科学校，后来又合成现在的南京艺术学院。经苏州美专的毕业生，后来更在各地开花结果，其中不少成为著名的美术家，将在下章阐述。

国立社会教育学院，1941年建校于四川重庆璧山，设社会教育艺术学系，先后由吕凤子、应尚任、刘雪庵任系主任，许幸之也任过电化教育系主任。抗战胜利后，拟在南京栖霞山建校，暂借苏州忠王府及拙政园为临时校址。油画家乌叔养、版画家卢是（善群）、国画家余彤甫等均在社会艺术教育系美术组任教。1952年秋，院系调整时并入苏南文教学院（在无锡），美术部分曾并入江苏师范学院苏州绘画制图系，后并入南京艺术学院。社教学院虽在苏州不久，但也培养了不少美术人才，如段东战、金煦、杜重划、段炳果等人，都在后来的艺术创作、理论研究和文化工作上做出成绩。

第八节 画论、画史

《过云楼书画记》，中国书画著录书。清代顾文彬著。十卷。文彬（1811—1889），字蔚如，号子山、艮盦，元和（今苏州）人。官至浙江宁绍道台，精鉴赏，家藏书画名迹甚富，建"过云楼"，因记其所藏而成书。书前有光绪八年（1882）自叙，开始云："书画之于人，子瞻氏目为云烟过眼者也。余既韪其论以名藏秘之楼，则罗而储焉，记而存焉。"前四卷书类，后六卷画类，共收录自藏书画246件，内颇多传世名迹。如有《释智永真草千文卷》、《米题褚摹兰亭卷》、《苏文忠祭黄几道文卷》等，画类中有赵孟頫1件、黄子久1件、王蒙6件、倪云林4件、吴镇2件、王绂2件、杜琼1件、沈周14件、唐寅9件、文徵明16件、仇英5件、董其昌5件、陈老莲3件、石谿1件、八大山人1册22幅、石涛2件、恽南田7件、吴历7件、王时敏5件、王鉴5件、王原祁5件、王翚13件，等等。俱为纸本，凡绢本、石刻、缂丝、单条、扇面及闺阁之作皆未收，其例甚严。每种后都有自撰题语，略记行款、题记及印章，间加评骘，并详考流传始末，征引史实，辨识真伪，题跋中不常之作者则附考名氏爵里，虽偶有赝品杂入，仍不失为鉴赏谨严之作。继有《过云楼书画续记》，为文彬孙麟士著。书前有1927年自序："予家自曾王父以来，大父及仲父、先子，咸惟书画是好，累叶收藏，耽乐不息。溯道光戊子，迄今丁卯，百年于兹。唐宋元明真迹入吾过云楼者，如千里马之集于燕市。帧轴卷册，郁郁古香，寝馈其中，恍友贤哲，赏心乐画，无逾于此。陈后山云：'晚知书画真有益。'予幸获益之非晚，何可不述祖德，重负云烟邪？"补录家藏书画114件，其中书类有苏轼《质翁帖》；画类有赵孟頫、钱选、黄子久、倪瓒、王蒙等大家，沈周6件、董其昌3件，"四王"合计17件，体例仿前。

《点石斋书画集》，中国早期石印书报。旬刊。随上海《申报》附送。清光绪十年（1884）创刊。每期画页8幅。由吴友如主持。绘图人吴友如、田子琳、金蟾香、周暮桥等,内容有国际时事、国内新闻、科学发明、社会生活、民间风习等,其中部分作品对清朝腐朽政治、帝国主义侵略、社会不良陋习以及人民生活疾苦和反抗斗争等,有所揭露和反映。也有宣扬封建礼教、迷信、黄色和社会畸形生活习俗的。所作用西方绘画透视法,构图紧凑,线条流畅简洁,对以后的年画、连环画、插图颇有影响。传为木版年画稿,流传颇广,但可能非他所绘,待考。

《吴门画史》,中国书画家著录书。徐澂著。澂字沄秋,苏州人。擅国画,精鉴赏。章太炎弟子,学画从樊少云。1949年前曾在吴县中学任教。后任职于南京博物院。1939年间著《吴门画史》,共收录唐代至清的苏州或流寓苏州(不包括所属州、县)画家共1180人(其中释为40人,道为16人,女画家104人)。按姓氏及释、道、闺阁分列,再按朝代叙述。每人都有简要介绍,所述多按原书,紧贴引用书目。此书搜罗丰富,此稿经徐氏纲罗搜剔,日积月累,又几经增益,多方搜求,历数年而成,可谓苏州古来画家之大观。惟收集人物失之简略,有些还有过滥之处。书前有石谿老人、邓邦达、吴诗初3人序。

《图画周刊》,1935年创办,随《苏州早报》附送,每刊八开一大张。以摄影漫画为主。主编陈涓隐。其创刊的《编后记》云:"日报附赠画刊,在苏州可说还是一个创例。……漫画是趣味的源泉,不过欢呼的时候,偶然会使你叹息。"发表作品的有陈涓隐、华君武、张乐平、叶浅予、丁聪、陶谋基、余彤甫、白虹、王碧梧、江栋良、黄嘉音、张鸿飞、李康年、鲁少飞、张雪帆、吴神符等人。

第七章
当代美术

第一节 概 述

　　1949年新中国成立,在中国共产党领导下,苏州美术进入了全新的发展时期。画家们欢欣地迎接新中国成立,也开始了和新的历史时期的适应期、磨合期。他们响应艺术必须为人民大众的号召,不仅要对传统艺术进行评估与审视,也要对新的艺术道路进行有益的探索,出现了很有成绩的画家。新中国成立初期,他们面临重新在生活上定位的问题。原来画家们大致有三种情况:一是在学校或单位工作;二是依靠卖画或授徒为生;三是少数依靠地租积蓄生活。第一类人自然没有问题,但二三类人就不同了。政府有关团体一方面组织他们学习,一方面对有代表性的人物安排了工作和待遇,当然不可能每人都能恰当解决。随着社会主义经济建设和社会主义文化建设的飞速发展,苏州工艺美术全面发展。这本是苏州历来的强项,可是经过多年的军阀战争、抗日战争,各方面处于衰落状态,好多技艺已经失传,现经多方面发掘,成立了专门管理机构,产品开始出口。很多品种与国画相连,因而大批国画家有了恰当的岗位并且促进了花鸟画的发展。画家与新时代的磨合期也很快结束,画家全市性的组织已经建立,随着美术教育事业发展,美术的新画种和新人不断出现,也就逐步结束了国画历来独据画坛的状态,形成版画、油画、水彩等多画种呈放异彩的局面。但社会并不是直线发展的,画家们和苏州人民一道经风雨见世面,历经十年动乱,随着改革开放的到来，苏州市的经济建设和文化建设飞速发展，新人更不断涌现，新的艺术品种日益完美，画家们空前地面对广阔的世界，接触到多方面的美术信息，新的艺术机制也日趋出现，艺术在新时期面临新的挑战和机遇，姑苏古城已骄傲地立于我国大中城市之林。光辉的艺术传统将重新显现，迎来前所未有的高潮。

第二节　多画种的当代画家群

　　新中国建立后，苏州画家不少，除前已列出后将叙及外，尚有林介侯、吴增善、朱铸禹、彭恭甫、林介侯、余觉、周赤鹿、蒋企范、汪星伯、顾仲华、王子振、马公鲁、顾青瑶、孔昌石、霍然、张宜生、陈质清、吴砚士、应天籁、严沛仁、张念珍、周武樾等人，其中涌现了以下21位代表性的美术家。和以往不同的是，他们程度不同地有很大影响，代表了现代苏州的传统艺术、外来艺术或理论研究，并声闻于吴门乃至国门内外。2003年10月苏州市文学艺术界联合会编《群星灿烂——苏州当代文化名人》（古吴轩出版社），内列出美术界19人，他们是：朱屺瞻、颜文樑、吴湖帆、余彤甫、陶冷月、陈旧村、沈子丞、徐穆如、谢孝思、庞薰琹、张晋、吴作人、张辛稼、蒋风白、宋文治、吴羖木、张继馨、贺野、杭鸣时（按年龄为序）。需说明的是本书初版严格按照当时规定，未收入健在的张继馨、贺野、杭鸣时三人。对主要艺术活动在外地已辞世的苏州美术家，须增王己千、温肇桐、孙宗慰、钱家骏、卢沉5人，已按出生年序插入。现已出版的《苏州艺术通史》已破此例，故本书再版时，也将此三人列入，小传、插图大体亦同。如下：

　　朱屺瞻（1892—1996），当代画家。初名增钧。清光绪十八年（1892）生于太仓浏河新镇。祖父长熠，号海民，业商，有儒行。能书画，善收藏。父大堃，号厚庵，经营上海、太仓、昆山、吴淞一带酱园业。3岁开始认字，8岁母施氏逝世。9岁从师开始自习绘画，并始作山水画。屺瞻每一念母，辄啼泣不止，师感之，抚其顶口诵《诗经·魏风》："陟彼屺兮，瞻望母兮。"遂改名为屺瞻。抗战胜利后，又自号"起哉"。15岁时，得舅父潘鸿鼎（字舜未，号铸禹，光绪三十四年进士，散馆后授编修）支持，入宝山县学堂读书。数学成绩平平，而图画成绩特异，曾向《时报》投稿。16岁时于公学卒业，考入邮传部上海实业学校（今上海交大前身）。校监为唐文治。唐字颖侯，号慰芝，又号茹经，光绪十八年进士，著名经学家，乃屺瞻之表叔也。曾再三告之曰："作字作画，点划皆须着力，切忌浮滑。"后屺瞻常语人曰："齐白石教我'画须独立'，唐文治教我'画须有力'。"一年后即因脚病而辍学。自幼就体弱多病，常常辍学返乡。1911年，即20岁时，开始学习西画，不久考入刘海粟、乌始光在乍浦路办的上海图画美术学院（后改上海美术专科学校）。教师最初只以毛笔醮炭粉画擦笔画，然后以铅笔写生。1913年，屺瞻被聘为该校美术教师。1917年初夏，乃赴日本留学，进川端美术学校，从名画家藤岛武二学习素描和油画。不久，即以家事被召回国。回乡养病数年之久，画仍不辍。1918年，油画《风景》在苏州美术画赛会展出。1928年，与王济远、江小鹣、潘玉良、李秋君、张辰伯等人在上海林荫路成立"艺苑绘画研究所"，连续举办画展，出版《艺苑画集》，还邀请张大千、王一亭、吴湖帆、郑午昌、徐悲鸿、贺天健、钱瘦铁等加入。

1930年，《朱屺瞻画集》问世，由艺苑真赏社出版发行，蔡元培为题封面。唐文治序云："屺瞻表阮，熟悉国画、西画，气韵超凡，随意点染，拓胜景于潇湘，参油画于巴黎。艾竹茅梅，兼施六要，殆摹其形而得其理欤。吾浏地介莎，得扶舆清淑之气者，类多雅逸。屺瞻乃后起之秀，岂仅小道可观云尔哉。"蒋梦麟题"得之象外"四字。刘海粟题云："屺瞻近作，似佛利士（法兰西）有深密之情绪。"俞寄凡题曰："屺瞻此集笔参造化，神迈东西，满纸灵光，扑人眉宇，所谓写一己的怀抱，感他人之性情，真禅宗无等等州呪也。"王济远题曰："屺瞻作画中西互通，不求名利，谦和温恭，别开蹊径，超以物外，得以寰中。"潘玉良叙曰："朱君屺瞻

朱屺瞻《墨竹图》

齐白石刻印

朱屺瞻《湖山秋趣图》

之作品,随趣挥毫,不拘成格,可以曰能,也可以曰逸且神也。"自序颇自谦,曰:"屺瞻不能作画而偏喜作画,近二年中不论中西绘画,每以自课,惟笔拙墨俗,只可作成绩观而已。"后屺瞻受聘为新华艺专校董及教授,筹建学校绘画研究所大楼,"艺苑"因而停办。1932年1月,日寇侵犯上海,他积极忙于赈济活动,还奔波于真如、太仓、嘉定写生,是年7月3日,"朱屺瞻淞沪战迹油画展"于新华艺专举办(后移上海民众教育馆)。年底家乡沦陷,全家迁居上海。又遭战火,新华艺专毁于炮火。他和姜丹书迁华立路继续复学。1942年,日寇强迫学校注册,教材必须检查,他与汪亚尘等决定解散学校,埋头作画,但大多为梅兰竹菊之属。1936年作《墨竹图》并致书齐白石,请刻"劲节冰霜"、"傲寒"、"师竹"、"耐岁寒"、"崛强风霜"诸印,以明心志。为齐白石《劲节冰霜》印及边款"屺瞻先生识篆刻用意刊之白石丁丑"。代表作品有《湖山秋趣图》等。

新中国成立后,他受聘为上海文史馆馆员、上海中国画院画师,开始了他的创作鼎盛期。20世纪50年代初期,足迹遍及苏州、杭州、黄山、浙东四明山区乃至武汉、西安、重庆等地。1962年8月,《朱屺瞻国画展览》在上海

朱屺瞻《北瓜》

举行,展出近作山水、花鸟百余幅。此展又赴南京、西安展出。十年动乱期间,受到不公平待遇,只要允许家居,便依照片和印本临摹了一批历代名作,大多为六尺以上的长卷巨轴,或数日、数月而成,取其意境、气势、笔法,并出己意敷彩,临摹中有创造,学古中"存我",笔愈健气愈壮,实为传统国画中大辟蹊径。1977年以86岁高龄,数日间两登八达岭。90岁后有美国、日本和新加坡之行,百岁高龄加入中国共产党,《朱屺瞻画展》在上海、成都、北京、广州、深圳举行。他其实从来都是二画并举,始终以"独"、"力"、"简"三字自求。早年作品已显露他的独特的艺术风格,似用董源和米芾的墨点和晕染,又有李成、范宽的痕迹,又有塞尚、凡·高的影子。但完全是中国气派,时代美感直击人心。晚年作的《北瓜》,屺瞻已88高龄,笔触之雄健,气势之雄伟,这是外国画家无法画出的线条,也越出传统画家今人熟悉笔意,力能扛鼎,力穿纸背,老拙中见妩媚,简略中动人肺腑,允为古老而年青的中国画佳作。屺瞻享年104岁,他是苏州乃至世界上唯一长寿的老而弥坚式的画家。

颜文樑(1893—1988),当代画家、美术教育家。字栋臣,苏州人。父颜元,字纯生,号半聋居士,擅画人物,为任伯年入室弟子。文樑6岁先入私塾启蒙,又入诚正学堂读书。由于受父熏陶,自幼就爱画画,能用毛笔信手画出所见事物。12岁临习《芥子园画谱》,次年临摹胡三桥《钟馗》,吴昌硕见之,题曰:"画稿出三桥胡君手,栋臣世兄仿之,益见高深独到。昔人云唐抚晋帖,非同工,仿佛似之。"1906年,进入长元吴公立高等小学,同时入学的有顾颉刚、吴湖帆、郑逸梅等人。他的图画成绩特别优异,毕业前一年,画了《苏州火车站》铅笔画,经学校推荐,以"学生佳作"于南京的"南洋劝业会"上展出,获得赴南京参加开幕典礼的奖励。1909年夏,报考上海商务印书馆当艺术生徒。开始接触到当时非常陌生的西洋绘画天地。用铅笔画素描,教材以日本美术学校所编的《洋画讲义录》为主,半年后又被分配至铜版室学习镂刻铜版和机械制版技术,后又到绘画室学西洋水彩画,室主任是日本画家松冈正识,画艺有很大的提高。在这期间,得识很多欧洲油画印刷品,被画中逼真的写实表现力而深深震撼,为绚丽的色彩效果而心迷神驰,从而立下终生钻研油画志愿。后辞去商务印书馆的工作,回苏州自习西画。可当时连上海也无油画材料出售,只能自己研制画布、笔、颜料和调色油,经多次试验,终于画出了他的第一幅油画《石湖串月》,接着第二幅油画《飞艇》,同时还进行水彩画的创作。1917年,应上海来青阁所约,画《虎丘早春》、《邓尉探梅》等描绘苏州景物的水彩风景16幅,设色细致,色彩丰富,显示了他西画的才能和技艺,大大拓宽了人们的艺术视野。这些作品经商务印书馆彩印后在全国发行,使他声名大振。

颜文樑《厨房》

1919年,他和东吴大学杨左匋等人组织了中国现代美术史上第一次全国性的美术展览组织——"苏州美术画赛会"。同年从上海购得粉画材料,尝试进行粉画创作。先后画了《画室》、《厨房》、《肉店》等,其中最著名的是《厨房》(纵48.5厘米,横64厘米)。他以邻家厨房为对象临景写生而得,作品描绘了一个典型的江南人家旧式厨房内安详、温馨的景象:午后的阳光斜射在斑驳的砖地上,古老的三眼灶上杯盏碗壶闪烁着亮光,梁上挂着火腿和竹篮,炭炉中跳跃着红色的火苗,一个小男孩正伏在案板上睡觉,另一个小女孩则坐在灶前的小凳上逗着两只小白猫玩耍。整个画面构图严谨,刻画细致入微,旧宅扑朔迷离的光影效果和错综复杂的透视关系被处理得精确而自然。将已逝去的苏州人家过去的厨房之景,永远留在艺术的画卷上。

在此期间,他曾先后兼任振华女中、吴江中学、太仓省立四中、苏州第二女子师范等学校的美术教员,鉴于美术师资的缺乏及社会的需求,他决心创办美术学校。1922年苏州美术学校成立,并自任校长。办学之初,学校经费均是他兼课和卖画所得。1927年吴县公益局同意将沧浪亭由他负责保管,也批准学校迁入,园内山石房屋由校董事吴子深捐资而得到修葺,美术馆也同时设立,学校至此初具规模。

1928年秋,36岁时,在徐悲鸿的鼓励和帮助下,赴法留学。途中作油画《越南西贡》、《鸟瞰香港》、《印度洋之中秋》、《印度洋之锡兰》和《吉布蒂之晨》五幅。抵巴黎后,经徐悲鸿的老师介绍,师从巴黎国立高等美术学校皮埃尔·罗朗士教授学习油画,他至各大博物馆和美术馆临摹作品。次年,作品《画室》(粉画)、《厨房》(粉画)和《苏州瑞光塔》(油画)入选巴黎春季沙龙,《厨房》还被授予荣誉奖,由法国教育部长和文化部长主持颁奖。利用假期,他游历了英国、比利时、意大利等国,异国风情和艺术气氛的感染使他激情倍增,画下了《英国议院》、《海德公园》、《罗马古迹》、《佛罗伦萨广场》、《威尼斯水巷》、《米兰大教堂》以及《巴黎圣母院》、《巴黎埃菲尔铁塔》等数十幅油画写生。这些作品吸收了古典艺术的严谨和印象派绘画的浪漫,从色彩、构图到艺术思维方式都不乏新的发现和创造。旅欧期间,他节衣缩食,自费搜集图书资料近万册,购置希腊、古罗马及文艺复兴时期的著名雕塑石膏教具四百六十余件,历尽艰难陆续托运回国。1930年底，回国。至此，学校终于以其优美的校园景观、完备的教学设施以及严谨的学风而成为当时全国最为著名的美术学校之一。

1937年，战火逼近，苏美专仓促迁校，先至北庄基，再至同里、袁家汇，终到上海。1938年春，苏州美专沪校成立，自任教师。物价日涨，唯靠售画苦苦支撑。日寇多次派人威胁利诱其回苏州复校，他严词拒绝；还拼凑所谓"中日文化协会"，强令文化教育界知名人士参加，文樑也在其中，始终不愿为此向敌伪低头。1945年抗战胜利后，沪校则改为苏州美专研究科，他每周往返于苏沪两地，继续维持着学校的生存，直至新中国成立。

新中国成立后，颜文樑则被任命为中央美术学校华东分院（后改为浙江美术学院）副院长。他定居上海，往返于沪杭之间，为浙江美院和上海戏剧学校等多所院校的师生讲授课。他的讲课深入浅出，生动易懂，深得青年学生的欢迎。"透视"课比较枯燥，他却生动非凡，将比较机械的定理，化成明白浅显而又幽默生动的语言，配合形象化的板书，使课堂时间让人觉得很短，但却得到重要的收获。他的"色彩学"也是生动非常，既好懂又好记。他根据自己长期的绘画实践，兼备科学的艺术手段，总结创造了"油画用笔八法"。编写的《美术用透视学》，于1957年由上海人民美

颜文樑《苏州双塔》

颜文樑《百果丰收》

术出版社出版,全书十六万字,五百余帧插图,是当时国内出版的同类专著中内容最为翔实的一部。这一时期也是颜文樑油画创作最为活跃的时期,他在教学之余画了大量的风景写生画,如赴北京开会期间所作的《天坛》、《中山公园》、《北海公园》、《颐和园》,往返于苏浙沪之间所作的《西泠远景》、《三潭印月》、《虎丘》、《水城门》、《双塔》、《苏州留园》以及描绘身边景物的《卧室》、《家园一角》、《韶光》等。他还创作了许多反映现实生活题材的作品,如《国庆十周年》、《人民大道》、《浦江夜航》以及静物画《百果丰收》等。1959年9月,他的个人专集《颜文樑画集》由上海人民美术出版社出版,1960年,被选为上海市美术家协会副主席,并出席参加第三次全国文代会。

十年浩劫,颜文樑受到不公正待遇。粉碎"四人帮"后,虽已耄耋之年,仍每日坚持作画。鹤发童颜,童心依旧,一手拿笔,一面还唱儿时苏州民歌。1982年,中国美术馆以及上海、杭州等地都纪念他九十寿辰。他绝笔之作是《沧浪美》和《沧浪夏夜》。他的一生,正如他自言:"我一生有两个最大的幸福,一是与青年学生在一起,一是与艺术在一起。"

吴湖帆(1894—1968),当代书画家、鉴赏家。生于苏州南仓桥。原名翼燕,更名万,字东庄,号丑簃,后书画上题名湖帆。祖父大澂,为著名的古文学家、金石书画收藏家,又善古画。曾任兵部尚书,甲午战争中是重要指挥官员。外祖父沈韵初,官至内阁中书,善治子史经籍,富收藏。父讷士,为苏州草桥学舍主持,行草书为当时之冠。祖父和顾鹤逸、吴昌硕、陆廉夫等往来,并结"怡园画社"。他6岁入小学,课外随陆廉夫摹花果,祖父授习钟鼎铭文,乃兼执铁笔,师吴让之、黄牧甫。1906年入上海中国公学,因学校迁址而辍学,偕同学游日本,回苏后遍临家藏"四王"真迹,旁涉吴历、恽南田,又复上溯明四家,历时十余年,最后深为董其昌吸引。22岁时与潘静淑

吴湖帆《桐关蒲雪图》　　　吴湖帆《仙髻拥新妆图》

结婚。潘为苏州大姓，历代富收藏，其"攀古楼"富敌东南。陪嫁中文物甚丰，他后建之"四欧堂"、"梅景书屋"、"玉华仙馆"等均以陪嫁中之文物命名。1924年，寓居上海。1929年，受聘为全国美展常委、故宫评审委员，多次得睹故宫收藏。对唐、五代、两宋、元、明研习之后，"北宋"遒劲的笔致、气势凌厉的大斧劈皴法和硬朗、劲挺的风格对他感染至深。1936年作《云表奇峰》，显示了画风转变，后获得米芾《多景楼》诗册，了解"书与画之用笔，皆一鼻孔出气"之理，深悟己所取者更多是意而不是法。创作《峒关蒲雪图》、《仙髻拥新妆图》。1939年，妻故。又值抗战时期，闭门潜心画艺，写成《丑簃谈艺录》，部分于《国光月刊》连载。1943年秋，弟子们将湖帆所作50幅，编成《梅景画笈》第一册。1954年将平生所作之词，以小楷工录，影印成《佞词痕》，由叶恭绰托周总理转呈毛主席一套，后来毛主席回赠送诗词手稿影印本。1956年上海成立画院组织委员会，湖帆为筹委。反右开始，湖帆被任为画师。以后身体逐步不支，于1968年辞世。

吴湖帆《凤池精舍图》

湖帆作品以其笔墨精、设色艳、章法新在画坛上独树一帜。他集宋元明清诸家之长，行以己意，创立新貌；画风缜丽丰腴，明润清雅，青绿设色，逾越古人；草木华滋，烟云供养，极氤氲缥缈和风光旖旎之致，格高无与伦比。难怪张大千评曰："湖帆先生渊博宏肆，作画熔铸宋元而时成一家。吾识海内画家多矣，平心而论，画家当以吴湖帆为第一。"其佳作《凤池精舍图》卷（纸本，墨笔，纵25.7厘米，横124.8厘米，叶恭绰捐赠，苏州博物馆藏），为叶公绰当时寓苏而作。叶在画上题道："凤池遗迹久蓁芜，梦想家园有此图；聊与吴中添故事，可能清閟学倪迂。"卷后有王謇、夏敬观、顾颉刚等人题跋，其中柳亚子所跋长达数千言。湖帆作品中经常出现似古实新的风貌。若认为他只是因循守旧，决非公允，事实上他一直在默默地探索。1964年，当他欣闻我国第一颗原子弹爆炸成功，为观摩腾空而起的蘑菇云所产生的磅礴气势，嘱子三次陪他到电影院看实况纪录片，然后一气呵成，画成了《庆祝我国原子弹爆炸成功》。

湖帆在绘墨之外的文学、校籍、诗词、书法、考古、鉴赏、音律、金石、京剧、评弹、围棋等等，皆涉猎得且深又广。黄公望的《剩山图》，原系公望晚年杰作《富春山居图》长卷的一段。全卷先由沈周收藏，后转至董其昌手，后又抵押给宜兴巨富吴之矩，传及其子洪裕。清顺治七年，洪裕临终时，竟欲焚化该卷殉葬，幸其侄于火中抢出，但已毁原七接纸中第一接的前大半，后吴氏传人重裱时将烧毁部分撤下，独立装裱，称之为《剩山图》。1941年，好事者携至湖帆处求售，他细加考证，认定为山居图剩余之本，重为装裱成卷，详记所得始末，盛赞曰"惟我天相许"（现归浙江省博物馆收藏）。1954年，用乾隆旧笺，将《富春山居图》通临一遍，将分别藏于两岸的加以连接，终得全貌。

余彤甫（1898—1973），当代画家。名昌炜，字彤夫，苏州人。虽家境清贫，但幼年好学，尤其是他在学校里的图画课程，成绩斐然，独冠群芳。此后，复师事樊少云学习山水。先后同师的有管一德、徐沄秋、蒋金如、陈少川、吴诗初、胡润生等。且平时亦钻研西洋画法，故又能作水彩画，并懂透视法，因此所绘作品更能博人喜爱。早期山水画，喜用小笔，笔法细腻，层次清晰，故大家异常喜爱，特别是他临摹文徵明的作品，几达乱真。

他一生几乎都是从事美术教育。除一度也担任过上海商务印书馆的特约美术编辑，也在剧场里做过"美工"外，历任苏州女子职业中学、省立松江中学、上海美专、国立社教学院美术教师。新中国成立后，任苏州市第三中学及苏州刺绣学校教师。

1925年夏天，与陈摩、管一得等组织了"冷红画社"。1945年，画社在颜文樑、徐悲鸿的协助下，始行恢复。是年11月11日，在大公园民德堂举行在苏社员会议。推举他与陈涓隐负责，直至1948年。1933年，他曾创办了正社书画会，也得成功。

20世纪30年代初期，课余之暇，出售过不少画作。一度与管一得、陈涓隐、徐康民合作"四合锦"扇面，在苏九华扇笺庄等店出售。

苏州解放后，他和彭恭甫等人积极参加美协活动。被选为苏州市文学艺术工作者联合会的执行委员、苏州市文物管理委员会委员、苏州市政治协商委员会委员等职。

在社教学院任教时，他能组织学生到生活中进行写生，当时是难能可贵的。

1950年4月，他积极参加市政协组织的画家学习活动，还需同去常熟、吴县金山写生，得到画稿颇多。这时，人们还处在传统国画的习俗之中，山水画中只能画茅舍中的高士，驴后的琴僮，而不能越雷池一步。他以一个艺术家的勇气，敢于用原来的笔墨、皴法、点苔、晕色等技法，是苏州国画家中首先开始在大山水中画出洋房，高岭上坚起铁塔。使画面有了生气，呈现了新生活的气息，因而引人珍视。他的作品在市内外展出获得好评。《苏州日报》的"人民美术"版上发表了他的作品。《绿化黄山》还在第二届全国美展中展出，为苏州市美术界赢得了荣誉。

1958年，被聘为江苏省国画院画师。他在20世纪60年代初期，画法更趋成熟，技法多变，作品亦丰。如他画的《天平郊游》就是一幅佳作。是年，与

余彤甫《燕子矶畔》

费新我、吴㪚木等合作了《姑苏之美》及原绘的《支援前线》、《园游会》等一并送至"社会主义国家造型艺术展览"。

1960年与傅抱石等长途写生，横跨六省，行程二万三千里，在黄山画《黄山桃花溪》、《黄山云雾》、《黄山光明顶》以及《川蜀道中》、《西陵峡》等作品。他在黄山说："黄山真我师也。"

20世纪60年代初，他深入渔民的生活，作了《江南渔港》。又画南京《燕子矶畔》及《山城晓雾》、《尚湖之春》、《香雪海》等。

1965年至1966年间，作《长江万里图》长卷，全卷共分六段，可单独成章，大约长六丈左右，从长江的上游画起，一直画到下游，一泻千里，气势磅礴，从重庆的《山城烟岚》画起，经武汉、马鞍山、南京、镇江直至吴淞口，惜尚有三段未曾完成，"文革"开始，人画同遭劫难。

余彤甫《香雪海》

陶冷月（1895—1985），当代画家。名善镛，字秋韶，号镛，又号宏斋，别署冷月、五柳后人、可梦道人。苏州人，世居观前街南的蔡汇河头。祖父芑孙，光绪年间拔贡生，擅诗词。父惟垂毕生从事教育。叔祖诒孙（焘）为吴中名画家，人称东江老画师。冷月从小耳濡目染。12岁入元和县高等小学（今苏州草桥小学），美术老师罗树敏不仅擅国画，又能西洋画，为他以后中西合璧的画打下了基础。

余彤甫《嘉陵江上》

冷月毕业于江苏两级师范学堂第一届本科，并从美国人特朗教授学习油画。18岁在吴县第三高小和大同女中任教。假日都与小学同学颜文樑写生。这期间，对画月亮产生兴趣。1918年后，受聘于长沙雅礼大学、四川大学，遇黄宾虹后又在暨南大学和中山大学任教。在这期间，走齐、鲁、豫、

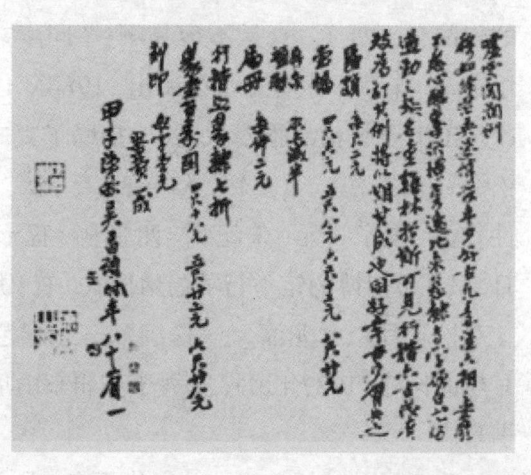

陶冷月润例

晋，登泰山、峨眉之峰，又泛舟潇湘七泽之间，得写生稿数千余幅。他兼有中西艺术之长，徐悲鸿、颜文樑、刘海粟等对他的画风给予较高评价。画家狄楚青、黄宾虹称冷月"能发挥新志，洗涤陈趋，为近代画家革命巨子"。蔡元培赠联："尽美尽善武韶异，此心此理东西同。"并为他订定了书画润格。

他以擅画山水、梅花、月亮而名世。他的四屏条《瀑布图》，描绘了巴蜀、雁荡、衡山及匡庐景色，雄伟壮观。苏州的可园、邓尉香雪海、梁溪梅

园等地,也印上了他无数次的足迹。《月梅图》用五代徐熙没骨法,施以百朵复瓣千叶白梅,使梅花愈显妖艳多姿,百态丛生。还有一幅也题名为《月梅图》的,是丈二匹大件,新中国成立前有人出八千银圆收购,被谢绝,也在晚年被捐献给上海博物馆。当年赵叔孺对其画梅大为赞赏,说"冷月画梅,无一处败笔"。他的月景最受人赞赏,如《月照松涧图》。画面上虬龙般的松树,枝针悬挂,月光照亮枝枝针针,岫溪之水,闪烁着折光。小说家程瞻庐说:"他(冷月)每作空山悬崖,野岸停舟,恒缀冷月一丸,而其意境清隽可喜。"(《小说月刊》)吴昌硕郑重地把自用印章"明月前身"相赠。

新中国成立后,作画尤勤。老友郑逸梅欣闻其室名"东风时雨之楼",作记称:"近市而不嚣,毗园而足息,是亦堪称佳境者矣。"曾作《红梅图》,参加全国国画展,后由中国美术家代表团赠给了莫斯科大学。1957年遭不公正的待遇。十一届三中全会后,他已患上了眼疾。

1983年秋,冷月加入上海美协,冬,上海文史馆举办"陶冷月画展",祝贺他九十寿辰,老同学颜文樑感慨地说:"经过几十年后,今天又能看到你的作品公开展览,真是不容易啊!"同年7月,又应苏州市政协和苏州博物馆之邀,作品于苏州博物馆展出。1984年12月13日,在上海博物馆举行"陶冷月先生绘画精品捐赠仪式"。捐赠了丈二匹的《月梅图》、通景屏《月照松涧》、《雪松》、《蕉竹》和"春、夏、秋、冬"四幅一堂的青绿山水等共八件作品。画家叶元、朱屺瞻、谢稚柳、程十发等参加了该仪式。同年12月19日,又在苏州博物馆举行了捐赠仪式。有《月色千叶梅花》(即《月梅图》)、《双松皎月》、《龙溜》、《松涧》、《水墨芭蕉》等五件。1985年12月3日,冷月与世长辞。1987年8月,安葬于苏州东山华侨公墓。由郑逸梅撰文,钱君匋书墓志。

陈旧村(1898—1957),当代画家。名永,字旧村,又自署树云、如云、好蕴石。生于无锡安镇。祖代务农,3岁时丧母,幼即田间劳动。父勉强同意他进入小学,回家还得放牛和从事农活。读书功课很好,得第二名。校长希其继续升学,但未成功。14岁时已成了家中的全劳力,也许是受王冕故事的影响,放牛空闲,偷偷在私塾外听课,晚上记在纸上,还自行在灯光下作画。在野外观察游鱼飞鸟,一次忘了及时将柴背回,被父将头撞向墙壁,由此得了头痛病,晚年还经常发作。但也因绘画在乡里小有名气,附近小学请他做美

陶冷月《雪月山水图》　　　　　陶冷月《秋宵》

术教师。1918年,被当时国画家王云轩发现并收为弟子,从此走上毕生绘画的道路。不久,考上了上海中华美术学校,学费也由王老师资助。1920年,毕业后返锡,先后任经皋高等女校、县立商业中学、荣巷工商学校美术教员。这时与钱松喦结为终生好友,合开画展,还协助松喦创办美术学校。

抗战胜利后,他迁居苏州司长巷,以鬻画为生。当时苏州九华堂、杭州苏莲记常来收购,东来仪书画店也有他作品出售。因画山水和花鸟的人多,另辟蹊径,专注于鱼藻描绘。当时物价飞涨,卖画难以维持生计,逢年过节,甚至贩年画,走街串巷兜售。临近新中国成立前夕,尽管求画者不少,但物价一日三小涨,一幅画只能得一二升米而已。他为人豁达、乐观,平常青菜豆腐,却不惜工本买各式鲤鱼及金鱼。家中的浴盆、脸盆和各种器皿,总是鱼类遨游的世界。连吃饭时也端着饭碗,蹲着观察鱼在水中洄游之态。常说:"吃饭时看鱼,觉得饭更香,比吃山珍海味更有滋味。"边看边画、看看再画成为日常功课。他不吸烟、不喝酒,有钱就收集各国鱼类的图册,观赏历代名家作品,从中得到启发。追宗明代林良、吕纪兼参陈白阳、华新罗鱼趣,传统笔墨底子深厚,线条灵活生动。因喜写生,故非常自然地注意了生活的真实和艺术的真实的融会贯通。因此,他所作鱼藻图也罢、孔雀图也罢,都能活灵活现、神形兼备地呈现在大众面前,为百姓欢迎,为行家点头。他一贯坚持:"作画须追宗大法,描写天然,两不可废。前者以古人为师,后者以造化为师。"画鱼必须写意与写实相结合,方有神似之感。画在纸上,似在水中,忽隐忽现,如真似假,方能传神。《鲤鱼》中可见他笔下的鱼游之姿。家有小园,春天常早起,在园捉虫,放瓶里,仔细观察,像这样小瓶有几十个。他还在园里种青菜丝瓜之类。正因为这样,无论是游鱼、花鸟、蔬果,还是山水,都可随意挥写,而恰到好处,神韵十足,其实都是他热爱自然,潜心钻研的结果。

1951年,荐入文管会工作。1957年,中央美术学院华东分院(后为浙江美术学院,现为中国美术学院)、南京国画院寄来聘书,但他不愿离开苏州,只应聘为江苏国画院画师。在画院内,他请教傅抱石、钱松嵒,以及同科的花鸟画家叶矩吾,合作了《桃花鳜鱼图》。就在这年,刻了"到老学不了"印章。他还与谢孝思、张辛稼、朱竹云、蒋吟秋等交往,和费新我交往尤多,他称费为"新先生",费回敬他为"旧先生"。曾应拙政园、西园、狮子林之邀,作鲤鱼图布置园林环境。在西园放生池畔,对景写生,作《群龙飞跃图》长卷;苏州东园内曾举办金鱼展览,他终日悠游于水缸边上,得写生稿100余

陈旧村《鲤鱼》

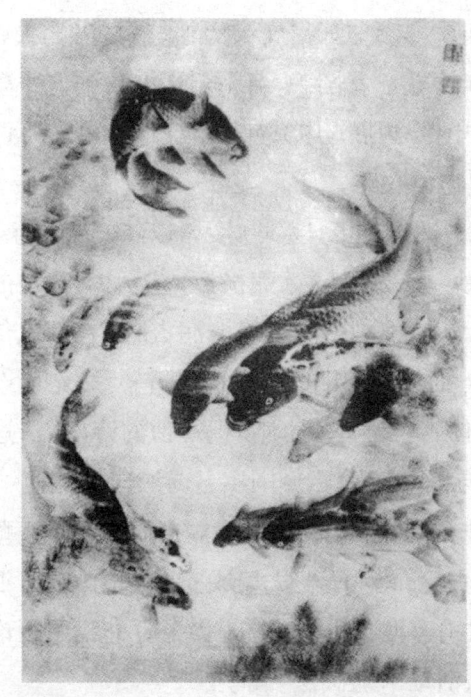 

陈旧村《鱼乐图》　　　　　陈旧村《鲤鱼戏水》

篇。还先后创作了《蔬果图》长卷、《孔雀牡丹图》均获好评。在南京,陆续创作了《五色鲤鱼图》、《芙蓉鲤鱼图》、《蔬果图》、《蔬果册页十二帧》、《鱼乐图》和《鲤鱼戏水》,先后为出版社出版。外孙女李亚平亦善画,作版画很有成绩。

沈子丞(1904—1996),当代书画家。名德坚,字子丞,又名之淳。署名有淳然居士、离垢居士、听蛙翁。室名葫庐庵、听蛙馆等。浙江嘉兴人。定居上海,后半生寓居苏州。

父在嘉兴北门大街上开书画店,前店后住房,他从小就喜欢到书画店里跑,弄墨调朱。因此他后来在嘉兴第一高等小学读书时,图画一科常得教师的赞扬,视为奇才。16岁又师从嘉兴老画师潘雅声画仕女,有了人物画根底。17岁那年,即以绘画考入上海中华书局的国画编辑所,先是练习生,后是图画编辑,最后是图画部主任。

他在中华书局编辑所里,广泛阅读了局内所收藏的资料、图书,并结识了不少上海的书画家、收藏家,如庞莱臣、郑午昌、张献之等人,学习文物鉴赏、书画及诗词,艺乃大进。同时参加了书画艺术团体,如蜜蜂画社等。后以

《踏青图》、《桃源送别图》、《醉僧图》,参加画社展览,均被爱好者购去。1929年作品参加全国美展,其中的《簪花仕女图》、《围棋图》,得到何香凝的赞赏。《无量寿佛》入选日本的中国绘画展。1933年,《雾》与《梅花》两幅作品在德国展出。《雾》被柏林博物馆收购。

子丞精通六法,尤善山水、人物,书法亦佳,且善吟咏,常以自作诗题画,可谓熔诗、书、画于一炉。且无一不妙,无一不精,才气横溢,艺坛少有。他的山水,师法石谿、石涛;人物则取法马和之、华嵒,用笔清润古朴,在前人传统的基础上,形成自己的风格。书法方面初学恽南田的飘逸俊清一脉,继而改临钟繇的《荐季直表》,于是书风结体古雅圆浑、拙朴丰厚。他的诗作,清逸隽美。闲时又爱围棋,曾编著《围棋与棋话》及《古今围棋名局汇选》出版。

1937年抗战爆发,任上海中华书局在沪留守之职,遍观书局内之历代藏书,学识大进。1938年后,研究美术史论,潜心著述。编成《历代论画名著汇编》,此为搜集古代著名绘画论述之作。搜集十分完备,实为研究我国画论的好书。还有《古代画家的故事》、《活动卡通画法》等。

抗战胜利后,参加梁俊清、胡曼青组织的东南书画社,与书法家马公愚、何白蕉、钱瘦铁、来楚生等人订交,研究书画不辍。1949年的《美术年鉴》载有子丞小传,说他"画人物以老练笔意,取法新罗,古朴可爱,异于时流,偶尔作儿童小景,则别饶风趣"。

沈子丞《对酌》

沈子丞《吹笛图》　　　　　　　　　　　　　沈子丞《菊蟹图》

新中国成立后，加入中国美术家协会上海分会，并任中共一大纪念馆副馆长。工作之余，仍潜心翰墨，从事创作。1952年全国美展中推出了作品《分得了农具》。1955年，华东地区美术展览会又推出《西郊即景》。

1958年调入上海中国画院，在院内图书馆工作，仍书画不辍，摩写南宋马和之《唐风图》册页、李公麟《维摩演教图》长卷。1959年，由于各种原因，子丞转往苏州国画工厂，从事设计及创作。先后创作了《拙政园全景图》、《百美图》及山水作品的长卷等。后在吴门画院设计室工作，参加《十老画展》。1960年上海专人来苏为他恢复名誉，仍为上海中国画院画师、上海文史馆员，但他仍留苏州，并推出新作《群英大战黄天荡》。并为1965年苏州"五一美展"画出《苏州新貌》长卷。当时苏州市委书记柳林为其题签。"文革"期间，子丞转往东台工艺厂。1974年，游黄山、泰山、华山、西安、洛阳等地采风并写生，得画稿百余幅。1980年，应文化部之邀，去北京创作三个月。1983年，著成《壶庐庵谈画销记》18篇，发表于《朵云》，声誉更隆。1985年，先由上海中国画院举办"沈子丞书画观摩会"，展出作品三十余件。复由上海文史馆主办"沈子丞书画展览会"展出作品九十余件。同年8月，又有"八老从艺六十五周年庆寿活动"。苏州市政协、苏州市文联,也联合举办"沈子丞画展"。《对酌》、《吹笛图》、《菊蟹图》是他其中的三幅作品。1986年,上海人民美术出版社出版《沈子丞画集》。1992年,在新加坡索赔船具同业会主办"沈子丞书画欣赏会",展作达一百余件。其中山水方面有《高峰夕照图》、《赤壁夜游图》等,人物画方面有《钟馗图》、《生分图》等,时他已88高龄,而精神矍铄,由弟子张倩华、张雯华陪同赴新出席。新加坡文化部部长、我国驻新加坡大使馆文化参赞等,出席了大会,当地书画界人士出席约二百余人。1966年6月5日沈老于苏州逝世,时年九十有三。工艺美术研究家黄云鹏挽联云:"缅怀泰山北斗夫子千古,兼擅翰墨丹青清淳一生。"

徐穆如（1904—1996）,当代书画家。初名观,字洁宇,祖籍无锡,晚年定居吴江。父志伟在沪经营绸缎庄,爱绘画,喜收藏,在同业中很有声望。穆如自幼即好书法,早年居上海吉庆里,与吴昌硕为邻。一日昌硕偶见其书法,异之,遂收为弟子。他掌握了"鹅头执笔"及中锋运笔转折之法,勤学不辍。后又学刻印章,吴说:"我是求其古朴,主要刻粗放的,根据你的个性,还是先学工整一路的好。"他常携穆如去汕头路"海上题襟馆",得识丁辅之、高野侯等名家。1902年穆如书法《百寿图》,发表于日本《中国美术》。这年,参加上海书画会,作品在该会会刊《神州吉光集》发表。1924年,他将书斋名为"嘘云阁",因师生都属龙之故。昌硕已经81岁,提笔为其题写润例:"穆如徐君,英姿伟发,年少好古,凡秦汉六朝之书,靡不悉心临摹,纵横隽逸。比来篆隶专学顽白,尤得遒劲之趣,名重鸡林,于斯可见。行楷亦古茂有致。为订其例,将以期其成也,同好幸毋交臂失之。"1922年,穆如又拜无锡吴观岱为师。经他指导,穆如山水笔致高迈秀逸,最早作品刊于《神州吉光集》。1924年,加入中国画会。1926年,作品入选教育总会主办的全国美展。这时先后毕业于圣约翰大学和汇风文学院,白天上课,晚上完成作业后研习书画。成绩名列前茅,以课余所得维持学费和家庭开支。

1935年,他和张大千以60银圆购乾隆宫廷用皮纸的四分之一,作《双骏图》,用郎世宁手法,双骏出神入化。1945年在苏州举办个人作品展。

穆如不仅融诗、书、画、印于一体,还精通古文、英文,善摄影,精医术。青年时钻研过摄影术,是"青年摄影社"发起人和中坚。不断把国外先进的摄影技术翻译介绍给国内,又把国内佳作向国外介绍。作品刊在《东南揽胜》杂志,曾获全国摄影大赛第二名。他还翻译过《柯达摄影术》一书。1946年秋,担任《天平山导游》(艺林出版)全书摄影,郎静山曾誉其封面《霜枫红拥御碑亭》为不可多得的佳作。穆如的摄影作品还发表于《中华图画》、《良友》等画册。

1956年,《双骏图》参加第二届全国美展,荣获一等奖。后被国家遴选出,参加欧洲各国美术交流。

1976年隐居吴江同里,为附近的乡民解除病痛,日本书法代表团多次到苏州访问,穆如参与进行书法交流,日本东京电视台曾专题播出。

1987年迁居吴江松陵,日本电子工业企业家、前首相田中角荣之弟至苏州时,特前来吴江拜访。同年应郑州"黄河现代碑林"之邀,穆如以小篆体书写的自撰五言诗"滔滔大河水,天地相终始;灵秀世所钟,哺育炎黄子"摩勒上石。这年由新加坡、中国联合编辑的《当代中国书法作品集》,选刊了他的大篆对联"桃红复含宿雨,柳绿更带朝雨"。

1989年10月,美籍华裔油画家梁鸿健率全家来访,说:"我们一家从事西画,早就知道中国画闻名于世,但一直没有真正看到传统的中国画,您的画使我们一家大开眼界,让我们真正体会到国画的精髓,这使我们一家感到不枉此次回国,收获很大。"求他当场画了两棵古松,题"双寿"以赠。

国内一些博物馆收藏他的书画、篆刻作品,香港《大公报》等也有文介绍。他的许多书画留在苏州的诸多景区。1989年,江苏省文联、省对外友好交流协会、省电视台专程到吴江拍摄其作品。1995年底,穆如与世长辞。"砚中

徐穆如《倪黄合璧山水》

水常满,临池不辍,手头书一册,披览无余",这是他一生的写照。

谢孝思(1905—2008),当代书画家。贵阳人,定居苏州。生于一个普通家庭。6岁丧父,母以种植果蔬加上房金收入维持生计,家境清苦。贵阳私立达德中学毕业后,以优等生留校任小学教员。

达德中学因其"开创贵阳新风气"而饮誉贵州。该校的创办人黄干夫和黄齐生思想先进,他们外甥王若飞,是中国早期的无产阶级革命家。在欧洲时常写信宣传革命,省长、军阀周西成解散学校。他属"危险分子"而失业,后到南京报考中央大学政治系,因英文差,改学艺术教育,从师吕凤子专攻美术。毕业后回贵阳,被推为达德学校校长。当时适逢"七七"事变,贵阳成立了教职员工抗日救国会,他任总干事,募捐和宣传抗日,为商请齐生赴延安找若飞请教,他变卖了部分房产作为齐生的路费。齐生到达延安后,党中央以贵宾相待。毛主席誉黄"是我党最困难的时候,同情共产党的第一人"。齐生回贵阳后就住孝思家中,畅谈延安所见所闻,当局下令通缉。于是齐生偕孝思和侄黄晓庄一起离开贵阳。

1942年,孝思与齐生一起在重庆正则艺专任教。四年中,他每年都从师生书画中选出80幅,交给八路军驻重庆办事处,由董必武转送到延安。1943年,陶行知先生主办了孝思和夫人刘淑华的书画展,王若飞前往观摩,孝思特赠题为《飞流直下三千尺,疑是银河落九天》的有深意的作品。

1946年,随社教学院来苏,执教于艺术教育系,除绘画还授《艺术概论》、《美文选》等。新中国成立后,孝思被推选为苏州市第一届各界人民代表会议副主席。由于学院迁并,随校去了无锡。不久,重新调回,从此一直定居苏州。当时文物流失状况严重,孝思建议成立苏州文物管理委员会,后被批准,他兼任主任。抢救、搜集、捐赠的文物近八千件,珍贵图书五万余册。李根源为孝思所感动,将收藏的文物、图书、金石、拓片等全部捐出,包括花巨资从河南运来的唐代墓志石刻93块。谢孝思也将家中珍藏多年的书画全部献出。1951年兼任文联副主席。

1953年,出任市文教局局长,并负责市园林整修委员会的工作。几年内先后对拙政园、留园、狮子林、虎丘、沧浪亭、怡园、双塔以及万寿宫、寒山寺、玄妙观等古典园林和寺庙道观进行整修,恢复了其原来面目。尤其是主持的留园修复工程,在修复前满眼残垣断壁、破败不堪,光清除日寇马粪就达几十天。和修园师傅们同吃同住同劳动同研讨,仅半年多,用了五万三千元,就将留园修缮一新,成为第一批全国重点文物保护单位。他还建议成立刺绣研究机构,邀请乱针绣的发明者杨守玉和任嘒娴、周巽先加入,鼓励支持任嘒娴创造双面异色异样绣和虚实绣法,使苏绣更丰富多彩。为了保护苏州古城,他几乎逢领导必说,逢会必讲,得到来苏考察的郑振铎支持。国务院颁发《苏州市城市总体规划》,消息传来之时,他热泪夺眶而下。

孝思少年时代即表现美术才能,在长期教学和创作中,一方面深研中国画史、画论、书艺;另一方面,广游名山大川,积累大量的写生素材。凡家花野卉、水鸟山禽,峨眉云海、黄山烟雨、洞庭水色,都滋润过他的笔墨。中年以后,艺术日趋成熟,山水、花鸟、人物全面发展。20世纪40年代即在重庆等地举办画展。后来虽忙于公共事业和社会活动,但也不忘丹青生涯。他善于将诗画熔为一炉,加上题跋,或诗或文。他说:"画山画水,画松画梅,都是画自己。"所作松夭矫遒劲,郁郁葱葱。作梅则老干新枝,生意盎然。退休

谢孝思《红梅》

谢孝思《延年》

谢孝思《三山岛板壁峰》

时画一幅虬枝劲健、冷艳凝香的梅花,并题上"盛世欣逢忘我老,心花更比梅花香"之句。

孝思书法,真、草、隶、篆都有功力。他早年楷书植根于颜鲁公,中年习二王参李北海行草,隶书自《史晨碑》、《礼器碑》入手,后用功于《石门颂》,并从胡小石攻金文篆籀,最后创造出他独特的草篆。书时在用墨及章法上讲究虚实、疏密、粗细、长短、揖让等组合,显得浑然一体,妙趣天成。他还写得一手好诗文,出版了《谢孝思书集》、《谢孝思刘淑华书画集》,著有《槿花楼诗文集》、《黄齐生先生传》。

朋友们以诗为赞:"圣艺直追吕凤子,高风上承黄石公(黄齐生)。"诚哉斯言。夫人刘淑华以画竹名世。子友苏,亦善画。

庞薰琹(1906—1985),当代画家、装饰画家、美术教育家。生于常熟城内望仙桥。曾祖父钟璐,字蕴山,官至刑部尚书。祖父鸿文,光绪年间进士,做过两省学台。叔祖父鸿书,光绪六年进士,官至巡抚。父患精神分裂症,过继其叔。薰琹很小喜临摹水浒人物。学画则开始于小学二年级时的水彩课上。

1920年，考入了上海震旦大学预科，后进震旦医学院，成绩优异。第二年冬，为学医或学画向比利时神父特拉·泰叶征求意见，不料竟遭怒斥："你们中国人，成不了大艺术家。"他当即愤然学画。他遍访各个博物馆、画廊、展览会，去罗浮宫临摹名画。有计划地研究欧洲各时期的绘画、建筑及装饰艺术。1925年的巴黎博览会上，他首次萌发对装饰艺术的兴趣，经蒋碧薇介绍进叙利恩绘画研究所学习。

1930年回上海，当小学图画教员。其间研究了中国绘画史论，画《绿樽》、《咖啡店》等作品。1932年，与倪贻德、王济远、张弦、阳太阳、杨秋人等组成"决澜社"。倪贻德执笔《决澜社宣言》。认为当时画坛有着太沉闷与庸俗的气氛，这年薰琹第一次画展在上海举行，傅雷撰《薰琹的梦》一文。

1933年，薰琹与女画家丘堤成婚。次年创作《地与子》，1935年创作《这是人类的文明》等。抗日战争开始，创作了反侵略主题的《无题》，后随北平艺专辗转至昆明。1939年，受陈梦家、沈从文鼓励，开始研究古代装饰纹样，绘著《中国图案集》，是年创作《路》。又赴贵州苗族村寨搜集民间服饰、工艺、民谣、民歌等民俗资料，创作了代表作《贵州流民图》、《黄果树瀑布》等。抗战胜利后，在从重庆回上海之前，与陶行知讨论建立工艺美术学院的计划，后者颇为赞赏。1938年，在上海举办第六次个展。

1948年，薰琹出席第一届全国文代会。受到周恩来总理的热情鼓励。次年去杭州郊区体验生活，创作《农家老人》、《集市》等作品。

1953年，任中央美院实用美术系研究室主任，又任中央工艺美术学院筹备会主任。《图案问题研究》出版。1954年，作为中国工艺美术代表团团长赴苏联访问并参加全苏美术展览会。1956年，中央工艺美术学院正式成立，他为第一副院长。1957年

庞薰琹《瓶花》

"反右"开始,受不公正待遇,接着,夫人丘堤病故,虽身处逆境,仍撰《中国历代装饰风格研究》,画《鸡冠花》、《香山之秋》等作品。1963年,薰琹与袁韵宜成婚,是年画《海棠与丁香》、《白家庄旧居雪景》等作品。

"文革"开始后,他再度蒙冤。1972年退休。所作《美人蕉》、《鸡冠花》、《瓶花》被批。"文革"结束后,薰琹重回中央工艺美术学院,时年72岁。不顾年高多病,亲赴敦煌考察。次年,有关部门正式宣布为薰琹平反。这年赴苏州、无锡、常熟、南通等地讲学,并重写《中国装饰画研究》,《庞薰琹画辑》也由人民美术出版社出版。

1980年,庞薰琹加入中国共产党。负责中央工艺美院各系工作,筹建工业设计专业与工艺美术史论系。创作《苏州庭院》、《苏州田地》等油画。1982年,《中国装饰画研究》出版,赴四川、江苏等地讲学。创作了不少油画、水彩、水墨作品,如《小荷尖尖》。1983年,"庞薰琹教授执教五十二周年"庆祝大会在中央工艺美院举行。紧接着"庞薰琹画展"于中国美术馆开幕。

薰琹一生在美术及工艺美术领域做出了杰出的贡献,创作了数千幅作品,撰写并出版了论文、画册、书籍共一百余篇(部);创建了中央工艺美院,为后人留下了丰富的精神财富。

他的艺术成就主要体现在绘画与工艺美术两个方面。就绘画而言,作为一个画家,他以现代的艺术观

庞薰琹为自己书籍设计的封面

庞薰琹《背篓》

念,观照现实及中国艺术传统,融入自己的绘画语言,创造了有时代精神及民族特色的作品。就工艺美术而言,他建立了新的学科体系,并进行了出色的实践和理论探讨。在中国现代美术史上,薰琹有着特殊的历史地位。邵大箴认为,可以对庞薰琹做出这样的结论:一位杰出的工艺美术家、画家,是现代工艺美术事业的开拓者,也是中国现代艺术的先驱人物。

他的一生,贯穿了奉献自己,为后人铺路。他写过一首小诗:"在我前进的路上,还有许多艰难的沟渠;假若有必要,让我把自己的身躯,去填塞这些沟渠,让后来的人能够顺利前进。"

张晋(1907—1987),当代画家。原名义隆,又名益盦,字晋,以字行。苏州人。出生清贫之家,12岁时才入第二高等小学读书。他少年有志,细心踏实,勤奋好学,各科成绩都达优秀,常得学校的奖学金。这时樊少云(浩霖)正授教该校,有意加以培育。张晋16岁时步入中学,常去少云处求教。18岁那年,经与父母商量,确定书画为业,遂从师顾仲华。为"顾氏国画学社"第一届学生(改名张晋由此始)。同班学习的有写《霍桑探案》的程小青。张晋选山水、仕女(主课),旁及花卉、走兽。书法由颜柳楷书着眼,转而学魏碑。21岁开始走上谋生道路。袁培基、赵云壑、赵眠云出面,在《苏州明报》上刊登了"张一盦鬻画"广告,订定润例,收发地点,得了一些经济效益。1930年春,所画《江南岸》(工笔山水)入选了第一届美术展览,从此名声渐隆。1931年,考入苏州美术专科学校,经历了素描石膏、野外写生、人物速写,以及水彩、色粉等西画基本功,技艺大为提高。一年后又转至上海新华艺专,直到1934年毕业。

毕业后从事美术教学。利用暑假,在南京太平路饭店举办了第一次个人画展,展出花鸟、山水、人物、走兽等一百余件。得以结识徐悲鸿、高二适、傅抱石等人。蔡元培为之题署。

1937年抗战军兴,张晋投笔从戎,编入三十六师。初任文书,还提笔作《打倒日寇,保卫祖国》、《东洋佬,滚回去》等宣传画。1940年复员,先后在齐贤小学、崇实中学任美术教员,在苏举办了两次书画展。上海五星记、浙江舒莲记、苏州九华堂等书画庄都纷纷选购。

1949年4月,苏州解放。他画《松柏常青》,成了"苏州美协"第一批会员。去吴县金山体验生活,得写生稿30余幅。1953年创作《枇杷黄时》,参加

张晋《天平枫林》

张晋《春风又绿江南岸》

"江苏省美术展览",并入选"全国国画展览"。1954年,作《银杏林》,画树木中受阳光照射,银杏叶随风飘动之影,一片银光熠熠,颇具诗意。是画参加华东美展后,又被推荐参加"第二届全国美术展览"。1955年作《天平古枫》,入选华东地区美术展览。1956年11月,出席省第二届文代会。作品《天平枫林》、《兴福寺前》,参加"江苏省近二年美术作品展览"。这些作品往往都来源于写生。张晋是一位勤奋而一丝不苟的画家,无论清晨散步,抑或外出游览,总喜带上速写本子,随见随画,日积月累,使作品都充满着生活的气息。

1957年9月,张晋被调至江苏省国画院任专职画师。经常往返于苏州、南京两地。接触到傅抱石、钱松嵒、亚明、林散之、高二适,以及吴作人、唐云等等,画风得到了较大的启发。由初习"四王"到宗沈、文诸家,上探北宋赵令穰、王希孟、夏圭,并对元四家做了深入的研究。

1960年,参加"江苏国画工作团",历时三月,历六省、十多个城市和乡村参观访问,游览写生,得稿四百余幅。以后画《南京长江大桥工地》、《凤凰山铁矿》、《洞庭果园》、《枣红柿熟高山绿》、《三峡夜航》、《清水塘写生》、《天都峰》、《峨眉九老洞》、《桃花溪上》、《燕子矶》、《焦山之晨》、《金山寺》、《沸腾的连云港》、《洞庭秋色》、《太湖早红》、《夜泊》、《黄海之滨》、《春风又绿江南岸》等等。《鱼米之乡》、《枫桥夜泊》、《江南好》,分别在阿尔巴尼亚、古巴、加纳和英国展出。外地美协和出版社纷纷约他举办个人画展和画件出版。

1966年"文革"开始,直到1971年后,他才重操旧业。为外贸所需,画了《北京风光》、《万里长城》、《三峡》、《长江》、《梅花》、《川橘丰收》等山水、花卉作品。也以最特长的工笔青绿之法,画笔从长江上游一直画到长江下游,共有《重庆山城》、《三峡新航》、《虎踞龙蟠》、《渔港夜泊》、《清水塘畔》、《韶山旭日》、《延安宝塔》、《秦皇岛上》、《留园曲溪》、《长江大桥》、《峨眉伏虎》等四十余件作品。1982年5月为人民大会堂所创作的《天平枫叶》受到文化部的嘉奖,是他70岁后大手笔,也是最花工夫的精品。1984年香港《文汇报·中国书画》(亚明主编)整版介绍了他。他的作品不仅在国内深受欢迎,也为国外收藏家所青睐。

张晋《山水》

王己千（1907—2003），当代书画家、鉴定家和收藏家。原名季迁。因嫌笔画多，取"人十之，己千之"之意，改今名。苏州人，后去美定居。为王鏊十四世孙。幼时不仅读书优异，还爱绘画，常在装裱店观赏古画。16岁时，见一幅王石谷的山水，坚称要买，这时已家道中落，母不得已凑足五百大洋买之，结果发现是一张赝品，他说："这件事对我很有好处，给了我一个深刻的教训。"这时已拜陈迦庵为师，先后同学为张辛稼、柳君然、顾坤伯、陆抑非、严沛仁、潘补苏、程小青、吴作人、沈彬如等人。1932年，只身赴上海，读东吴大学法律系（时东大法学院，在上海），又从吴湖帆学画。对吴心慕已久，这时更住在吴家，睹湖帆作画和鉴赏。吴家对面是当时上海最大的古画古董商孙伯的店铺，孙常携书画前来求吴，他大为受益，还因此得睹大收藏家庞元济的收藏。从其表舅顾麟士处得益。上海东吴大学毕业后，即在苏州美专本校和上海分校教授中国绘画。1947年，受刘海粟劝告，偕夫人定居美国。

己千在美继续从事国画创作，努力将中国传统的书画形式与现代艺术相结合，擅将油画中的浓紫、艳蓝、嫣红和明褐各色点缀山林，以深灰、暗黑诸色表现水天，苍劲雄浑，独树一帜。他的画能跳出古人，又不同于时人，给人奇崛清新的风貌。及至20世纪60年代后期，画风骤变，大胆创新，诸如用拓印法、泼墨法和海绵揩抹法等，胸有成竹，任意涂抹，随意成形，继而用笔略加描画渲染，再补充细节，构成新奇独特的画象。尤其近年来，他的

王己千
《抽象山水画》

王己千《山水》

画作构图完全跳出山水形象,只剩下笔墨和色彩,"在似与不似之间"。这种任由水墨随意成形的新技法,如《抽象山水画》,让一向视他为正宗中国画代表人物的人,目瞪口呆。

他的书法也创出个人独特的风格。

己千早年所作《山水》,可见其绘画风貌。《王己千抽象山水画》,则为后来吸收欧洲印象派画风所作。但他最大的成就还在鉴赏、收藏和介绍中国国画。国内已失落多年的中国稀世之珍在美国,却不罕见。经他过目、观赏和鉴定过的书画,在海外有无人匹敌的权威性。

他收藏书画的数量和质量,在私人收藏家中首屈一指。他几乎无法亲自在拍卖会上露面投标,只要他举牌,马上引起"王己千效应"。他平生得意的两张"皇牌藏品":一是五代董源的《溪岸图》,得自张大千转让(曾刊于《大风堂名迹》),是他最得意的两幅藏品之一,他的堂号也因而得名"溪岸草堂"。1997年5月,他将包括《溪岸图》在内的12件藏品卖给美国纽约大都会博物馆,随即引起一场真伪之争,有些美术评论家有所质疑,连一向对他推崇备至的高居翰也如此观。他却力排众议,从而使这幅中国国宝级文物,

王己千《朝元仙杖图》

成为美国纽约大都会博物馆特设的《王己千家族陈列馆》的镇馆之宝。另一为北宋武宗元的白描绢本《朝元仙杖图》，此画原为一个犹太古董商待价而沽，因无人问津，已失信心，向己千换了6幅画。后后悔不已，官司打了两三年，最后己千胜诉。

己千丰富的绘画藏品，进一步将中国书画推到美国乃至西方艺术世界，使中国艺术品得以保存、维护、研究、欣赏和继承。原柏克莱加州大学艺术系主任、中国美术史权威高居翰（James Cahill），在《王己千的山水艺术》一文中指出，任何一位评价20世纪下半叶中国绘画艺术发展史，都不能不提到己千这位举世公认的翘楚。

他虽居美国，但深深怀念家乡。多次回苏州寻亲访问老同学老画友，1994年在苏州整整住了一个星期，游太湖，走园林，逛水巷。为吴县《东吴》杂志和虎丘筹建中的石馆题名，对家乡来纽约留学的青年画家杨明义多方照应和扶持，还将珍藏的古代绘画精品，用电脑复印给家乡诸亲友。

吴作人（1908—1997），当代画家、美术教育家。生于苏州一府吏之家，为第十子。祖籍安徽泾县茂林村。出生之日正逢慈禧生辰，取名之寿。《诗》曰"周王寿考，遐不作人"，于是号作人。祖父长吉曾投奔忠王李秀成，后成为苏州的著名画师，以花卉翎毛见长。父调元，号慰萱，曾在上海制造局任职。思想进步，与戊戌变法的革新派有涉，作人4岁时，父被人谋害身亡。一家三代人全赖14岁的长兄之屏当职员、祖母与母糊火柴盒的收入维持。他6岁入省一师附小读书，因无钱交学费被迫休学三年，直到1921年，才入苏州工业专科学校附中。后拜陈迦盦为师，先后同学有张辛稼、柳君然、顾坤伯、陆抑非、严沛仁、潘补荪、程小青、王己千、沈彬如等人。1926年，入苏州工业专科学校建筑科本科，开始学习西洋美术。从《时报》画刊上看到徐悲鸿的作品，说："我若有朝一日得师悲鸿习画，那才是我毕生最大幸事。"于是决心走艺术道路。不久，学校并入国立第四中山大学，即后来的国立中央大学。但他不愿去南京，正巧报上刊出上海艺术大学招生，称由徐悲鸿招考。他即去上海报考，但徐并没在。后来，徐偶然看到作人的素描，很为赞赏，将画稿《国横五百士》交给他和王临乙放大到画布上。上海艺大停办，田汉任院长的南国艺术学院美术系由徐悲鸿主持。作人于是到该院学习，正式成为他的学生。后徐到南京中央大学任教，作人也随之旁听。课余仍参加南国社活动，引起了学校的不满。1929年冬，作人等三个从上海来的旁听生被学校逐。徐十分气愤，鼓励他们去法国留学。离国前，田汉在上海为作人等人举办了画展。作人先后在巴黎自由画院、罗浮学校进修，并在罗浮宫临摹。后考入巴黎美术学院西蒙教授工作室、比利时布鲁塞尔皇家美术学院马思天工作室高班学习。马被公认为D'Auderghem学派始创人之一。11月，获庚款助学金。1931年在暑期全校大会考中，油画《男人体》获金质奖章和桂冠生荣誉。享有个人工作室及作画物质条件。他同时又在卢梭教授的雕塑晚班学习，获学院雕塑构图第一名。

1935年，赴德、奥、英、意等国参观博物馆。1935年春，悲鸿函作人回国任中大讲师。此时，东北华北已遭蚕食，作人呼吁艺术家在此民族艰危之时，以笔作刀枪。"七七"事变爆发，中大迁校。1938年5月底6月初，作人和他的同乡孙宗慰、陈晓南、林家旅（夏林）、沙季同五人组成"中央大学战地写生团"，从武汉经河南信阳至潢川前线。1939年初，战地写生画展举行，他的速写引起了人们的注目。他创作了《嘉陵江石门》、《沙坪坝梯田》、《晨雾》，还参加了在美国巡回展出的"战时中国画展"。被推举为全国美术界抗敌协会的理事。当时重庆生活艰难，1939年12月，夫人李娜分娩后逝去，男婴夭折，他左眼突然失明，住处又被日机炸成废墟。他在一处碉堡里寄居，创作油画《空袭下的母亲》、《不可毁灭的生命》、《黄帝战蚩尤》、《重庆大轰炸》等作品，还由重庆至成都，转赴甘肃、青海写生。9月，偕英国科学家李约瑟、新西兰记者艾黎，同往敦煌观摩莫高窟并临摹壁画。他又画玉门矿区,越二郎山,过大渡河,下打箭炉,再登巴颜喀拉山南麓,走康定,过草地,深入藏胞少数民族地区,画了大批以边民的敦厚朴实、大西北的雄浑风光等主题的油画、水彩、速写作品,于1945年先后举办"吴作人旅边画展"(成都)、"吴作人画作回顾展"(重庆)。西行对他创作风格的形成具有重要的影响,他将东西方绘画观念和技巧、艺术和人民结合在一起,倡导了中国新兴艺术的新风。从那时开始,他潜心研究中国画的革新。西行所见的牦牛、骆驼、苍鹰、熊猫成为他笔下艺术形象。

抗战胜利后,他和张光宇、丁聪等组成上海美术家协会,举办画展,和御用"上海美术会"抗衡。也在此时,和老同学萧淑芳终成伉俪。先后在《申报》《时代日报》《敦煌的艺术》等发表文章。

同年8月,作人与悲鸿赴北平恢复国立北平艺术专科学校。并于这里进步美术家组织"北平美术家协会"任理事长,与当局"北平美术会"抗衡。受到特务监视。经悲鸿安排,于1947年春,赴英国讲学访问,并举行"吴作人画展",又在日内瓦、巴黎参加"中国画展"。1948年2月,回北平。岁末,人民解放军兵临城下,当局指令悲鸿率艺专南迁。毛泽东派田汉秘密会见悲鸿和作人,嘱他们"在任何情况下不要离开北平"。他们在地下党和进步教师支持下,拒绝南迁,并组织护校。作人与北平的进步艺术家于12月7日组成"一二·七艺术学会",在《进步日报》辟《进步艺术》周刊上宣扬进步文艺,以迎接解放。

1949年7月,作人出席第一届文代会,当选常务理事。1950年,建立中央美术学院,他为教授兼教务长。1953年,当选中国美协副主席,次年,为第一届全国人民代表大会代表,1955年任中央美术学院副院长,1958年任院长。

作人十分重视中国艺术传统教育,率教师参加甘肃永靖炳灵寺石窟艺术勘察,并组成甘肃麦积山石窟艺术勘察团赴麦积山考察、临摹。他在漫长岁月里对艺术刻苦、顽强的追求与探索,积累下极其珍贵的艺术财富。他创作的油画《齐白石》开创了中国气派的油画风格,为中国美术馆收藏。从20世纪40年代开始,潜心于中国画的创新,融合中西绘画观念和技法之长,塑造了熊猫、牦牛、骆驼、天鹅、金鱼等许多人民喜闻乐见的艺术形象。

"文革"开始,他患病在身,仍下放到磁县东陈村劳动。拨乱反正后,他于1979年当选为全国文联副主席和全国美协副主席,1988年当选为全国美

吴作人《齐白石像》

吴作人《牦牛》

吴作人《人像》

吴作人《祭青海》

协主席。

作人晚年的中国画,突破了传统模式,弘扬了中华文化中儒学精神和道家气质,寓教化于清雅的抒怀写意,使作品更富于中华民族特色。耄耋之年他刻了"假我数年"闲章用于画上。代表作品有油画《齐白石像》、国画《牦牛》、油画《祭青海》、水彩《人像》。1986年,文化部、中国文联、中国美术家协会、中央美术美院、中国美术馆联合举办"吴作人艺术活动六十周年纪念活动",并于4月举办"吴作人画展"。

1980年秋,作人夫妇访问阿根廷,1981年访问澳大利亚。1982年率中国代表团赴法参加"中国现代艺术展",展出《藏原放牧》并获金奖。1983年赴美,应聘为密苏里堪萨斯大学艺术系客座教授,同时在华盛顿等地举办展览,并赴加拿大各地讲学。1984年受邀赴日本举行"吴作人萧淑芳中国画联展"。1986年率中国文联代表团赴日本祝贺日中文化交流协会成立三十周年。7月率中国文联国际和平年代表团赴新加坡举办"文化交流画展"。10月访问比利时举办画展并参加友好活动。11月，访问卢森堡并举办画展，随后访问了摩纳哥王国。1988年赴港举办画展，等等。

1984年，法国政府和文化部授予他艺术文学最高勋章；1988年，比利时国王授予他"王冠级荣誉勋章"，同年，他以稿费收入创建"吴作人国际美术基金会"。

作人故乡苏州的定慧巷双塔旁，矗立着优雅古朴的"吴作人纪念馆"，让苏州人民永远纪念他们伟大的儿子。

温肇桐（1909—1990），当代美术史论家、美术教育家。常熟虞山镇人。童年受舅父、画家吴仲达的影响而喜好美术，尤其是中国画。1924年，考入常熟县中学，开始学习西方写生画，并在校长沈佩睢指导下，研习美术理论和透视学。他的处女作《学校生活的艺术化》一文，被学生会学报《常熟学生》刊登，文章虽短，却成了他理论研究的发端。

1928年秋，考入苏州美术专科学校，同年又转上海美术专科学校西画系，受到刘海粟、潘玉良等从欧洲留学回国的画家的传授，1930年于上海美专毕业。1930年1月，肇桐与刚从法国留学的庞薰琹，在常熟创建"画会"，与国内一些艺术院校和艺术团体密切合作，在国内画坛的活动长达十八年之久。

1931年开始从事小学美术教学，从此走上了美术理论教育和研究的道路。他先后在常熟实验小学、石梅小学和省立无锡师范附小从事美术教学，把美术和教学结合起来，对儿童美术教育进行了研究。这个时期他的论著主要有《常熟石梅小学美术教育概况》、《常熟的艺术教育》和《怎样教小学美术教育》以及介绍现代绘画的论著《现代绘画欣赏》、《近百年欧洲绘画》、《光辉灿烂的近代美术印象主义》等等。1935年写成《怎样教小学的美术》一书，收入上海编印的《万有文库》，由世界书局出版。1936年，他的理论研究和开创的现代美术运动，受到刘海粟的重视和支持。1937年1月应刘海粟邀请，辞去无锡师范附小教职，被聘为上海美专教授兼艺术教育科主任、图书馆主任、出版部主任，从事美术理论的教学研究工作，著作并讲授《美术教育法》，并主编《美术界月刊》、《艺术生活周刊》等。抗战胜利后，兼任上海师专教授和艺术系主任。1947年他和庞薰琹参加了陈烟桥、张乐平、刘开渠等进步美术家发起和组织的上海美术家协会。这个时期的论著主要有：《小学美术科教材和教法》、《美术与美术教育》、《小学劳美合一教育研究》、《国民教师应有的美术基础知识》等和美术史研究著作《清初六大画家》、《明代四大画家》、《元代四大画家》等。上海解放前夕，他为上海的美术家协会、漫画家协会、木刻家协会联合会的43名美术工作者起草了《迎接上海解放宣言》，刊于1949年5月29日上海《大公报》。

新中国成立初期，肇桐主要论著有《新中国的新美术》、《新小学的美术教育》、《新美术和新美术教育》、《论现实主义艺术创作》等，表现了对新中国的信心和期望。1952年起历任华东艺专教授兼图书馆主任，教育部全国美展编辑委员，上海师专教授、艺术系主任，南京艺术学院教授、美术系副主任、主任、硕士研究生导师等，为中国美术家协会会员，江苏省美学学会顾问。

肇桐毕生致力于美术教育及中国绘画史论的研究，成绩卓著，共撰写专著30余种。除以上所举外，还有《历代中国画学著述录目》(中国古典艺术出版社1958年7月版)、《历代中国画学著述录目增订本》(朝花出版社1962年9月版)、《1912—1949年美术理论书目》(1965年9月版)、《中国古代画论要目简介》(1980年10月版)、《黄公望史料》(上海人民美术出版社1963年1月版)、《美术理论书目》(上海人民美术出版社1983年3月版)等。他的《中国绘画批评史略》(天津人民美术出版社1982年5月版)，获得了江苏省哲学社会科学优秀成果奖，被韩国作家译成韩文出版。《顾恺之新论》(四川美术出版社1985年6月版)，在国内中国美术史论界和国外汉学界颇有影响。他对家乡常熟的美术发展十分关心，晚年回到常熟，先后任常熟市第五届、第六届政协常委、常熟工艺美术职工大学顾问。20世纪70年代末在他的倡导下创办的常熟工艺美术职工大学(为全国四所国家正规职工高校之一，现常熟理工学院设计艺术系前身)，对当地的美术和工艺美术发展起到了重要作用。他是明代王穉登后，苏州美术历史上少有的美术史论家。

张辛稼(1909—1991)，当代书画家。原名车枢，又名枢，字星阶，65岁时改名辛稼，晚署霜屋老人。生于苏州原画家王筑岩的旧居，毗邻为陆廉夫的"破佛庵"。祖父朝钧，父恩藻，号紫霞。兄弟姐妹八人，辛稼排行其五。

父好书画,喜收藏,辛稼自幼受其熏陶,辄自取藏件临摹。

1920年,辛稼在纱缎业小学高等部就学,15岁考入省立苏州工业专科学校预科班,画家陈摩授国画,辛稼成绩斐然,常受老师赞赏。同窗有吴作人、顾坤伯、王己千、柳君然、陆抑非、严沛仁、潘补苏、程小青、沈彬如等。19岁正式投帖于陈摩名下,初学山水,后习花鸟,早年作品,就颇具个性。

1929年,辛稼被吴子深聘课其子女,期间与朱竹云意气相投,在山水上让位于竹云而专攻花鸟。翌年参加了吴子深组织的"桃花坞画社",后又加入吴似兰发起的"娑罗画社"。

1933年春,辛稼于苏州美专任国画花鸟画教席,参加"苏州美专画赛会"。他还与朱竹云组织"中国画研究社",以培养中国画人才为宗旨,除本地外,尚有浙江、安徽、四川、天津等地的函授生共六十余人。这时他结识了张善孖、张大千。1937年抗战开始,改名"张撷薇",并篆印钤于画。苏城沦陷后,他与朱守赴沪,以家教和鬻画为生。

1941年返苏,与吴似兰、朱竹云举办"国画联展",展出作品百余幅,历时三月,观众达八千人次。又创办"怡园画厅"于怡园。日寇投降,他和朋友在怡园纵酒,唱杜少陵《闻官军收河南河北》,歌罢热泪盈眶,将"张撷薇"印章掷于窗外,狂呼"快哉,快哉"。苏州美专复校,辛稼受聘执教,直至1949年8月。1952年,任教上海闸北区市北中学,授历史和语文两科,第三年兼授美术课,多次参加上海画家创作评比,其中《火鸡雁来红》获一等奖,《牡丹斑鸠》获二等奖。后调上海南市制造局第四师范学校,任美术教研组组长。归苏州任职文化工艺厂国画工场,辅导和设计工作,共事者有吴似兰、朱守一、吴允庄、沈子丞、吴石渔、殷梓湘、凌

张辛稼《睥睨长空》

张辛稼《春色》

虚、施仁、张继馨诸人。上海画院组织画师来此交流,其中有江寒汀、张大壮、唐云、邵洛羊、张聿光、陈佩秋、吴青霞、樊伯炎、庞左玉、郁文华等,辛稼也率队赴沪交流。

1960年6月,苏州市成立国画馆,他为首批画师,同时有柳君然、吴石渔、刘叔华(女)、孙君良。这一时期,创作达到高峰。1963年8月举办"张星阶花鸟画展",展出作品近百幅。人称其花鸟画在构思、用墨、设色等均有新的突破。他常与同道谢孝思、费新我等赴浙江和苏南一带深入生活,对自然景物的形态、明暗、凹凸,以及技感和色彩的变化,进行了细微的详察,尤对景物在阳光照耀下的斑斓色彩感受良深。用墨用色方面,进行了大胆探索,使色和光糅合进自己的作品中。如《一树千斤橘》、《一天花雨万家红》、《东山银杏林》等,1965年在市博物馆举行的"五一美展",他展出了好几幅有所创新的作品,均获得很大成功,为其创作的又一里程碑。

1972年,为迎接西哈努克来访,辛稼为留园楠木厅绘尼龙上两面可观的花鸟屏。对青藤、虚谷、伯年、昌硕的画风,再做深入研究,他的《樱花紫燕图》,以粉色渲染来表现繁英如雪、飞燕弄声的灿烂春天。

粉碎"四人帮"之后,任苏州国画馆馆长。与吴䍩木先后进京作画,两个月中作画百余幅，还为中央美院国画系讲学。

1979年5月，作《洞庭秋高》、《幽谷春深》及墨笔花卉长卷参加"苏州国画馆画展"。后到南京展出，《新华日报》文章评曰："上采青藤、白阳，近取伯年、昌硕，参以己见，不拘一格，使花鸟画出现新的意境，具有强烈的时代感。"

1983年，辛稼去新疆为戍边将士挥毫。1984年国画院迁至听枫园，他仍每日挥毫不止。还为苏大89级昆剧班清唱《浣纱记》中《寄子》一折。为上海教育工会作《松鹰图》，是他最后大幅画作。

苏州在近代花鸟画领域中能叱咤风云者，无非是陆恢、陈摩、辛稼三代师生。辛稼有全面的艺术修养，能博采众长、兼收并蓄。他书法、篆刻、诗文皆攻，山水、花鸟工写并进，吮吸和容纳近如廉夫、昌硕、伯年和虚谷，远有新罗、八大、青藤和白阳诸辈。他不满足于笔墨上的借鉴，在20世纪的60年代到80年代，不断体察花禽形态与精神，景物互通与相异，使画中的一草一木显示出强烈的生机和时代气息，他自言："自我而创，自我而变。"他还运用了素描的直线糅合、书法用笔来强

张辛稼《我爱一枝红》

其骨；吸收西画的光、色，结合背景之晕染而润其肤。一变传统用圆线勾勒物体轮廓的手法，用水和粉来表达明暗，丰富创作语言。代表作有《睥睨长空》、《春色》、《我爱一枝红》等。

辛稼是全国美协、书协会员，国家一级美术师。作品收集于荣宝斋出版的《全国著名画家作品选》和古吴轩出版社出版的《张辛稼画集》中。女张钟也善花鸟画，能继承家学。

孙宗慰（1912—1979），当代画家。常熟人。其名现似少为人知，但中国绘画近百年的发展，尤其是中国油画史，则有他的位置。他幼好绘画。1934年入中央大学艺术系，后留校任教。在校期间，参加进步学生活动，探讨马克思主义文艺理论。擅长油画，亦作中国画。曾游名山写生，对石窟艺术有

浓厚兴趣。抗战初期,参加郭沫若领导的三厅战地写生团,到前线宣传抗战,又赴台儿庄战地写生。1940年至1942年间,作为张大千主要助手,赴甘肃敦煌千佛洞研究古代壁画,同赴青海描写蒙古族、藏族人民生活。成为美术界表现西域生活与民族风情的先驱者之一。1942年秋返中大继续执教,并被中国美术院聘为副研究员。1946年起,任教于北平艺术专科学校。他画了激昂民气的作品,表现了拥护共产党领导的热诚和希望。新中国成立后为中央美术学院副教授,并执教于中央戏剧学院。1953年赴麦积山石窟参加文物古迹整理工作。多作油画风景、静物及人像等,画风写实、朴实纯厚。中国画亦秀雅有致。作品有油画《北京十二景组画》、《船坞》;中国画《蒙藏组画》、《塘沽新貌》。中央美院曾举行其遗作展。出版有《孙宗慰画集》。

孙宗慰《有虾子的静物》

宗慰的素描功力很深,人谓其传"悲鸿衣钵"。20世纪40年代至50年代,随徐悲鸿赴成都、青城、灌县等地写生,协助创办中国美术院等等,是徐这一时期倚重力量之一。1945年,他在重庆举办"西北写生画展"和"个人作品展",悲鸿撰写画展前言,还在报刊上撰文为之赞誉。1946年,徐接任北平艺专校长,宗慰也被聘,同时还是徐发起的"北平美术作家协会"的骨干成员,协助徐组织"北平作家联合展"等活动。1945年秋,徐为宗慰写下"尊德行、道问学、致广大、尽精微、极高明、道中庸"。宗慰的早期油画作品有:《有虾子的静物》、《披红衣的女子》、《工厂》。徐还赠他

孙宗慰《披红衣的女子》

孙宗慰《工厂》

《雄狮图》,有"宗慰"上款,是其20世纪40年代的力作。徐画狮甚少,绝不轻许与人。

2002年湖南美术出版社出版的《中国油画文献》中有万余字的"孙宗慰年表",人们越来越了解他。他作为近现代油画家走向中国西部的第一人,无疑推动了中国油画民族化的进程,居功至伟,影响极其深远。

2004年10月23日,台北雅逸艺术中心出版的《孙宗慰画集》,在北京国际艺苑举行首发式,中央美术学院和中央戏剧学院也在这里举办研讨会,陈列了《一九四三自画像》等数十件宗慰作品。两岸美术界重温宗慰的艺术与往事。廖静文、冯法祀、台北实践大学陆蓉之、邵大箴、范迪安、刘之声、杭间等人以及台北雅逸出席了研讨会。

与会者认为,抗战时期,宗慰在战地写生,以绘画记载了那个苦难时代,完成了一个知识分子的应尽的使命;国共内战时期,他画下激昂民气的作品,表达了对共产党领导革命的热诚与希望;新中国成立后,他也怀着振奋的心情以画笔表现中国脉搏。而对像孙宗慰这样的画家,中国美术界应重新关注和审视他们的历史地位与作品的价值。

蒋风白(1915—2004),当代画家。原名鸿逵,江苏武进人,后定居苏州。生于塘桥镇教师之家。镇上有座白塔,所以当地人称"白塔塘桥"。弟兄四个,唯鸿逵爱画。当小学校长的父亲让他遂了心愿。15岁没等毕业,即考入杭州国立艺专,与李可染、吴冠中、王朝闻等人先后同学,他先学图案,未几就转入绘画,改名为风白。

1937年"八一三"后,杭州、武进沦陷,艺专迁校沅陵,风白举家流浪,先后在四川中学高中部、广益中学、兼善中学任美术教师。1942年任教于国立艺专。他的兰竹、翎毛花卉、鱼虾虫蛙和山水人物,得到人们称赞。多次在合川、北碚、重庆举办个人画展。他画的八哥、蜡嘴、苍鹰、鸭子还得到老舍、梁实秋、谢无量、张允和等人好评。老舍为他题:"凤白画虾,极为神似,行渐赶上白石,努力,努力!"汪东更对他的《海棠孔雀》大加赞赏:"东邦画师有渡边氏者,以画孔雀名。家畜两头,日日习其动作、鸣舞之姿。然余尝见一幅,但赋色精丽而已。较诸凤白,殊有不逮。"梁实秋在他的《踏雪寻梅》上题诗:"坝上春光晚,梅花雪里看;新诗驴背得,不悔着衣单。"张允和也题:"杯泪在天涯,吟边日又斜;襟怀无着处,寻梦到梅花。"一天,复旦大学一教授访凤白不遇,看到壁上一幅墨竹,画得酣畅淋漓便挥毫写上:"凭君一竿冲天去,可在人间出一头!"

抗战胜利后,凤白在杭州画插图。20世纪50年代调至上海人民美术出版社任国画编辑。他与朱屺瞻、李可染、贺天健、黄胄、来楚生、韩登安等人交往。黄胄请他画一幅兰花,送他一幅驴子,留下了"两株兰花换四匹驴子"的佳话。1958年,为响应组织号召,举家迁往银川,安排去中学任教,可这学校已有两个美术老师,只好辞职回上海。原来房子被占,只得来苏州为扇厂加工。平时节衣缩食,但很注意游历名山大川,画也逐渐化繁为简,无霸悍之气,清秀朗润,笔力沉着,逐步形成自己高简苍润的画风。他用笔刚柔相济,挺秀灵动,设色淡雅,景物清丽。其作兰竹,则水墨淋漓,层次丰富,气韵生动,墨之浓淡干湿,笔之轻重缓急,都恰到好处,使气节高雅的墨竹幽兰跃然纸上,再加上"湖边一夜潇潇雨,山谷幽兰袭

蒋凤白《春雨楚兰》

蒋风白《墨竹》

袭香"、"野水空山春潺潺,月拖云色上龙池"等题跋,书法清劲,正好书画相得益彰。刘海粟在九上黄山后与风白在扬州联袂作画说"风白出笔不俗"。后来他又慨然拟议,称"风白早年师事潘天寿先生,师天寿之心而不拘其他。平时临摹八大、石涛、扬州八怪等大家名迹,颇有神悟。早年以泼墨山水、孔雀、松鹤、墨竹、枫禽等见之于艺苑。近年他专攻四君子,也写猫、虾、蟹、飞禽、山水等,其画笔力沉着,清秀朗韵,初观似草草,实则道心内涵,用功颇勤"。

冯其庸援引汪东的话评他"于八大、清湘为近,工而兼逸,形神俱似",认为虽寥寥数语,却一语中的。"方之于板桥而有余,方之于石涛犹未足,或者说恰恰在两者之间,论形,则板桥居多,而又有所变化,论神,则石涛居多而又有所涵藏。故我以为风白先生的兰竹,其清在骨,其秀在神,其韵在墨,其雅在笔。有此清、秀、韵、雅,自然是名家笔墨,不同凡响,自足不朽了。"作品有《春雨楚兰》、

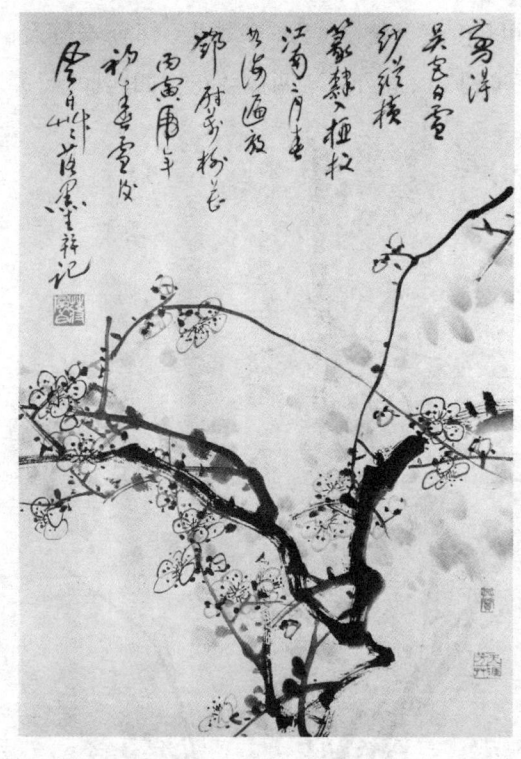

蒋风白《白梅》

《墨竹》、《白梅》。

1995年10月27日,由中国艺术研究院、中国美术学院、苏州市文联主办

的"蒋风白画展"开幕,方毅、张爱萍、李希凡、冯其庸剪彩,胡絜青、李琦、任建新、王琦等参加。媒体有所报道,参观者络绎不绝,北京画家丁蕉为诗赞之:"三十年书画当弃之,悔见先生太晚矣,写意始见真妙笔,逸气高简出胸臆;苍润之间白无敌,坐也白兮卧也白,白也白也吾师矣!"显示画展的影响和风白的艺术成就。

风白的作品多次在全国、省、市画展上展出、获奖,为许多机构和收藏家收藏。2001年9月,作品《兰出香风远》入选《百年中国画展》。

钱家骏(1916—2011),美术片导演、电影教育家、电影总技师,中国动画专业的创始人。原名云林,吴江人。1935年毕业于苏州美术专科学校,同年入南京励志社美术股任干事。1940年在重庆执导并主绘中国早期动画片《农家乐》。1941年后在社会教育学院电化教育系任动画课讲师、副教授、教授。1946年任励志社卡通股主任、中华书局教育电影部顾问。1948年在中国电影制片厂任编导兼美工股长。为人刚直自守,不趋炎附势。据说蒋介石曾召见,家骏一笑拒之。

新中国成立后历任苏州美术专科学校教授兼动画科主任,当时学校经费短缺,教员每月仅数斗米而已,他淡泊自守,刻苦创业,和范敬祥一起,终于创建了动画这个专业,培养了我国第一批美术动画人才,为新中国的动画事业奠定了人才基础。院系调整后,去北京任中央电影学校动画专修科教授兼主任,后任上海电影制片厂美术片组副总技师兼导演。1957年起任上海美术电影制片厂总技师、导演。1960年任上海电影专科学校动画系主任、教授。执导的中国第一部彩色动画片《乌鸦为什么是黑的》,1956年在意大利第八届威尼斯国际儿童电影节获奖,1957年获文化部1949—1955年优秀影片三等奖。1959年导演的动画片《一幅僮锦》,获1960年第十二届卡罗维发利国际电影节荣誉奖。20世纪60年代,与阿达等共同研创水墨动画制片工艺,1985年获文化部

钱家骏《骄傲的将军》

科技成果一等奖，1987年获国家科技成果二等奖。担任技术指导拍摄的中国第一部水墨动画片《小蝌蚪找妈妈》，于1961年获瑞士第十四届洛迦诺国际电影节短片银帆奖；1962年获第一届电影百花奖最佳美术片奖，法国第四届昂西国际动画电影节短片特别奖；1964年获法国第十七届戛纳国际电影节荣誉奖；1978年获南斯拉夫第三届萨格勒布国际动画电影节分组一等奖；1981年获巴黎蓬皮杜文化中心第四届国际青年节二等奖。1963年参与执导水墨动画片《牧笛》，1979年获丹麦第三届欧登塞国际童话电影节金质奖。

宋文治（1919—1999），当代画家。初名咏麟。太仓人。本为育婴堂孤儿，领养他的养父母开一爿面店，经营不善，生活困难。幼时即发奋苦读，并喜美术。天生聪敏，小学时的美术成绩第一，画被选送参加国际儿童画展。时常借《芥子园画谱》临摹山石、树木、梅、兰、竹、菊，并仿画"四王"山水画，这对后来具有一定影响。1935年，17岁时到上海一家广告社当学徒，学美术字、装潢设计。当时时有画展，得机会观摩了张大千、齐白石、任伯年、吴湖帆、张石园及日本竹内栖凤等大画家的作品。假日泡在那里尽情地吸取营养，前后一年半时间，年轻的文治无疑上了一次美术学校。

1937年上海沦陷，返乡担任小学美术教师，仍勤奋习画。1941年得亲戚资助，考取苏州美术专科学校，学习西洋透视学、素描、水彩等技法，依然常作国画。之后回太仓任教。多次赴上海向朱屺瞻求教，两人关系甚为投缘，朱赠他两幅水墨花卉，后来长达60年，两人一直很好。1947年为安亭师范美术教师。拜张石园为师，开始研究"四王"山

宋文治《洞庭新绿》

宋文治《太湖小景》

水,又得陆俨少指导,使他有了长足的进步。1948年举办了第一次画展,展出画百余件,上海长城银行定购了不少,文治从此崭露头角。他将售画款赠给学校,建造"松隐庐",唐文治为此作题,吴湖帆手书,成为佳话。

1955年与陆俨少一行赴合肥作《黄山松云》、《桐江放筏》,后入选第二届全国美展,并刊于《人民日报》。《桐江放筏》跳出了传统程式,吸收西洋画透视法。接着被调至江苏国画院,任画师兼院长秘书。

1960年参加二万三千里的旅行写生。他大胆将水彩、水粉用色法融入国画,效果很好。创作《山川巨变》、《韶山年华》、《枣园秋色》、《红岩》、《华岳参天》、《广州造船厂》、《杜甫草堂》、《青衣江畔》、《北温泉道中》等,参加在北京的"山河新貌"画展。《山川巨变》将奔腾翻滚、一泻千里的黄河水表现得淋漓尽致。又创作了《茨坪》、《井冈山八角楼》、《庐山新装》、《新安江上》等作品。1960年到1965年,是他创作旺盛时期。

20世纪60年代开始创作表现江南风景的系列画,赢得了"宋太湖"美誉。《江南春潮》最为成功,以苏州水巷为素材,写出古老民居带着春的气息,一派"人家尽枕河"的水巷景象。《太湖之滨》画出江南特有的淡青绿山水,一幅"日出江花红胜火,春来江水绿如蓝,能不忆江南"的图画。《洞庭山橘子红》、《太湖帆影》、《拙政园图》、《太湖新装》和《太湖春晓》等,无不诗画交融,情景生动,表现了他特有的艺术风格。《洞庭新

宋文治《南溪清晓》

绿》为1956年在洞庭东山而作。近景是一片果林和树林，郁郁葱葱。林边是一片连天的太湖，湖边粉墙黛瓦，连续洲渚，渔帆片片，令人赏心悦目。传统技法在大自然描写中得到完美统一。《太湖小景》则又画太湖烟雨，一切都在迷茫之中。《南溪清晓》也别具风韵。

粉碎"四人帮"后，他为中国革命军事博物馆作《茨坪长春》，为毛主席纪念堂作《韶山朝晖》（与人合作）等巨作。作品先后在德国、美国、澳大利亚、日本和中国香港多次展出，为众多美术、文化部门收藏。英国剑桥、牛津大学，欧洲出版公司将他收入世界名人录和远东亚太地区名人录。荣获国务院颁发的有突出贡献专家证书并获津贴。

文治虽长居南京，但心中的娄江水时不时奔流，他两方常用"娄江文治"、"娄江人"闲章。题款多为"娄江文治"或"娄东文治"。1989年，故乡建造宋文治艺术馆。专著、专集二十余种。子玉麟任江苏国画院副院长，能传家学。

吴㠭木（1921—2009），当代画家。名彭，以字行。祖籍浙江石门（今桐乡），后定居苏州。世代以画名世。祖滔，字伯滔，号铁夫，清末画苑高手，擅山水，画风高古俊逸；父征，字待秋，号春晖外史，近代著名书画家，与吴湖帆、吴子深、冯超然，被誉为"海上三吴一冯"。母沈漱石，多才艺，鸳湖名士沈稚峰之女。

幼住上海。两周岁生日时，父抱去吴昌硕寓所。缶翁抱他，曰："凡我抱过的小孩，没有长不大的！"5岁学画。7岁时，父友人示一新作，他熟记于心,须臾即仿成,客惊叹"7岁童孩竟有如此手笔"。8岁,入上海中华小学,因父已授过《论语》、《孟子》、《诗经》,即升三年级。1931年举家迁苏州,就读晏成中学(今市三中)。父与苏州书画家相互交游,他耳濡目染,画艺长进。美术课特别认真,素描、水彩皆为班级第一,尝写山水册页,乡梓题曰:"石门今见玉麒麟!"

1937年夏,考取上海复旦大学。抗战开始后内迁。直到1939年才到复旦(沪校)经济系就读,时为同窗戴隆厚作《秋山图》,并约每隔20年作一图,后如约不爽。此时父也寓沪上,他随父去庞莱臣家作客,庞以元四家每人两幅示之,救木喜不自胜。又于裱画店得瞻石涛紫色山水,启发极大。

大学毕业后,在上海商业银行就业,仍执着于书画,并习鉴定书画,时与樊伯炎、徐绍青、吴孟欧有"海上画坛四公子"之称,与唐云相过从。抗战胜利后,入外滩中央银行国库局工作,直到1949年7月,父病逝,这才返苏。决心专攻山水。始明清,追宋元,窥晋唐,习历代大家之名迹,还画人物、翎毛、走兽、草虫、花卉及写真。书法习薛稷、米芾、王觉斯、倪元璐、王梦楼等笔意,尤喜父书法,故其走笔轻松灵动,布局开阖呼应,虚实相间,尤精行草,得诸家神韵于一体。

二十世纪五六十年代,他佳作迭出。1955年作《雁荡山图》,参加首届全国青年画展;1956年黄山写生归来作《黄山清凉台》,参加江苏省首届国画展,均获奖。1958年任教于苏州工艺美术专科学校。1960年为苏州火车站作巨幅国画《天平秋艳》、《虎阜春雨》。1961年夏,华君武莅校,恰救木作山水示范,称赞不已。回京后,特请《人民日报》记者专访,并将其作品刊于该报。《洞

吴救木《洞庭东山》

吴敦木《出峡图》

吴敦木《春到人间》

庭东山》轴，画中山峦逶迤，墨色施淡赭，右上角则大片石青，虽太湖常见，却传统山水画中之未见。署"今岁游洞庭东山途中见此景，喜而写其意"。《出峡图》轴，气势磅礴，将三峡壮丽之景，尽显于尺幅之间。题李白《朝发白帝城》，诗画相得益彰。《春到人间》轴则尽显画家挺拔之笔，写花卉树石之妩媚。

　　他为陆俨少山水长卷心折不已，深知学无止境。外游将返，日暮，忽见群山横亘湖滨数百里，察之乃褐色层云。大悟作画要变，要大变，遂一改画风，自许为"第三种中国画"，整理出表现技法八百余种，作品百余帧。自言："我这些画是画给未来的，让未来的人读。"徐邦达在看了后说："你的东西与众不同，真是新中国画的精英啊。"1980年9月，苏州博物馆首次公开举办"第三种画"展。1987年11月，香港《地干线》载文介绍《吴敦木山水与四维空间》，对其画加以研究。陆俨少说："这是真正的中国画！"香港《收藏天地》、《江苏画刊》、《人民日报·海外版》等杂志报刊先后刊载过，苏州电视台做过专题节目介绍。

他为北京人民大会堂作《万竿烟雨图》,为淮安周恩来纪念馆作《万顷浩瀚总理情》,为纪念毛泽东主席诞生100周年作《松风吹万里,无处不成春》,为纪念红军长征60周年作《铁骨丹心图》,为香港回归作《墨石朱竹图》,为台北"故宫博物院"作《龙吟泉韵图》,为蒋纬国作《红绿梅图》等等。以《石湖春晓图》义卖为母校老校长马相伯铸铜像筹款,作《竹石图》以应邵华之请,义卖修葺杨开慧烈士陵园。

1978年,文化部选调画家进京创作,他作《白云深处》、《听瀑》,并刊于《中国画》。《云壑松风图》刊于香港《文汇报》。1979年秋名演员谢芳登门请教,五六年之后斯琴高娃来访。1990年4月,法国国家电视台为其录像。救木应邀访日,受前首相宇野宗佑款待。1991年日本水墨画家安田虚心来苏登门求教,赞他为"当代南画第一人"。

他为苏州国画院院长、名誉院长。与肖平合作《山水画传统技法解析》(吴作画,肖撰文)一书,专著《中国画技法概论》出版以来深受广大读者的喜爱,并出日、英文版。主编《中国古代画家辞典》、《中国古代书法家辞典》等。子元、雍,亦擅画。

卢沉(1935—2004),当代画家。原名炳炎、炳全,苏州人。家境贫寒,为人忠厚执着。1951年2月至1952年7月在苏州美专求学,与舒传熹、薛企荧、席孥安为同班同学,学习名列前茅,读书时即在《新苏州报·人民美术》栏上发表作品。后去北京,任工人出版社设计科美术编辑。工作两年,以所得考取中央美术学院国画系,师承叶浅予、蒋兆和,成绩突出。其兄病逝,家用赖他维持,以课余作画收入支持家庭生活。系主任叶浅予按月"借"他50

卢沉《清洁工人的怀念》

卢沉《机车大夫》

元,实因他成绩优异而相助。1956年毕业后,留美院附中任教。20世纪70年代转美院国画系任教,与同学周思聪相爱结婚。1977年,他们合作了《清洁工人的怀念》(纵152厘米,横110厘米),描写周总理与扫地工人热情对话的情景。以朴实的线条,简洁的构图,再现了总理的亲切慈祥和工人极欲吐肺腑之言的形象。头顶在萧瑟的寒风中的树梢和远处在晨雾中隐约可见的汽车,表现了当时风雨如磐之景。当时正值全国人民沉痛怀念总理之际,这幅画表达了人民的心声,迅速传讯了全国。1964年,作《机车大夫》(中国画,纵135厘米,横209厘米),表现了工人师傅集体创造的精神。《机车大夫》参加第四届全国美展(北京)(1964年);《月光如水照缁衣》、《草原月夜》等参加第六届全国美展优秀作品展。

卢沉《摔跤手》

他怀念故乡,经常回苏探望。每次必登门探望曾教授过他的贺野先生。也和夫人常来苏写生,作品日益趋向成熟。如1980年作《摔跤手》(中国画，纵138厘米，横136厘米)，画风日见老辣。他是新中国培养的一代国画家，以深厚的素描功底融入现代意识，开蹊辟径，将人物画推至一个新的阶段，给国画注入新的生命。且生性忠厚耿直，毕业后，尚逐月归还叶浅予资助。为人处事，言词不谙虚饰。外出写生，遗失车票而茫无所知。或废寝，或忘食，一心绘事并无旁顾，一生贯彻始终。画余耽于画理之研究，观其问世之著述，辨析缜密，语多精辟，于国画理论颇多建树。

1983年为副教授，1987年任中央美术学院国画系教授，为第一画室（卢沉画室）主任。同年9月，应邀赴法国巴黎高等美术学院任客座教授，介绍中国绘画并授中国书法。1990年应邀赴美国尼勃拉斯加州大学讲学，并于林兹亚洲文化中心举办"卢沉、周思聪画展"。

1998年被聘为中国美术学院荣誉教授，2000年被清华大学特聘为博士生导师。

文化部代表国家于2003年12月授卢沉"造型艺术成就奖"（相当于"国家级艺术终身成就奖"），同时授予力群、吴冠中、吴寅伯、罗工柳、彦涵、潘鹤六人。夫人周思聪为才思敏捷的杰出女画家，曾被选为中国美术家协会副主席。常年生病，终先于卢沉逝世。卢也其寿不永，为中国美术界一大损失。

在这一时期，苏州还有做出优秀成绩的画家（以生年为序）：

汪东（1890—1963），文学家兼书画家。苏州人。为章太炎四大弟子之一。1937年任中央大学文学院院长。新中国成立后任江苏省政协常委，苏州

汪东《倭宋词痕图》

费新我《八年痛心素描》之一

市文会副主委。除文学之外,还善词曲,精山水。虽非专以书画名世,但其山水笔致老练,飘逸雅秀,深得文人画之雅韵。如《侒宋词痕图》为吴湖帆词而作,颇为不凡。

费新我(1903—1992),当代书法家、画家。曾在上海白鹅画会学习,受丰子恺绘画影响。与钱君匋、陈秋草等有所往还。曾为出版社绘制以多种绘画工具(蜡笔、铅笔、钢笔等)所作学生绘画范本,很有影响。他很有正义感,41岁时,在《江苏日报》与人合作《百丑图咏》,画至41幅时即被禁。日寇投降后,在《苏州明报》刊出《八年痛心素描》一百幅,逐日刊登。新

费新我《刺绣图》卷

吴似兰《花卉》

中国成立初期曾画《刺绣图》卷，绘苏州绣女在刺绣的多种情景，这是新中国成立初期，画家深入生活的优美画卷。线条简洁明快，充分表现了苏州特有的雅秀之气。此画后在第二届国画展中展出，于非闇评其曰："此画没有布景和摆设，略用淡墨淡彩。是汲取了吴道子、李公麟的表现手法，是'反映现实生活、清新明快的作品之一'"（《中国妇女》）。子之雄，能传家学。

吴似兰（1908—1964），当代画家、摄影家。名华馨，字绿野，以字行。吴子深之弟。居桃花坞，后迁西百花巷。从师颜纯生，曾组织娑罗画社。在苏州美专授课，初期在南京艺术学院任职。擅花鸟，善写生，所画花卉清新生动。他所画《花卉》，摒去一些传统花鸟画之程式，宛如含露欲滴，清艳华滋，生机勃然。

许十明（1911—1998），当代画家。苏州人，笔名若明，居平江路大胡相思巷（今为胡厢使巷）。1931年毕业于上海新华艺专，先在中小学任教师，继于苏州建筑工程学校工作，后为苏州工艺美专国画教师、国画组长，深受学生欢迎。1956年画《江南的春天》，庭院桃花盛开，妇女绣花，雄鸡啄食，一幅江南春色之景。同年在《美术》及《中国文学》（英文版）上发表，引起全国美术界注意。此画也展出于全国国画展。后来还画了不少风格清新的山水画，他的新颖清润的画风，似乎与生俱来，一石一木，使人耳目一新。既保持传统的画风，又能反映新的生活意境，显得雅秀空灵。代表作为《溪山深秀》，可见其画风一斑。惜失明，未能做出更好的成绩。

　　　　许十明《江南的春天》　　　　潘素、张伯驹《飞雪迎春》

潘素（1915—1992），当代女画家。字慧素，苏州人。年轻时善弹琵琶，人称"潘妃"，于20世纪30年代在上海西藏路，得识名收藏家张伯驹，张时任盐业银行总稽核，两情相悦，结为伉俪。张为民初的"四大公子"之一，是著名的书画收藏家。虽家资钜万，亦不敷收藏书画之需。在琉璃厂见一幅古画，要价不菲。回来跟素一说，见不答应，便躺地不起。只好拿出首饰给他买画，张才翻身爬起来。可见潘有协助收藏之功。1948年蒋介石决定将故宫近6000件文物搬运台湾，这些都是历代皇帝收藏的无价之宝，但其中却没有我国现存最早的晋陆机的《平复帖》和隋展子虔的《游春图》。这两件珍品为张所藏。为此他变卖房产，即使被绑架也不肯出手。1956年将多年收藏悉数捐给国家，其中潘的功绩在焉。但潘也因此得睹前人名画，艺有大进。她擅长金碧青绿山水，《漓江山水》为其代表作。《飞雪迎春》则为其夫妻合作，作品还有《南岳图》、《庐山诗意图》、《湖山清色》等。潘素曾任吉林艺术学院教授。

　　徐玥（1919—2000），当代女画家。苏州人。出身世家，父伟士，新中国成立前任苏州合作金库行长,救济院院长。徐玥幼年起长住其舅吴湖帆家中,振华女中毕业后,考入协和医学院预科(设在东吴大学),毕业后即遇抗战,北平沦陷而辍学,拜吴湖帆为师。善画花卉,尤是以没骨画法画花卉。精淡娇艳婉约,尤以画荷润湿娟秀,得湖帆画法的精髓。《荷花》以淡色画就,若有若无,文静娟秀,别有雅韵。惜身体弱,长期在家养病。作画颇多,有《徐玥画集》行世。其夫钱镛,是当前苏州最精于鉴赏之人。亦能画,与顾公硕友善,为苏州文物保护做了大量工作。二人相濡以沫,教育子女。子公麟,研考古。

杜重划(1920—1990),现代国画家。原籍四川,定居苏州。毕业于前国立社会教育学院。曾任南京师范学院美术

徐玥《荷花》

杜重划《上市去》

倪传钺《昆剧传习所旧址图》

教师，苏州国画院画师。擅长人物画，其所作《上市去》画苏州水乡卖菜女赶市情景，具有浓郁的江南风情，构图简洁，人物生动，为文化部收藏。晚年还深入军中作画，颇获好评。作品有《苏东坡》，中国展览公司藏；《团结颂》《鱼水情》，中国军事博物馆藏；《杨开慧》，省展览馆藏；还有《大陈新姿》等。

张继馨（1926— ），又名馨子，原籍江苏武进，定居苏州。早年受常州画派影响，居苏州后师从张辛稼，为继承花鸟画馨香，改名"继馨"。

1951年在军事学院教导团学习。1955年复员回苏，任市总工会第一俱乐部美工，后任苏州国画生产合作社代理主任、苏州文化工艺厂工厂主任。1960年任苏州工艺美术局工艺美术学院教师、教研组长。

他研究工笔花鸟画。1966年他有五幅作品参加"五一画展"，这些画作思路开拓，面貌一新。"文革"开始，设计工作停顿，他在灯下偷摹石涛等作品，假日则到天平山、花山、天池、穹窿山、上方山、阳山及园林写生。1970年，恢复设计工作，他在画稿上直接勾勒，每天出稿册页达二十四幅左右或立轴稿十二幅，迎来了一生中作画最盛时期。1973年为广州白云机场候机厅绘制了巨幅《花枝俏》和十四幅四尺合成的《迎客松》。

继馨在写生中作画，常有佳作出现。他深知吴门画派艺术，知其短而取其率意、圆韵、阴柔美之所长，又经年研究北方画风，将南北糅合为一，用大笔直取画面，大刀阔斧大开大合，三两笔就成花叶苔石，墨线由情而发，直扑人目，而后点缀小鸟小虫飞蝶，给人形肖神逸之感。《江南春早》图绘梅树数枝，枝干纵横，掩映成趣，枝头仅有花蕊数点，树根都生着枯草，而底色却是一片清绿，几只燕子正在春风中飞翔。《白鹤红梅》图中红梅盛开，与白鹤的洁白形成对比。《梧桐小鸟》则用大片墨色晕染树叶,以有力的线条勾勒树干。水墨淋漓,气韵生动。

1980年12月,继馨个展在南京博物院举办。作品《鹰击长空》《英雄花》《阵地花园》等参加全军画展。1984年4月,"霜屋师生画展"在江苏美术馆举办,参展作品三十五幅,《竹石小鸟》被收藏。

张继馨《新妍》

另有三幅为意大利佛罗伦萨市博物馆、巴勒莫市博物馆和瑞士比和市政府收藏。1988年,作品《新绿》入选日本中国现代美术展,《浴》入选中日水墨画合同展,并获优秀作品奖;11月,《一天秋色又秋声》参加全国第二届花鸟画邀请展。1989年1月,《金秋》获江苏省第三届花鸟画荣誉奖。继馨著有《馨子砚语》《画事一得》《笔上参禅》《草虫画谱》《鸟类画谱》《树石画谱》《吴门画派绘画艺术》《张继馨画集》等。

贺野(1927—   ),原名李国庄。江苏滨海县东坎镇人,后定居苏州。1946年任宣工队长,写标语和画壁画。又参加阜东宣工队,到敌占区周围配合武工队活动。1948年调至盐阜五地委宣传部《盐阜画报》工作,次年随军来到苏州。

他在《新苏州报》发表《英雄刘虎臣》《解放一江山岛》等多幅绘画。上海《解放日报》也刊出其作品《毫不留情打碎它》,《文汇报》等也发表了部分作品。同时在苏美专兼课,编辑《苏州美术》专栏。还组织创作解放后第一次桃花坞式的木刻画——《太平天国在苏州》,他画了其中的《贸易街》,为《中国建设》(英文版)刊载。被选为苏州市美术工作者协会主席,陆续任职四十年。

1954年进入中央美术学院华东分院油画系学习,为鲁迅小说《药》作插图八幅,由上海鲁迅纪念馆收藏,系用木炭铅笔画就,深沉厚重,刻画细腻。

回苏后,创办苏州工艺美术专科学校。1965年组办"五一画展",发动沈子丞、张辛稼、许十明、吴䍩木、张继馨等人展出力作,他展出《大庆铁人》《歌唱祖国的蓝天》等画。"文革"开始,受到批判冲击。

1972年调入苏州丝绸工学院,任美术系主任。创作油画《静物》,入选华东六省一市巡回油画展。还结合教学画了大量的素描作品,后被收入上海人民美术出版社出版的《高校示范作品素描选》。在苏州、杭州画了不少水粉写生,画幅色彩绚丽,留下了《人民桥的改建》、《相门河上临时浴场》、《东山白果树》等作品。

1982年退居二线,画了不少国画。其中《荷花》,既有传统笔墨之趣,又有新意。他从自然中观察,大胆表现,突破千人一面之貌,使荷的清新和笔墨之潇洒融合为一。他题道:"他人画荷皆满幅,我今画荷唯一角。是耶否耶不管它,请君为我共困惑。"在夫人於宜苏支持和参与下研究美术理论,并有所建树。2009年,贺野完成《现代美术形成史》四十万字,《现代美术纵横谈》连续在香港《美术家》发表。《现代美术启示录》一文于《美术》发表,当时正在探讨如何对待国画创作之际,他引用马、恩关于文学的经典论述,阐明艺术因世界一体化而变化之理,《文摘周报》转载。著有《吴门画派研究》《再识吴门画派》《苏州美术史》(2010年版)等。特别是最后一本填补苏州市历史空白,并获2012年"苏州市哲学社会科学奖"。画册有《贺野画集》《贺野素描集》

贺野《苏州美食节》

《贺野水彩水粉集》。2010年荣获中国文联颁发的"从事新中国文艺工作六十周年荣誉证书"和纪念勋章。现正编辑即将出版的《贺野全集》（共十一卷），含散文、苏州美术史(再版)、吴门画派(再版)、评论、诗词、报刊画、书法、素描、水粉、油画、国画等卷。

杭鸣时《人体》

杭鸣时（1931—　），字壁城，又名杭度，祖籍浙江海宁，晚年定居苏州。祖父卓英曾任上海商务印书馆中文秘书，父稚英为我国第一代月份牌画的代表人物。父亲为人宽厚、善良、爱国、正义，有"小孟尝君"之称，赡养亲友中的孤寡老人家多达四十余人。抗战期间，黄金荣做寿找稚英为其画像，日寇以二百两黄金要他画"大东亚共荣圈"，都被拒绝。为此他无法谋生，靠借债维持生计。直到抗战胜利，拼命作画，两年多还清欠债，终因劳累而早逝。父亲过世，金雪尘、李慕白主持画室。鸣时随之学习包装、设计及擦笔水彩年画。1952年报考了在延安创办、已迁沈阳的东北鲁迅文艺学院（现改为鲁迅美术学院）绘画系。以优异成绩提前毕业并留校任教三十年，以教素描、色彩为主，1980年主持年画工作室。毕业创作《解答》获出版，后每年都有作品发表。

1956年水彩画《维吾尔族老人》在全国青年美术展览会获三等奖。1957年水彩画《夜航》在中国人民解放军建军全军美展获三等奖，并被军事博物馆收藏。《农村俱乐部的小读者》《东北大娘》均作为水粉画蓝本出版。《井冈山》《莫干山便道》《伐木工人宿舍》《浙江大学小礼堂》等分别被选送出国展览或入编《现代水彩》《当代建筑美术名家选集》等。1964年画抚顺露天煤矿的《工业的粮仓》，入选中国美术馆反映我国五四运动以来文艺作品的《新文艺大系》美术卷；入选的还有一幅《继承革命传统，做红色革命接班人》的宣传画，由国家美术馆收藏。为长春电影制片厂画过电影海报《我们村里的年轻人》《红领巾的故事》《徐秋影案件》《金玉姬》等。

1964年，他的年画《草原铁骑》，首版达一百八十万份，创"文革"前之最。此后还有《祖国！我回来了》《铁道小卫士》《拾金不昧》《我们爱大海》等，还有反映古代文化的《反弹琵琶》和2000年在全国年画展上获奖的《新麻姑献寿》等。

1983年，鸣时夫妇调至苏州城建环保学院任教，逐渐转向水粉画。姨夫李慕白曾送他法国粉画纸，画《鲁迅》《上杠之前》，参加首届粉画展、体育美展，获奖并被中国奥委会收藏。反映击剑运动员栾菊杰的《为国争光》，也入编了《新文艺大系》美术卷，并被录入《新中国美术五十年》。1984年《人物》入选第六届综合美展（从此粉画被列入全国综合美展参展目录）。1989年，他被聘为第七届全国综合美展水彩画、粉画评委。20世纪90年代的《绿色的梦》《蓝色的交响》《黑与白》被编入《世界人体艺术鉴赏大典》。由《人体》《阳光共享》《裸女》等作品，可见其粉画艺术技巧之精湛和雅俗共赏的清新风格。

1998年，他成为美国粉画协会会员。《柯桥夕照》入选该国第二十六届粉画大展获金奖，是颜文樑在法国获沙龙奖后获奖的中国苏州粉画家。1999年《山城》参加第二十七届粉画展，获美国专业画家联盟的优秀画家奖。2001年《水乡》在第二十九届粉画展获德加粉画学会的优秀奖。三次获奖即获参展免审资格。2002年粉画《古桥夕阳》又获第三十届粉画大展优秀奖。

夫人丁薇亦是粉画家。

以外还有段东战，从政之余，亦善国画；王人及，善油画；范其恢，善漫画；等等。

苏州其他行业也有值得纪念的画家，如汪星伯（陈师曾弟子，善山水），新中国成立后对恢复苏州园林很有功绩；昆曲演员倪传钺，他画的《昆剧传习所旧址图》，很值得一观。苏州所辖各县市也有不少画功深厚之士，如太仓的邢少兰，常熟的曹寿铭、曹仁容，昆山的顾鹤冲，吴江的凌淦群等人，作品具有一定功力，有着不同的艺术风貌。

苏州在外地工作的画家也很多，除上列外，北京的朱育莲（1926—　），苏州人，《人民日报》高级编辑。早年于《世界知识》杂志上绘图，擅长中国画，善画虎。

上海的苏州籍的画家更多：

韩天衡（1940—　），书画家，苏州人。上海人民美术出版社创作员。

朱梅邨（1911—1993），当代国画家。名兆昌，号花野渔父，自署独眼半聋居士，浒墅关人。擅山水、仕女。上海中国画院画师。

郁文华（1921—　），当代国画家。苏州人。张大千弟子，擅长中国画（山水、花鸟），上海中国画院画师。

颜梅华（1927—　），中国画家，苏州人。上海人民美术出版社创作员。

叶露园（1907—　），当代国画家。名丰，字璐渊。苏州人。擅长中国画（花卉、蔬果），精篆刻。上海中国画院画师。

吴野洲（1904—　），中国画家，吴江人，擅长中国画（人物、仕女、翎毛、花卉）。

张文元（1910—1992），当代漫画家。笔名文魁，太仓人。任职《解放日报》。

徐甫堡（1913—　），当代雕塑家、画家。笔名盾戈，江阴（当时属苏州）人。上海戏剧学院教授。

丁浩（1917—　），当代装饰画家。笔名皓叟，吴江人。上海轻工业专科学校教授。

李咏森（1898—　），当代水彩、粉画家。常熟人，苏州美专毕业，为我国早期水彩画家之一。上海文史馆馆员。

江栋良（1911—1986），当代连环画家。别名义夫，苏州人。在沪报刊上刊《金瓶梅插图》，后在上海人民美术出版社工作，文史馆馆员。

浦嘉祥（1932—　），当代动画家。笔名方帆，苏州人。毕业于苏美专动画班，上海美术电影厂导演。多次获美术片奖。

徐景达（1934—1987），当代动画家、画家。笔名阿达，昆山人。毕业于北京电影学院，擅长动画，任上海美术电影制片厂导演。并创作水彩、版画、漫画。

殷其美（1929—　），当代动画家、漫画家。笔名奇美，苏州人。上海美术电影制片厂动画设计。也作漫画和连环画。

江石邻（1920—　），当代国画家。常熟人。擅长中国画（花鸟）。上海文史馆馆员。有多幅作品获奖。

王耿雄（1923—　），当代丝绸纹样设计家。苏州人，擅长丝绸印花设计。上海第七印绸厂工程师。

贝聿珩（1908— ），当代女画家，苏州人。擅长中国画，出版过画集，作品为中国美术馆收藏。

江圣华（1920—1987），当代女国画家。常熟人。江小鹣女，自幼受父熏陶，擅长中国画，为上海中国画院画师。

第三节 和苏州结缘的画家

苏州风景优美，江南风情浓郁，在此写生的画家不可胜计，李可染、吴冠中等，更是对此留恋不已，这里所列的是和苏州有特别因缘的画家。

吕凤（1885—1959），当代画家、美术教育家。字凤子，号凤痴，别署凤先生。江苏丹阳人，晚年定居苏州。早年考中秀才，后毕业于清末两江优级师范学堂手工科，曾师李瑞清、萧传贤。后任中央大学艺术科教授。1911年创"丹阳正则女学"，"正则"，出自屈原化名。五四运动时，在北京高等师范任教授，因学生受迫害愤而辞职，并作《一松图》，题曰："奋发一画松，挥毫当舞剑。"抗战爆发后，创"正则艺术专科学校"于四川璧山，自任校长，后迁丹阳。新中国成立后，任苏南文教学院教授，江苏师范学院绘画制图系主任。定居苏州，从此和这里有了不解之缘。不仅晚年在此从事教育，学生许幸之、谢孝思，都在苏州任职，许不久离他而去，谢留此工作。还有学生刺绣高手杨守玉，也来此传艺，帮助发展了苏绣艺术。吕凤一生桃李满墙，后

吕凤子《十六罗汉》

还兼中央美术学院美术教研所研究员、省人大代表、省国画院筹委、省美协副主席。病逝于苏州阔巷寓所。工书善画,隶书行草从北魏蜕化而出,画人物、佛像、山水,尤善写墨笔仕女。用笔流利中含苍劲浑厚之致,故形神兼备,不落蹊径,自具风格。晚年喜作粗犷而减笔佛像,造型高古,生态动人。常借罗汉像来抒情,其代表作《十六罗汉》为各有表情的群像,或引颈翘盼,或俯首戚戚,或窃窃私语,或闭目沉思……最能显现他的人物画造诣。笔力的雄健,构形的简练,感情的深透,行动的传神,都令人忘情。传世作品有《仕女》册页,图录于《凤先生仕女册》;《画像图》轴、《忆江南图》轴,图录于《吕凤子画集》。著有《中国画法研究》。

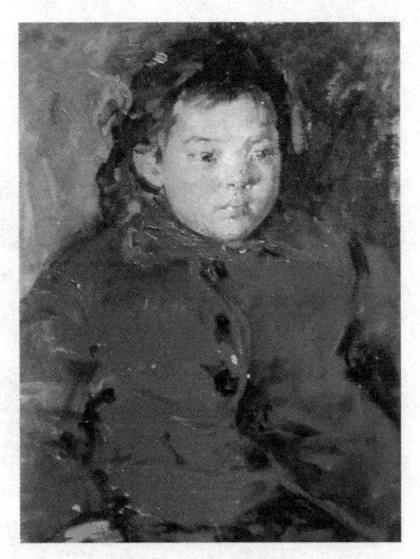

乌叔养《外孙女像》

乌叔养(1902—1966),当代油画家。生于杭州,在苏州教学数年之久。1919年,于上海美术专科学校西洋画科就读,1923年在江苏民众教育馆工作,1933年赴日本东京美术学校就读,1936年回国。抗战爆发后,赴四川重庆璧山任国立社会教育学院美术组教授,1946年随校来苏。早年丧妻,独生女密风寄托在人家抚养,以后终身不娶。曾在"二流堂"刊物《清明》发表作品,兼画国画,但主要致力于油画。喜欢听评弹,喝黄酒。他的油画功底极深,善用文艺复兴盛期的湿壁画作画,注重打底子,多层覆盖,严格忠于对象,反复经感性——理性——感性不断深入,他"声东击西"、"全面包围、重点深入"、最后"遍地开花",作画程序灵活,尚有余地时完成绘画。他的画色彩绚丽、块面清晰、气势雄伟、风格清新,堪称老一辈油画家中的翘楚。如油画《外孙女像》,人们可从中窥其艺术面貌。20世纪50年代在苏南文教学院、江苏师范学院继续教书,后去沈阳鲁迅艺术学院任教。并任全国美协理事,辽宁省美协副主席,"文革"开始即被迫害致死。传世油画有《自画像》、《小鬼》、《肖像》、《捕鱼人》、《青岛海滨》等。另有《甲午海战》、《葛麻抗税》、《苗族妇女》为中国美术馆、辽宁省博物馆收藏。女密风,为鲁迅艺术学院副

许幸之《银色协奏曲》

院长。善装饰与花卉写生，2004年逝世。

许幸之（1904—1991），当代画家、电影家。学名达、天马、屈文、丹砂。祖籍安徽歙县，生于扬州。自幼爱好绘画。13岁时拜吕凤子为师。1924年赴日勤工俭学，先入川端画会专学素描，后考入东京美术学校，与郭沫若、成仿吾、郁达夫交往甚密。郭每月资助。1923年4月在上海画《母与子》、《落霞》，成仿吾加以赞扬。1926年在东京的油画《晚步》，笔力柔和，光彩炫目，深受观众的赞美。1929年应夏衍电召回国，在地下党主办的中华艺术学校任画科主任、副教授。鲁迅曾到此作讲座。1930年2月，幸之建左翼美术团体"时代美术社"。1935年，导演《风云儿女》、《铁蹄下的歌女》，由聂耳作曲，中华人民共和国国歌《义勇军进行曲》，即《风云儿女》主题歌。抗战时期，苏北根据地建鲁迅艺术学院华中分院，他在美术系和戏剧系任教，绘制壁画《高尔基》像。根据刘少奇指示，幸之返沪赴港。后到苏州任社教学院教授。被选为苏州市第一届人大代表，参加苏州市文联领导。1954年去京，任中央美术学院研究室主任、教授。创作《巨臂》、《无高不可攀》、《静静的河湾》、《海港之晨》、《银色协奏曲》、《水晶世界》、《红灯柿》等。1978年创作的油画《伟人在沉思中》，为追念周总理而作。代表作品还有《银色协奏曲》等。

幸之对中国的革命文化有着丰功伟绩。诚如赵朴初说："幸之同志是值得大众永远怀念的艺术家，他为中国人民的解放事业做出了宝贵的贡献。……他遗留下来的诗情画意将永远鼓励后代人前进。"蔡若虹咏道："六十年前左翼，五星旗下专家；一身三朵向阳花，能演能诗能画。妙手玲珑多面，丹心灼烁无暇；留得千秋佳话！"

亚明（1924—2002），当代国画家。原名叶家炳，为淮南艺专教师亚君所识，改号亚明。安徽合肥人，淮南艺专毕业后参加新四军，从事抗日美术宣

亚明壁画

传。新中国成立后到苏南地区工作，在无锡结识了吕凤子、钱松喦等国画家。作《货郎图》参加在苏联的"社会主义国家艺术成就展"，获真理报的好评。

1960年参加傅抱石领队的江苏国画院旅行写生，作《三峡灯火》、《华岳一奇松》、《华山》。

亚明之墓

1961年赴黄山写生，《太平山居图》为时人所赏。"文革"前，他已跻身于"傅（抱石）、钱（松喦）、亚（明）、宋（文治）、魏（紫熙）"这一江苏山水画大家的行列。人民美术出版社1963年出版了《亚明作品选集》。20世纪70年代后期始作以古代诗词名篇为题的山水画。

20世纪90年代为江苏省美协主席，江苏省国画院院长，发现了太湖山水之美，只身退居东山作画，惨淡经营了十余年，居处进门就可见壁画。厅正中、南北两侧、厅过道的东西侧的北墙上都画了画，画幅巨大，气势雄伟，他的骨灰也营葬于此。在山庄东部有亚明之墓，对联为"读书写画种花，观云听雨饮茶，合肥亚明"。苏州市现存的大画家墓地不少，现又添了亚明。他还培养了当地绘画青年，青年画家江野就受了他教诲。

黄养辉（1911—2001），当代画家。笔名黄易。江苏无锡人。19岁就读中央大学艺术系。精于素描、水彩、油画、书法、印章。艺术上深受徐悲鸿影响，篆刻得齐白石指教，书法以汉魏碑为基础。他画过张大千、齐白石等的素描、油画肖像。用简练的笔调和丰繁的色彩来做人物刻画。曾任徐悲

黄养辉《泰山》

董希文《开国大典》

鸿秘书达20余年,他的作品被徐誉为"于艺卓然有所树立,开中国绘画新境界,知名当世"。其代表作为《泰山》。自1939年起,历任中国美术学院副研究员兼秘书,国立北平艺术专科学校副教授兼秘书,中央歌剧院特约教授。后在苏州美术专科学校任教,在此生活有年。《新苏州报》发表他在抗战时赴川黔铁路工地速写多幅,后来还和苏州画家多有联系,举办画展。书画作品广为国内外博物馆、美术馆收藏。出版有《书法专辑》、《黄养辉画集》等多种。

董希文(1914—1973),当代画家。生于浙江绍兴县光华溇(柯桥区),父萼,后迁杭州。于惠兰中小学毕业,在浙江大学土木工程系学习,1933年放弃原来学业,改考苏州美术专科学校,打下了他坚实的素描基础。1934年复去杭州国立艺专,从林风眠、常书鸿学油画。后杭州失守,去福建鼓浪屿写生。1939年随国立艺专去昆明,又在重庆电影制片厂写字幕。1943年至1945年间去西北写生,研究和临摹敦煌壁画。1946年开始在北平艺专任教,新中国成立后任中央美术学院教授,后该校建立董希文工作室。1955年沿长征路线作画,多次深入藏族地区作画。长于油画、水彩画。油画强调固有色,减弱环境色,吸收传统壁画手法,富装饰风;水彩明丽动人,均具独特面目和生活气息。油画作品有《开国大典》,为开国后第一幅描绘国家领导人形象和重大场景的纪念碑式的作品。另有《苗女赶乡》、《戈壁驼影》、《哈萨克牧羊女》、《春到西藏》、《百万大雄师下江南》、《千年土地翻了身》等。1973年天津人民出版社出版《董希文作品选》。

莫朴(1915—1996),当代画家、美术教育家。别名璞、丁甫、夏仁波,江苏南京人。曾在苏州美术专科学校就读,后毕业于上海美术专科学校。曾参加"上海国

莫朴《清算》

难宣传团",赴华北等地从事抗日救亡运动。1940年在淮南参加新四军,先后任教于鲁迅文学艺术学院、华北联合大学。1949年起任国立艺术专科学校教授、绘画系主任,后历任中央美术学院华东分院副院长、浙江美术学院院长、中国美术家协会常务理事、浙江美术家协会主席、全国文联委员、浙江文联副主席等职。他原主要从事木刻、年画创作,后擅作油画,造型坚实质朴,色彩凝练厚重,笔触沉着有力,代表作有《清算》(1949年作,纵90厘米,横116厘米),画一土地改革时分田地、斗地主的群众历史场面。近景是义愤的农民在向狼狈的地主评理,远处更是群情激愤,当是新中国成立前表现这一伟大事件的油画之作。木刻组画《铁佛寺》(合作),雄犷生动,富战斗气息和生活气息。

李宗津(1916—1977),当代画家。江苏武进人。1937年毕业于苏州美术专科学校。从李毅士、颜文樑、吕斯百、戴秉心等学习西画。1940年任教于贵阳清华中学。1946—1952年间在北平艺专与清华大学艺术系任教。1952年初,与吴冠中(时在中央美术学院任教)对调。入清华时,林徽因帮助解决宿舍。后仍回中央美术学院,先后任讲师、教授,又在北京电影学院任教。油画富写实功力,艺术语言朴实,作风忠实平衡,画面栩栩如生。代表作有1951年作《抢渡泸定桥》(纵210厘米,横300厘米,藏中国革命博物馆),图画再

李宗津《抢渡泸定桥》

现当年红军在铁索桥上殊死战斗的英雄气概。还有《东方红》、《科学家与老农》、《双喜》等。1980年人民美术出版社出版《李宗津画选》。

俞云阶（1917—1992），当代画家、美术教育家。曾在苏州美术专科学校学习，毕业于中央大学艺术系。新中国成立前在多所学校任教，新中国成立后任上海交通大学、上海师范大学美术系兼职教授。1955—1957年间在中央美术学院马克西莫夫油画训练班进修。后受不公正待遇，但仍作画不止。其油画画风泼辣，色彩瑰丽。后画国画，也稳健流畅，线条厚重。苏州建城2500多年庆祝时，特画《清趣》志贺，可见其国画风貌。存

俞云阶《雄鸡图》

世作品有《雄鸡图》、20世纪40年代作的《吾国吾民》、20世纪80年代作的《日日夜夜》和《此时无声》等。出版有《俞云阶作品选集》、《俞云阶油画选辑》。

杨云龙（1919—2003），当代画家，浙江人，生于无锡。曾在苏州美专就读，1942年毕业于国立杭州艺专西画系。后在江苏师范学院绘画制图系和南京师范大学美术系任教。擅作水彩画，画风稳健，由于素描基础深厚，水分运用得当，色彩也绚丽多姿。尤长于人物画写生，整体感很强，所作极富水彩画的艺术效果。曾任江苏省水彩画艺术委员会主任，第二、第三届全国水彩画协会顾问。他和李剑晨作品在大型画册《中国水彩画》和《中国现代美术全集·水彩卷》中都有选入。其在苏州弟子谢金发，善油画，绘事极勤。

在苏美专毕业的还有杨之光、罗尔纯、舒传熹等人。是苏州人而在外地工作的还有费以复、徐近慧、张充仁等人。

第四节 与工艺美术结合的花鸟画画家

这一时期，苏州的工艺美术获得空前的发展，而其中多数又是与花鸟画有关。因为它属于生产系统，且多用于出口，即使在十年动乱期间，也未受多大干扰而继续发展，因而出现了一批与工艺美术特定的行业相结合的花鸟画画家，其中有原来的国画家，也有新出现的画家。

徐绍青（1919—1995），当代画家、工艺美术家。苏州人。自幼喜爱绘画，毕业于草桥中学，后因家境贫困无力升学，进鸿盛钱庄做练习生，从朱竹云学画，后又拜吴湖帆为师。1946年所绘《吹箫图》载于《中国美术年鉴·1947》。1955年，人物画《藏女羔羊》参加第一届全国美展。1956年进入苏州市工艺美术研究室，能结合工艺，充分发挥刺绣、缂丝艺术和工笔花鸟

徐绍青《白孔雀》

盛景云《太湖秋色》

画之长,富丽而又雅秀韵味,成为今天苏绣艺术的典范性作品。他的作品曾在国内和世界各国展览,他的缂丝《梅鹊山茶》载于大型画册《中国》;苏绣《白孔雀》曾在巴黎展出并作礼品赠送联合国经济贸易展览会。苏绣《牡丹》通景屏赠给美国前总统尼克松。苏绣《锦绣江南》、缂丝《牡丹玉兰》等陈设在北京人民大会堂江苏厅。设计的苏绣《竹鹊图》六扇屏被中国工艺美术馆作珍品收藏。他设计的苏绣《松鼠葡萄》荣获工艺美术百花奖金杯奖。他还开新中国成立后桃花坞年画创作之先声。他曾任苏州刺绣研究所副所长、中国苏绣艺术博物馆副馆长。

盛景云(1914—1992),当代女画家、工艺美术家。苏州人。14岁毕业于新苏师范附小。15岁从顾重华学画,18岁赴沪拜程瑶笙为师,修业4年。1955年进苏州檀香扇厂设计室,1960年调入苏州刺绣研究所从事绣稿设计。她擅长工笔花鸟,所作娴静秀雅,浑厚凝丽,对于在刺绣中的猫的塑造,更成为苏绣产品中之代表作。所作《菊花》、《小猫》、《荷花小鸟》、《月季蝴蝶》等多次参加江苏省美术展览,1979年《芙蓉白鹭》参加建国三十周年画展,1980年《山茶么凤》、《菊花锦鸡》等四幅入选苏州国画创作选展,并为苏州博物馆收藏。花甲之年仍设计出新颖的绣稿。她创作的苏绣《波斯猫》、《白猫戏螳螂》、《花篮双猫》、《太湖秋色》等皆是著名的苏绣作品。多次在国内外展览,或作为国家礼品赠送柬埔寨西哈努克亲王、英国女王伊丽莎白、法国总统蓬皮杜、日本首相田中等外国元首。

周天民(1919—1984),当代国画家、工艺美术家。字凝,号醒吾。苏州人。乃父为很有造诣的工艺师和国画家。他自幼喜爱美术,自学成才。1953年始为檀香扇加工

周天民《斑鸠》

绘制扇面画。1956年参加檀香扇生产合作社（后檀香扇厂）。任设计室主任。他画了大量的花鸟画。善于双钩花卉，工整清妍，无繁复艳丽之感。既能继承传统，又吸收西画的长处，作品生动传神。既适合装饰工艺品，又适合绘画欣赏。他的国画作品《孔雀》、《双禽》、《苏州园林》、《桂林山水》等分别由天津人民出版社、中国新工业出版社出版。还出版了《白描花卉》、《素描花鸟》、《素描花卉》、《装饰图案》、《花鸟画谱》等。其代表作品《斑鸠》颇能代表其文雅恬静的绘画风格。1980年任苏州工艺美术研究所所长。女敏文，擅花鸟，能传家学。

沈彬如《芙蓉小鸡》

沈彬如（1915—2008），当代画家、工艺美术家。初名秉文，字恂，改字彬如，笔名凝庵。原籍浙江湖州，定居苏州。师陈摩，擅长山水、花鸟、走兽，所作花卉，自然洒脱，清丽可喜，别具一格。其代表作品为《芙蓉小鸟》。曾设计大型刺绣《春江水暖鸭先知》，入选人民大会堂江苏厅。晚年画马尤为生动。曾和杜重划等赴军中慰问，深受解放军官兵欢迎。中国人民解放军83110部队聘他为艺术顾问，还受解放军总政治部表扬。他的作品多次在国内外展出，1981年，所作《九骏图》曾在全国报纸刊载。长期在苏州刺绣研究所、苏州市工艺美术研究所、吴门画苑从事国画创作。子德潜，亦善画。

顾仲华（1890—1975），现代画家、工艺美术家。吴县渡村人。12岁入小学读书，同时从袁培基学画，后在苏州小学任教。1923年在苏州女子职业中学、东吴大学附中兼课，同时在苏州、上海两地创国画学社，自制彩色套印教材，弟子甚众。1956年进苏州刺绣研究所从事绣稿设计。他的作品工整缜密，尤其作鹅鸭之属茸毛毕现，使人叹为观止，而又能和整体谐调。曾创作绣稿、缂丝稿30余幅。国画作品多次参加展出。曾至江苏师范学院、中央工艺美术学院教授工笔花鸟。

蔡铣（1897—1960），当代画家、工艺美术家。字震渊，苏州人。7岁读书，12岁学画，15岁从父学医（眼科），19岁从汪云奇学画花鸟，从陈靖生学画仕女。1927年开业行医，医名明远，并继续钻研画艺。国画造诣很深，特别擅长画猴子、松鼠。后在苏州美术专科学校任教，同时在苏州中学、苏州女子职业中学、振华女子小学兼任国画教师。抗战期间曾居上海以卖画为生。1941年回苏，仍操医业。1953年始为上海王星记扇庄绘画檀香扇扇面，1955年参加檀香扇生产合作社，致力画檀香扇面。1958年调至工艺美术研究室。1937年作《夕阳归渔图》、《松鼠》、《洗马图》、《花草白兔》、《仿杨升没骨山水》等五幅国画，曾参加法国巴黎国际博览会。

崔护（1924—2008），当代书画家、诗人。太仓人，定居苏州。原名光祖。自幼爱画，17岁时在太仓文化馆办画展。20岁考进上海武陵书屋当编辑，同时还为王星记画檀香扇。1952年定居苏州。他书、画、诗文俱佳。山水、人物、花鸟，无不笔力清健，挥洒自如。山水画皴笔墨晕，浓淡相间，花卉淡雅清香，艳而不俗。1962年在工艺系统的吴门画苑主持设计室工作，后又长期在檀香扇社设计，他的画，特别是花鸟画的绘画技巧精湛。其代表作品有《香雪春信》。另《得耐久·看晚节》，画了十朵盛开的菊花，虽是细笔双钩，姹紫嫣红，有书卷之气。加上淡墨的铺砌湖石，衬着双钩的竹枝，更加雅淡宜人。他又在工艺美术研究所设计过竹刻、嵌银丝、木雕。他的作品入选全国第二届国画展，还参加海峡两岸名人书画展。1958年参加苏州市友

崔护《香雪春信》

好代表团访日,作品为日本国、县、市收藏。其诗和印章均有作品问世。并有《唐寅年谱》、《稗珠集》、《太仓杂事诗》、《崔护诗词集》等著作。

柳君然(1901—1987),当代画家。吴县人。自幼读私塾十年,1919年拜画家陈迦庵为师,学习国画。1932—1937年在苏州实用商业学校任国画教师,并主办国画研究室二年。后在怡园旁设米舫画馆,经营书画古玩,1945年在景范中学国画专业任教。1951—1955年在玄妙观三清殿经营画店,1956年1月参加檀香扇生产合作社,1957年国画作品参加全国美展获奖,同年,入市国画馆。他一生专研国画艺术,擅长花卉,尤精蔬果,作品笔墨清润,饶有江南水乡韵味。所作《花鸟图》1953年出版;《博古屏》1954年出版;《百花长卷》1957年出版;《蔬果》1959年出版。女金燕,擅花鸟,能传家学。

除以上画家外,尚有黄芗,女画家,善工艺花鸟;周爱珍,女,善油画;凌虚,善画金鱼和桃花坞年画;施仁,善花鸟。已故还有杨公毅、叶菁等人。

第五节　桃花坞年画的创新

教养儿童

抗战前,桃花坞年画铺只剩鸿云阁、王荣兴、锦增三家。后来虽有朱瑞记、朱荣记两家画铺的出现,但到新中国成立为止,旧版年画基本上已束之高阁,年画铺以印刷灶神和迷信品维持生计。美术工作者李山(时在华东建大学习)首

吴钟英画,华开荣刻《军事会议》

陈涓隐画,吴麟昆刻《民不能忘》

徐绍青《一团和气》

徐绍青《邬飞霞刺梁》

在《美术》上发表其调查的一文。1951年为纪念太平天国起义100周年,市文联由贺野组织了《太平天国在苏州》(木刻组画)的创作和印刷活动。这套组画共八幅,每幅纵23厘米,横16.5厘米,为宣纸印制,黑版印线,用手工漏空印色而成。八幅分别为:

《清兵抢劫》,徐绍青画,周玉菁刻;

《内应外合》,沈冠奋画,叶金生刻;

《军事会议》,吴钟英画,华开荣刻;

《忠王入城》,徐近慧、陆国英画,叶金生刻;

《忠诚感服》,费新我画,华开荣刻;

《贸易街》,贺野画,周玉菁刻;

《教养儿童》,陈志华画,叶金生刻;

《民不能忘》,陈涓隐画,吴廖昆刻。

作者们忠于历史现实,运用了桃花坞年画的特点,并克服了一些过于粗犷之处,开始了新的年画风格的探索。这些画分别为当时报刊发表。后来徐绍青在20世纪50年代还对旧版年画进行了再创作。如《一团和气》,是他根据旧版《和气生财》重新勾线填色,使画幅富有创意,陈旧年画,一变为清新可喜。既保持原有的年画的装饰性、民间艺术幻想的韵味,而又能得今人的喜爱,成为当前桃花坞年画的代表作。他还用戏文画了两幅"戏文画",其一为《邬飞霞刺梁》,既保留原有年画的特点,又精致清丽,更为人们所喜

吴羖木《庆丰收》

刺绣《孔雀》

爱。此外,还由画家费新我、吴羖木、许十明等制作的《科学技术大跃进》、《庆丰收》等年画,为今后的创作塑造良好的开端。后来,出现专门的桃花坞年画创作机构,也出现了一批有才能的青年画家,如张晓飞、王祖德、段东东等人,继续开拓桃花坞年画的创作事业。

第六节　刺绣与缂丝

抗战胜利后,苏州城乡从事刺绣人数约有2.4万人。1937年2月,在吴县(当时含苏州)刺绣同业公会登记的绣庄为64户,同年10月减为4户,可见这里刺绣已进入了十分凋零之境。仅存的绣庄,也只经营粗放的刺绣实用品和饰品。新中国成立初期,美协配合顾公硕进行发掘工作。得到了为国家文化部复制一幅广绣《百鸡图》,作为出国的礼品机会。市文联即成立了刺绣领导小组,在史家巷建刺绣工场,在此基础上开拓刺绣艺术。由于吸收了刺绣家任嘒閒(1916—2003)和周巽先(1913—1998)加入,她们都曾于1928年在丹阳公立正则女子职业学校学习,从刺绣名家杨守玉。杨首创"乱针绣"(又名"正则绣"),再加上刺绣名手李

刺绣《猫》

娥英(1920—),奠定了新中国成立后出现的"苏绣"的基础。后来老刺绣家金静芬(1885—1970)加入。她为苏州刺绣名手沈寿学生,再加上杨守玉来苏,还有正则女校刺绣科毕业的朱风,创"套针绣"。另有国画家徐绍青、油画家周爱珍等人。汇集于1958年间成立的苏州刺绣研究所,让刺绣有了空前的理想环境,各种针法并有所发展,且根据具有很高艺术水平的画稿绣出。这样,面貌一新且具有时代感为当代人喜爱的"苏绣"出现了。其代表性的绣品为

沈金水缂丝《牡丹双鸽》

"猫"、"孔雀"。苏州缂丝行业新中国成立时也几近绝迹。文联刺绣工场和顾公硕将缂丝老人沈金水、王茂仙从陆慕请至苏州恢复制作。沈首先缂出一幅《金地牡丹》,镶色柔和,色阶丰富,呈现一派金碧辉煌、富丽华贵之

气。人们叹为观止,被誉为"缂丝之冠",为故宫博物院收藏。王茂仙缂出《鹅竹》中堂,也为南京博物院收藏。他们还收徒王金山,技艺有所发展,还缂出双面三异缂丝《牡丹双鸽》,使人耳目一新,喜见古老技艺获得新的艺术生命。

第七节 美术院校、团体

在全国院系调整中,1952年私立苏州美术专科学校离苏合并于无锡,原校长颜文樑后为中央美术学院华东分院副院长,副校长黄觉寺,主要教师朱士杰、孙文林、黄养辉、徐近慧、陆国英等也随新校迁往无锡。有美术系、科专业的社会教育学院早两年合并,迁址无锡(主要教师乌叔养、卢是等随新校任教);苏南工业专科学校也于1956年分别并入他处。这样,只有1952年成立的江苏师范学院有绘画制图系,系主任为吕凤子,副主任为蒋仁,蒋留学法国,油画系,不久也撤销。因此,在很长时期内,苏州已无专门美术学校(含系、科)。

苏州工艺美术专科学校,1958年秋季创办。系在民办苏州美术职业中学(校址在马医科巷,校长为贺野)的基础上成立的。由苏州地委宣传部领导(委托苏州市委宣传部管理),校址是东北街149号(现为园林博物馆)。这年秋季进行招生,范围为当时苏州地区所辖县(即常熟、太仓、吴县、吴江、昆山、沙洲、江阴、松江、川沙等县)。时设绘画、织绣、雕塑三科。后设初中班,并设有资料室、小型实习工场。专职专业教师先后有许十明、吴敉木、黄芝亭、周爱珍、王人及、卢英芬、席彀安、梁君楣、段炳果、杨公毅、叶菁、李文华、陈德奎、李贤、谢小沄、孙明华等人。学校由贺野主持筹办,王川后为校长,不久去职,贺任副校长。1962年停办,学生也提前毕业。因多年没有美术学校,办学条件虽差,但在当时革命热情鼓舞下,因陋就简,刻苦办学,教学质量较好,学生素质较好。仅留在市区的毕业生在创作上有所成就的有杨明义、马伯乐、余克危、刘懋善、江淳、刘振夏、潘裕钰、张晓飞、王祖德、程宗元、陈设、汪钰元、何企新、邢纪鹤、万振球、王锡麒(读美中)、高福民,以及后来在部队中做出成绩的殷培华等人。1979年,在工艺美校原址上成立苏州工艺美术学校。校长为周迅,也培养了一批青年美术人才,有徐惠泉、茹峰、江野、张晴、沈建国等人。

苏州丝绸工学院（开始为苏州纺织工学院）美术系（原为美术组）1958年创办，院址在相门外（现为干将东路），由国家纺织工业部领导。分织花专业和印花专业，后设服装专业。原周人俊为美术组组长，1972年恢复招生后，贺野为组长，后为系主任。教师先后有朱钰敏、李步渼、黄国松、缪良云、张清、陈国梁、薛企荧、何企新、魏国村、曹义俊、杨大年、杜迈等人。学生中做出成绩的有：薛建新、李采白、王新元（服装）、张桂贞、高超一、赵尔俊、邓阜炳、周旭、屠曙光、司徒虹、廖军、陶贤治、张辛题、李超德等人。

苏州国画馆，1960年在怡园湛露堂成立。谢孝思为负责人。画师有张星阶（辛稼）、柳君然、刘淑华、吴砚士、孙君良。中间因"文革"停止活动。1978年恢复，馆址迁往市博物馆远香楼，张星阶为馆长，馆员为尤崇仁、吴救木、杜重划、孙君良、马伯乐、杨明义、刘懋善、徐源绍等共10人。

苏州美术工作者协会，为苏州市文学艺术界联合会下属组织，1951年5月在苏州北局救火会成立。贺野被选为理事长，蒋仁、黄觉寺为副理事长，会员一百余人。工作人员有彭恭甫、马公鲁等人。"文革"中停止活动。1981年11月召开第二次会员代表大会，成立理事会。贺野被选为理事长，吴救木、杨明义、钱太初为副理事长。秘书长为朱根寿，王祖庆、杨云清副之。选出理事23人。（略）

新国画研究会，由市政协组织的国画家进行学习和业务交流的松散性组织。1950年4月于大公园东斋成立，由谢孝思、余彤甫、顾公硕等人发起，参加者一百余人。曾举办讲座8次，也开展一些写生和义卖活动。1954年后改为美协所属的国画中心小组和国画研究会，进行正常的创作活动。

社会上培养工艺美术及绘画人才的教育机构不断如缕。解放初期，余彤甫、段柄果等曾举办过刺绣训练班，曾请刺绣名家杨守玉来授课。苏州市工艺美术局资助这方面办学功不可没。如工艺美专撤办后，就举办了"苏州工艺美术半工半读学校"，校长由沈鹤寿兼，教员有段柄果、邓可章等，学员有300多人，后转入工艺单位发挥作用。苏州市民主建国会成员对此更有建树，由谢孝思、薛企荧全程创办，在苏州美专原教学大楼中，成立苏州业余美专，成绩斐然。苏州市轻工局也办过轻工业学校，专业教师有袁维青等。

苏州市版画小组，1962年，由劳思（张天寿）、周伟明、管牧（根泉）发起，周达明、吴鸿彰、褚铭、王祖德、杨明义、陈设、顾曾平、吴鸿钊、张晓飞、沈人伟、程宗元等人参加，他们都是20岁左右的青年，逐步呈现水印木刻特色。1963年7月，参加省在宁展出的有管牧、顾曾平、周达明、王祖德等。同年赴京展的有周伟明的《春江水暖》、吴鸿彰的《讨教》、褚铭的《送戏上渔舟》、顾文熙的《试制电犁》、陈设的《运》、沈人伟的《新花》等。劳思的《凯旋之歌》和杨明义的《梅红时节》入选全国版画展，劳思的作品在《人民日报》刊出。1972年市文化馆组织创作《太湖新貌》组画。其中《绿树丛中万点红》（潘裕钰作）、《五小花开太湖岸》（陈设作）、《洞庭湖畔育新人》（劳思作）、《喜看稻菽千重浪》（江淳执笔）入选全国美展。1974年入选全国美展的有《铁的事实》、《童工的晚年》、《水乡新人》、《小厂展新图》、《古运河上》、《人民的天堂》，署名为韩黎坤、杨明义、张天寿、潘裕钰、吴鸿彰、周伟明、周兴华、陈设作。

　　吴门画派研究会，1980年5月29日成立，由段东战、吴敉木、徐绍青、孙君良、沈彬如组织和发起。沈子丞、张辛稼、费新我、蒋凤白、韩秋岩、崔护、施仁、瓦翁、王西野、姚士英、杨大年等参加。曾举行座谈和编印研究资料。

　　苏州民间工艺展览会，1954年于苏州博物馆展出，此为苏州历史上最大一次此类展出，市文联主办，顾公硕负责收集发掘。展出现已濒临失传的民间工艺，如桃核雕刻、笔筒浅雕、虎丘捏像、玉雕、刺绣小件、由数十木俑组成的迎亲仪列、古式苏州楼房缩小模型等，对发掘本地民间艺术有极大的意义。

　　"五一"美展，1965年5月1日在市博物馆展出。为了检阅新中国成立后苏州美术创作成就，并推动这方面发展而举办的。当时中共苏州市委书记柳林雅好书画，力促此举，并由宣传部副部长张泽明领导，贺野具体负责。有关部门予以人力和经济上的支持。因此此展规模甚大，有国画（分人物、山水、花鸟专门陈列）、西画、雕塑、印章等。通过组织者和画家共同努力，确在反映生活方面有新的面貌，各画种也有所创新。沈子丞出品《姑苏新貌》长卷，张辛稼、吴敉木、许十明、徐绍青、张继馨、周天民都画出山水、花鸟画力作，一些青年画家如刘懋善等也崭露头角。也第一次出现鲍南荪、温尚光的雕塑作品。展品总计约五百多件。画展开幕不久，"文革"风暴即起，展览被封，名之为"黑画展"。其中有些作品（如贺野的《歌唱祖国的蓝天》）被宣布为"毒草"。组织者先后受了冲击。这次展览尽管受当时时代限制，在艺术上有一定简单化的趋向，但不失为苏州市历史上最大也最为认真的展览。

第八章
结束语

我们回顾了苏州从原始时代直至现在（大致为20世纪80年代）几千年来美术的发展，人们会清楚地看到，苏州尽管曾为吴国首都，在历史上也曾叱咤一时，可从未跻身于中国八大古都之列，现在只是省属地级市。但是在我国美术史上，不论十三朝古都西安、北宋京城开封、六朝古都的南京、曾当汴州的杭州，再或者是辽金和明清两代首都的北京，它们在历史上都人才辈出，不乏名垂千古的大师，在中国美术史上更有辉煌的地位。但没有哪个城市，远在六朝时期，就出现了占"六朝四大家"和"画家四祖"中至少一半的画家；也没有哪个城市，在一个朝代竟出现了占全国六分之一左右的画家，其中竟还有在所有古代画家中最为家喻户晓的人物；也没有哪个城市以及所属县市能连续出现了不止一代的全部或大部分代表画家。不妨说，苏州正如祖国大花圃中一株奇葩。难怪1990年，北京故宫博物院为庆祝建院65周年和紫禁城落成570周年，也只能从全国遴选明代吴门绘画展览和出版《吴门画家画册》作为纪念。由此可见编写这部美术史的必要性了。

综观两千年来的苏州美术发展道路，并不是直线发展，而是大致走了一个马蹄形，也就是呈两头高，中间低那样的发展趋势、一头高是指六朝时期，那时苏州地区经济发展，钟灵毓秀，士族发达，特别还因为邻近当时政治中心——先是迁南京之前的孙吴，后是定都南京的六朝，这样也就出现了美术的繁荣。因为我国绘画在封建时代很大程度上依赖皇朝，一般说来，它是当时艺术的提倡、供养与收藏者，甚至还是宣传者。接着到了唐至宋，苏州成了江南一隅，尽管也出现名垂画史的大师，但人数很少，不得不进入艺术发展的低谷。而元之后，苏州才又向另一高端发展，但这一高端完全不同于前一高端，皇朝与绘画的关系起了变化：元皇朝也不再和以前皇朝那样提倡和豢养艺术，而是与多数画人疏远，促使画家向隐逸方向即文人画方面发展；加上全国经济中心又南移至苏、嘉、湖地区，特别是苏州，历史学家们断言，这里已出现了我国经济的资本主义萌芽。经济文化都有很大发展，绘画买卖已经扩大，画家有可能不走仕途而走以画自给或部分自给的道路。尽管后来我国资本主义并未得到进一步发展，但它也促成了苏州美术另一高端的出现，并且使我国绘画进入了新的时期。

苏州美术对我国绘画发展究竟有了什么贡献？在全部考察了它的历史之后，可以毫不犹豫地看到，是它促进了"文人画"的发展和完备。"文人画"这个概念其实是有语病的。一般说来，画画的大都是文人，何来文人画和非文人画之别？其实文人画是指不注重形似，而重情感、意境的抒发，这在宋以前在画坛上是不占统治地位的，经过元代大家的发展，这种绘画在艺术上达到新的高峰，可它却是在力求超凡脱俗的基础上的。这是当时画家的政治地位和受我国传统儒、释、道思想的影响，并且力求摆脱传统艺术写实倾向而追求绘画自律所决定的。应该说，它是绘画的进步，但却先天不足，这遗憾由苏州画家的艺术实践所弥补了。

明代的苏州画家是十分热爱元人艺术的，他们的素养也近元人，处在"大汉光复"时代，民族矛盾已告一段落，很多人生活又有赖于"笔砚生涯"。这样"笔砚生涯"自然会改造了他们的艺术，这就使得本来超凡脱俗的文人画无形中成为雅俗共赏的文人画。这是因为，"文人画"本质上是疏远朝廷，而又不离市井，二者既相排斥又互相接近的缘故。也就使得绘画获得很广大的空间，与广大人民进一步结合。苏州画家唐寅所以获得空前的殊荣，绝不是由于说书人的巧舌如簧所造成的噱头，或什么偶然的历史定位，人们可说出各种不同的原因，但最根本的还是由于雅俗共赏的绘画所致（不要忘记，这样的绘画在当时是前无古人的）。他们身后的艺术，虽然风格各异，雅俗程度不同，但就大多数绘画而言，不管画家本人承认与否，不论山水、人物、花鸟甚至题咏，都不同程度走上雅俗共赏的道路，这就是苏州画家对中国绘画的伟大贡献。

从苏州绘画史看来，苏州画家历来是充满性情、富创造性的。最早画家张僧繇便以"凹凸花"著称于世，唐代苏州画家张璪能道出"外师造化，中得心源"千古画理，其作画能"若流电激空、惊飚戾天"，董其昌将他列为"南宗"首位画家。顾况的诗敢于冲破樊篱，还"饮酒半酣，线绢走十余匹"泼墨作画，在我国画家中实所未见。元明之天才洋溢的黄子久及吴门画派诸家皆能开宗立派，使得一城居然能出现"明四家"，接着清初之太仓、常熟不过相距数十里之地，竟出现占"清六家"之五的大师，"四王"后又出现"小四王"，接着"后四王"，真是占尽人间风流，创艺术史上的奇迹。难怪《红楼梦》开卷就说"这东南一隅有处曰姑苏，有城曰阊门者，最是红尘中一二等风流富贵之地"。从绘画角度说来，欧洲文艺复兴时代大师达·芬奇、米开朗琪罗、拉斐尔和苏州"明四家"竟生于同时代，中西辉映，将苏州看作又一佛罗伦萨，是有其道理的。那么，以后的苏州美术会怎样发展呢？拜伦曾经说过："过去是最好的预言者。"但对于艺术，情况却并非如此简单。我们不能要求今天的希腊、意大利再出现甚至超过古希腊、古罗马、文艺复兴时期那样的艺术，也不能要求法国再出现甚至超过印象派的艺术，同样，我们也就不要求苏州将来会出现或超过明代吴门画派的艺术。历史上某地艺术之火突然迸发，光照天下，继而又突然灯火齐暗，中外皆有此例。何以如此，这一直是千古之谜。连马克思也在古罗马艺术的魅力前感到迷茫。但过去也不一律与未来无关，也不能就此说艺术发展，今人的就一律不能胜过前辈。岑参说得好："古来青史谁不见，今见功名胜古人。"（《轮台歌奉送封大夫出师西征》）这里，还得让我们冷静考察一下，当今究竟处在什么大时代，这里还必须引用马克思、恩格斯在《共产党宣言》中的一段话：

"过去那种地方的和民族的自给自足和关闭自守状态，被各民族的各方面的互相往来和各方面的互相依赖所代替了。物质的生产是如此，精神的生产也是如此。各民族精神产品成了公共的财产。民族的片面性和局限性日益成为不可能，于是由许多种民族的和地方的文学形成了一种世界的文学。"（《马克思恩格斯选集》一卷 人民出版社1972年版 255页）

关于"世界的文学"，原注指出"'文学'（Literature）一词是指科学、艺术、哲学等等方面的书面著作",意即也包括艺术作品。现实已经证明,并且必将证明以上论断的正确性。当前一个全新的大时代,古人所没有经历过的大时代,美术必须适应这时代的发展。我们有这样深厚的艺术沉积,有这样聪明而智慧的人民,又有能够释放人民积极性、创造性的社会制度,现在已取得令人瞩目的成就。随着中华民族伟大复兴,苏州美术必将随之更加辉煌,这是没有疑问的。当然,也绝非历史的重复。过去的艺术辉煌,无数杰出的艺术大师,已是"无可奈何花落去"。我们相信,未来的艺术辉煌,现代和未来的艺术大师,一定是在新的艺术天地中,沐浴着太湖吹来的风,在古运河和吴淞江千年依旧的涛声中,以新的无比瑰丽面貌出现——"似曾相识燕归来"。

2000年初开始写

2004年12月17日下午2时58分,第一稿完成

2005年1月15日二稿完成,电脑稿也完成

2006年3月14日,318幅插图定稿

……

2009年9月15日上午,富春江疗养归来,六稿完成